böhlau Wien

Roland Girtler

# LANDÄRZTE

## Als Krankenbesuche noch Abenteuer waren

BÖHLAU VERLAG WIEN · KÖLN · WEIMAR

Die Deutsche Bibliothek – CIP-Einheitsaufnahme

**Girtler, Roland:**
Landärzte : als Krankenbesuche noch Abenteuer waren /
Roland Girtler. – Wien ; Köln ; Weimar : Böhlau, 1997
ISBN 3-205-98784-5



Gedruckt auf umweltfreundlichem, chlor- und säurefreiem Papier

Satz: Zehetner Ges. m. b. H., A-2105 Oberrohrbach
Druck: Pustet, Regensburg

Dieses Buch schrieb ich zur Erinnerung an meine Mutter, die Landärztin, die mir zeigte, wie man mit Menschen redet; an meinen Vater, den Landarzt, der mich Großzügigkeit lehrte; und an unseren Dackel Schnipp, der uns allen ein kühner und freundlicher Begleiter war.

Ich widme dieses Buch meiner Schwester Erika und meinem Bruder Dietrich, mit denen ich in der alten Kultur der Landärzte aufgewachsen bin.

## INHALT

Vorbemerkung .......................... 5

Zur Biographie .......................... 10

Gemeindearzt – Dorfleben nach dem Krieg .......................... 14

Zur Geschichte der Bader und Ärzte im Dorf .......................... 24
Pest und alte Bader .......................... 24
Die ersten Ärzte .......................... 28
Einschub: Ernst Krackowitzer – Arzt und Rebell in Wien und New York und Schwiegervater des Indianerforschers Franz Boas .......................... 31

Der alte Landarzt als Universalmediziner .......................... 35

Das Ansehen der alten Ärzte – der Arzt als Priester .......................... 38

Die Beziehung zum Patienten – der Mensch in seiner Ganzheit .......................... 51

Die heitere Gelassenheit des Arztes .......................... 59

Ordination und Wartezimmer .......................... 62

Hausmittel, Hausapotheke, Heiler und Magie .......................... 79
Die Beineinrichter .......................... 86
Die Anbraucher .......................... 91
Honig und Blumen .......................... 93

Der Krankenbesuch – die »gute Stube« und alte Gastfreundlichkeit .......................... 96

Die Verständigung zum Krankenbesuch .......................... 100

Die persönliche Betreuung .......................... 109

Der Krankenbesuch zu Fuß, zu Pferd und mit dem Fahrrad .. 114

Der Krankenbesuch auf dem Motorrad, im Auto und mit dem Hubschrauber ... 123

Operationen und Unfälle ... 132

Die Geburten ... 141

Die Landärztin und die Kinder – das Prinzip Leben ... 148

Alter, Sterben und Aufbahrung ... 158

Arzt, Ärztin und die Bergrettung ... 168
- Zur Touristik der Gegend ... 168
- Unfälle und Bergrettung ... 173
- Zur Geschichte des Bergrettungsdienstes ... 175
- Die Ehre des Bergrettungsmannes ... 179
- Einsatz von Arzt und Ärztin in den Bergen ... 186
- Scherze der Bergrettungsleute ... 193
- Der Wandel ... 197

Epilog ... 199

# VORBEMERKUNG

Ich bin als Sohn eines Landarztes und einer Landärztin in einem Gebirgsdorf im südlichen Oberösterreich aufgewachsen. Spital am Pyhrn heißt das Dorf, in dem meine Eltern weit über fünfunddreißig Jahre lang mit Leib und Seele als Ärzte ihren Dienst an Bauern, Handwerkern, Arbeitern und einigen hohen Herrschaften, zu denen der Pfarrer, die alte Sensenherren, der Schmied, der Bäcker, der Bürgermeister und der Metallwarenfabrikant gehörten, versahen. Schon lange trage ich mich mit dem Gedanken, über das Leben der alten Landärzte zu forschen und zu schreiben. Schließlich war meine Mutter die erste Landärztin in dieser Gebirgsgegend und eine der ersten Landärztinnen Österreichs überhaupt.

Meine Eltern waren als Ärzte in einer Zeit des kulturellen Umbruchs tätig. Sie erlebten am Beginn ihrer Laufbahn noch die alte bergbäuerliche Kultur mit ihrer charakteristischen Armut und Beschwerlichkeit, später dann den gewaltigen Modernisierungswandel, der durch das Abgehen vor den alten Formen der Landwirtschaft, eine spezifische Konsumkultur und den Fremdenverkehr bestimmt ist. Ich lernte als Kind die Welt der alten Landärzte hautnah kennen, es war eine Welt, die sich wesentlich von der der heutigen Ärzte unterscheidet, wie ich glaube.

Meine Erinnerungen an meine Kindheit – ich wurde 1941 geboren – sind verbunden mit dem harten Leben der alten Landärzte nach dem letzten Krieg. Beide, meine Mutter und mein Vater, waren prächtige Menschen, die nur wenig Freizeit hatten und die in der Nacht beim Schrillen der Nachtglocke wußten, daß irgend jemand, vielleicht ein Bauer, um einen Krankenbesuch bittet oder irgendwo am Berg eine Frau auf Beistand bei der Geburt ihres Kindes wartet.

Meine Eltern starben 1991 unmittelbar nacheinander im Alter von 76 Jahren. Mit ihnen sank auch die alte Welt der Landärzte ins Grab. Beide waren in ihren Anfangsjahren noch zu Fuß, mit dem

*1: Das Landarztehepaar mit seinen drei Kindern, Sommer 1953*

Fahrrad und mit Pferdeschlitten unterwegs, eingebunden in eine längst untergegangene alte bäuerliche Kultur. Ich habe dieses bäuerliche Leben in meinen Büchern »Aschenlauge« und »Sommergetreide« behandelt. Besonders beim ersten Buch war mir meine Mutter durch ihre Erzählungen sehr behilflich. Ich erfuhr in Gesprächen mit ihr Dinge, über die ich erst hier berichte.

Neben den Gesprächen, die ich mit meiner Mutter geführt habe, baut diese Arbeit auf sogenannten »ero-epischen« (freien) Gesprächen mit Bauern, Bäuerinnen, alten Handwerkern, Bergrettungsmännern und anderen liebenswerten Zeitgenossen auf, die mit meinen Eltern in früheren Zeiten vor allem als Patienten zu tun hatten. (Näheres zum Begriff des ero-epischen Gesprächs siehe in meinem Buch »Randkulturen«, Wien 1995.)

Aber auch meine eigenen Erinnerungen werden hier eingewoben. Solche eigenen Erfahrungen dürfen meiner Ansicht nach methodisch eingebracht werden, denn immerhin beruhen sie auf dem Wissen des Forschenden. Und ich sehe keinen Grund, der gegen das Einbringen meiner eigenen Erinnerungen spricht. Wichtig ist lediglich eine – in der Tradition Max Webers – redliche Beschäftigung mit dem vorliegenden Material, zu dem, durchaus im Sinne der qualitativen Sozialforschung, alles mögliche gehören kann: Gespräche, eigene Beobachtungen, Zeitungsartikel, Erfahrungen, Erinnerungen usw.

Ich glaube, es lohnt sich, aus dem Leben meiner Eltern, das beispielhaft für die alte Kultur der Landärzte steht, zu berichten, erinnert sie doch auch an eine untergegangene bäuerliche Welt.

# ZUR BIOGRAPHIE

Beide, mein Vater und meine Mutter, stammen aus der Großstadt, aus Wien, wo sie auch das Studium der Medizin absolvierten. In meinem Vater, den mein Großvater, ein angesehener Professor an der Deutschen Technischen Hochschule in Brünn, das Klostergymnasium zu Kremsmünster besuchen ließ, war schon sehr früh der Wunsch wach geworden, einmal am Land, am besten im Gebirge, Arzt zu werden. Über diesen Wunsch dürfte er dann auch bald mit meiner Mutter, die er während des Studiums bei Freunden kennengelernt hatte, gesprochen haben. Auch sie zog es aus der Großstadt hinaus. Ihr Medizinstudium gegen Ende der dreißiger Jahre hatte sie sich durch Nachhilfestunden und eiserne Sparsamkeit finanziert. Um das Geld für die Straßenbahn zu sparen, sei sie, wie sie mir erzählte, von Floridsdorf, wo sie wohnte, zu Fuß zur Universität zu den medizinischen Vorlesungen marschiert. Meine Mutter soll eine fleißige Studentin gewesen sein. Auch mein Vater nahm sein Studium ernst, allerdings wuchs er ohne finanzielle Probleme in einer großbürgerlichen Welt auf, zu der mein Urgroßvater, ein Herr im Generalsrang der k. u. k. Armee, beigetragen hat, der den ersten Postautobus in Bosnien einführte, angeblich den ersten Postautobus der Welt überhaupt. Meine Urgroßmutter stammte aus einer angesehenen französischen Offiziersfamilie, die, wie man erzählt, ihren Stammbaum bis zu Jacques Cartier, der Kanada für die französische Krone in Besitz genommen hat, zurückführt. Vor diesem Hintergrund einer geradezu weltbürgerlichen Kultur, zu der auch böhmische Landadelige gehören, wuchs mein Vater auf. Ich erwähne diese Tradition, da sie für die Großmütigkeit, die vor allem meinen Vater als Arzt auszeichnete, bestimmend zu sein scheint. Aber auch meine Mutter zeichnete ein weites Herz aus, wie es vielleicht typisch für eine bunte, aber eben ärmliche städtische Kultur zu sein scheint.

Auch während der Kriegsjahre, die mein Vater als Stabsarzt nach

Rußland führten, hielt er sich beständig sein Ziel vor Augen, sich später als Landarzt niederzulassen.

Durch eine Mine schwer verwundet, entkam er dem weiteren Grauen und wurde in einem Lazarett in der Lüneburger Heide ausgeheilt, wo er bis Kriegsende blieb. Mein Vater erhielt übrigens auch eine Kriegsauszeichnung, nämlich das »Eiserne Kreuz«, allerdings nicht für eine militärische Großtat, sondern weil er unter Einsatz seines Lebens verwundete Soldaten über einen russischen Fluß ruderte und somit vor dem feindlichen Ansturm rettete. Er war wegen dieser Verwundeten noch einmal mit dem Boot über den Fluß zurückgekommen, um nach ihnen zu suchen. Mein Vater war ein guter Mensch, ein Gegner jeglicher Erniedrigung und bewahrte einmal einen Fahnenflüchtigen, der bereits durch ein Standgericht zum Tode verurteilt war, vor der Hinrichtung.

Sein Tagebuch, das er über seine Erlebnisse in Rußland führte, gibt Auskunft, wie sehr er mit den durch die Kriegsereignisse betroffenen Menschen mitlitt. So bekundete er tiefe Sympathie mit jungen russischen Soldaten, die um ihre Heimat kämpften. Es muß Mitte 1944 gewesen sein, als meine Mutter mit mir und meinem Bruder – ich war drei und mein Bruder zwei Jahre alt – meinen Vater im Lazarett in Munsterlager besuchte. In einem kleinen Heideort, in Wietzendorf, hatte mein Vater für uns beim Sattlermeister Lange eine kleine Wohnung gefunden. Aus einigen Wochen, die wir dort bleiben wollten, wurden zwei Jahre. Wir erlebten in diesem Haus das Ende des Krieges. Ich erinnere mich an einen Himmel voll von Kriegsflugzeugen, die die Städte um uns – Hamburg, Bremen und Hannover – in Flammen aufgehen ließen. Meine Mutter erkrankte damals an Typhus, und mein Vater geriet in englische Kriegsgefangenschaft.

Somit waren mein Bruder und ich vollkommen auf uns alleine gestellt. Wohl kümmerte sich die Frau des Sattlermeisters manchmal um uns, aber zumeist war niemand da, der sorgend die Hände über uns gehalten hätte. Wir marschierten jeden Tag zum Bauern Kruse, um dort im Vorhaus für gewöhnlich eine Hühnersuppe zu schlürfen. Es erschien uns wie ein Wunder, als unsere Mutter eines Tages, als wir gerade auf dem Weg zum Bauern Kruse waren, plötzlich auf der Straße vor uns stand. Wir konnten unser Glück kaum fassen und taten etwas, das unerklärlich scheinen mag: Wir drehten uns um und liefen von der Mutter weg. Sie lief uns nach, und wir ließen sie dann nicht mehr los.

Meine Mutter fuhr oft mit dem Fahrrad, mich hinten am Gepäckträger und meinen Bruder in einem Korb beim Lenkrad, durch die Heide, auch zum Gefangenenlager der Engländer, in das sie für meinen Vater durch den Stacheldraht Eßbares schmuggelte. Sie war eine unerschrockene Frau, meine Mutter.

Als mein Vater 1947 aus der Gefangenschaft entlassen wurde, mieteten beide einen Lastwagen samt Chauffeur. Auf den Lastwagen kamen unsere Habseligkeiten und wir selbst. An die Abfahrt von Wietzendorf erinnere ich mich noch genau. Ich saß mit anderen Buben auf den Stiegen des Hauses von Meister Lange und wartete, bis der Lastwagen beladen war. Dann fuhren wir los. Übernachtet wurde in Gefängnissen. Wir fuhren durch zerstörte Städte und sahen hungernde Menschen vor Ausspeisungen. Ziel dieser Reise durch ein zerstörtes Deutschland war der oberösterreichische Gebirgsort Windischgarsten, wo mein Großvater im Gasthof Zöls wohnte. Dorthin hatte es ihn als Wiener Sommerfrischler gezogen. Mein Onkel Wolfgang, ein Jurist, verliebte sich in eine Tochter des Wirtes. Er heiratete sie. In den letzten Kriegstagen geriet mein Onkel in russische Kriegsgefangenschaft und gilt seitdem als vermißt.

Meine Großmutter war bereits im Herbst 1944 bei einem amerikanischen Bombenangriff auf Wien getötet worden. Der Tod meiner Großmutter und das Verschollensein seines Sohnes Wolfgang gingen an die Seele meines Großvaters, der sich von diesen Schlägen eines grausamen Schicksals nicht mehr erholte. Er starb 1951. Meinen Eltern wurden über Vermittlung meines Großvaters zwei kleine Zimmer im Gasthof Zöls am Unteren Marktplatz in Windischgarsten zugewiesen. Ein Jahr sollten wir hier bleiben. Mein

Vater unterstützte den damaligen betagten Gemeindearzt von Spital am Pyhrn, Dr. Seidel, und verdiente dadurch etwas Geld. Meine Mutter rieb im Gasthof die Stiegen, um die Miete zu erarbeiten. Im Gasthof war damals viel los. Wir erfreuten uns an der warmen Suppe und den Würsteln, zu denen uns mein Großvater ab und zu einlud.

Einmal zahlte uns der Großvater, der offensichtlich eine für damalige Verhältnisse gute Pension als Hochschullehrer bezog, im Winter eine Schlittenfahrt mit Pferd nach Hinterstoder. Unter dikken Decken saßen wir, und die Stallmagd des Gasthofs Zöls, eine wilde und starke Frau, lenkte unter feurigen Rufen das gute Schlittentier.

Meine Eltern waren glücklich, im Gebirge zu sein. Die Heidelandschaft, die für sie zwar auch einigen Reiz hatte, war nicht gerade die Umgebung, in der sie gerne ihren Arztberuf ausgeübt hätten. Hier jedoch in Windischgarsten fühlten sie sich wohl.

Meine Mutter wurde oft von besorgten Nachbarinnen zu Rate gezogen, wenn deren Kinder erkrankt waren, und mein Vater fuhr jeden Tag mit dem Fahrrad nach Spital am Pyhrn, wo der dortige Arzt froh war, jemanden zu haben, der ihn bei der Behandlung seiner Patienten unterstützte. Damals hatte Spital am Pyhrn den Höchststand an Einwohnern in seiner Geschichte zu verzeichnen.

# GEMEINDEARZT – DORFLEBEN NACH DEM KRIEG

Viel war los in dem Gebirgsdorf in der Zeit nach dem Krieg. Die amerikanischen Besatzungssoldaten beeindruckten uns Buben besonders; vor allem der Kaugummi und die Schokolade, die wir uns von den »Amis« erbettelten, hatten es uns angetan. Daneben wurde das Dorfleben noch von zahlreichen ungarischen Flüchtlingen geprägt, die mit einem Treck hierhergekommen waren und deren Pferde auf den Wiesen um den Ort grasten. Die ungarischen Buben waren uns liebe Spielgefährten. Sie kamen aus durchwegs angesehenen Familien, die vor dem Druck der Russen hierher in die Berge geflohen waren. Viele von ihnen wanderten später nach England, Kanada und den USA aus. Auch ein Arzt war unter ihnen, ein gewisser Ipoly, der meinen Vater, wie ich später noch schildern werde, bei manchen ärztlichen Aktionen tatkräftig unterstützt hat. Nicht nur Ungarn und Amerikaner bevölkerten in den Jahren nach dem Krieg das kleine Dorf, sondern auch Flüchtlinge aus dem übrigen Osteuropa, die Furchtbares mitgemacht hatten und in den Baracken des ehemaligen Arbeitsdienstlagers einquartiert worden waren. Auch unter ihnen gab es Buben, mit denen mich und meinen Bruder wildes Spiel verband.

Zunächst wohnten wir noch in Windischgarsten. 1947 starb Dr. Seidl, und die Stelle des Gemeindearztes wurde zur Nachbesetzung ausgeschrieben. Dieser Position kam besondere Bedeutung zu, denn der Gemeindearzt hatte sich auch um amtliche Angelegenheiten zu kümmern. So oblag ihm die behördliche Feststellung des eingetretenen Todes, wenn jemand aus dem Ort starb. Er hatte auf Wunsch der Landesregierung Wasserproben zu ziehen und mußte auf Wunsch der Gendarmerie prüfen, ob jemand betrunken sei. Um diese wichtige ärztliche Gemeindestelle bewarb sich also mein Vater. Die Folge war ein politisches Gerangel, denn mein Vater wurde lediglich von einer der beiden staatstragenden Parteien unterstützt. Die andere Partei versuchte, einem Konkurrenten meines Vaters den Weg zu dieser Stelle zu ebnen. Mein Vater selbst, dies sei eingefügt, war kein politischer Mensch im Sinne der Zugehörigkeit zu einer bestimmten Partei. Vielleicht schätzten ihn Bewohner des Dorfes auch so ein und unterstützten seine Bewerbung. Ich sprach daher mit einigen alten Spitalern über die damalige Situation.

Der eine erzählte mir, sein Onkel sei damals Bürgermeister gewesen und habe sich mit einigen honorigen Bürgern umgeben, um meinem Vater die Gemeindearztstelle zu verschaffen. Auf der gegnerischen Seite, die einen anderen Arzt haben wollte, soll ein Großbauer agiert haben. Ein alter Kleinbauer und Faßbinder aus Oberweng, der mit weit über neunzig Jahren 1995 gestorben ist, schilderte mir jedenfalls stolz: »Wenn ich nicht gewesen wäre, wäre dein Vater nicht Gemeindarzt geworden. Auf meine Stimme ist es im Gemeinderat angekommen. Dein Vater hat einen guten Eindruck gemacht, er war ein netter Mensch. Vor der Wahl im Gemeinderat kannte ich ihn schon etwas. Er war ein sympathischer Mann! Eigentlich wollte ich an diesem Tag, als dein Vater zum Gemeindearzt gewählt wurde, gar nicht in den Gemeinderat gehen. Ich habe mir dann doch gedacht: Gehst hin und stimmst für den Dr. Girtler. Und es soll meine Stimme gewesen sein, auf die es dann angekommen ist. Gerade mit einer Stimme mehr ist er zum Gemeindearzt gewählt worden.«

So wurde mein Vater 1947 Gemeindearzt von Spital am Pyhrn. Als Ordination und Wohnung wurde ihm der nun verwaiste erste Stock des alten Gemeindehauses, in dem angeblich schon Soldaten Napoleons 1797 genächtigt hatten, zugewiesen. Es war eine prächtige Wohung, die wir nun bezogen. Sie stand in schönem Gegensatz zu den beiden kleinen Zimmern, in denen wir vier – mein Vater, meine Mutter, mein Bruder und ich – bis dahin im Gasthof Zöls zu Windischgarsten leben durften. Die weitläufige Wohnung bestand aus einer großen Küche, einem großen Wohnzimmer, das von uns als Speisezimmer bezeichnet wurde und in dem das Klavier und zwei prachtvolle uralte, aus Familienbesitz stammende Kredenzen standen, einem Bibliothekszimmer, einem Kinderzimmer, in dem mein Bruder und ich unser Unwesen trieben, einem riesigen Elternschlafzimmer und schließlich der Ordination, vor der sich das Wartezimmer erstreckte. Auch verfügte diese große Wohnung über eine Hausapotheke und ein Badezimmer. Im Parterre des Hauses befanden sich die Räume des Gemeindeamtes. In einem dieser Räume probte regelmäßig die Spitaler Musikkapelle, die zeitweise einen derartigen Lärm verursachte, daß das Abendessen für uns oft zu einem reizvollen Erlebnis wurde. In dieser Wohnung sollten nun meine Eltern, die neuen Ärzte des Dorfes, die nächsten Jahrzehnte leben und wirken.

Übrigens dürfte die Tatsache, daß auch meine Mutter Ärztin war und sich wohl bereit erklärt hatte, bei meinem Vater mitzuarbeiten, dazu beigetragen haben, daß man meinem Vater die Stelle des Gemeindearztes zugewiesen hat.

Meine Eltern bemühten sich vom ersten Tag an, eine Arztpraxis aufzubauen, die den Bedürfnissen der Menschen des Dorfes entsprach, und wollten stets über jedem politischen Parteienhader stehen. Sie zeigten, so schien es mir, eine tiefe Bindung an ihren Beruf, dessen wohl wichtigster Grundsatz war, keinen Unterschied zwischen den Menschen zu machen. Für sie waren alle gleich: ob Bürgermeister und Gendarm oder Bauernknecht und Stallmagd. Daher trugen uns unsere Eltern auch auf, alle Menschen, denen wir im Dorf oder sonstwo begegneten, freundlich mit »Grüß Gott« zu grüßen. Dies taten wir mit besonderem Eifer, derart, daß manche Leute meinten: »Lausbuben sind sie, die Doktorbuben, aber sie grüßen brav.«

Auch eine Hausgehilfin war da, zu deren Aufgaben es gehörte, sich um uns Buben zu kümmern. Hier sei der Anni Bloderer gedacht. Sie war eine liebenswürdige und ungemein hübsche Hausgehilfin mit schön gelocktem schwarzem Haar und dunklen Augen. Ihr Heimatort, aus dem sie zu uns kam, war Ramsau bei Frauenstein in der Nähe von Klaus. An sie erinnere ich mich voller Freude.

Zu uns Buben war sie gütig, und meine Schwester, die noch im Kinderwagen lag, wurde von ihr liebevoll umsorgt. Täglich, wenn ich zur Schule gehen mußte, band sie mir ein kleines Reindl, also einen Metalltopf, an meine Schultasche und packte mir einen Löffel ein, damit ich bei der damals nach dem Krieg üblichen Schulausspeisung ordentlich zulangen könne. Anni war auch bei den Burschen des Dorfes sehr beliebt, und manche versuchten sogar bei ihr zu fensterln. Allerdings verwechselten einmal einige Burschen das Fenster und erwischten statt dessen das von unserem Bubenzimmer. Anni heiratete später einen Briefträger aus Klaus und starb leider sehr jung. Heute ruht sie auf dem Friedhof in Frauenstein. Dort habe ich sie schon einige Male besucht. An sie sei hier in Hochachtung gedacht, denn ohne ihre tatkräftige Hilfe im damaligen Ärztehaushalt hätten sich meine Eltern nicht so hingebungsvoll um ihre Patienten kümmern können.

Zu meinem Leben als Bub gehörten nicht nur die Hausgehilfin, sondern auch die Lehrerinnen und Lehrer der Schule. Ich zählte niemals zu den fleißigen und braven Schülern. Zeitweise haßte ich die Schule sogar wegen gewisser harter Erziehungsmethoden, vor allem jener des Herrn Oberlehrers. Eine Lehrerin war aber recht freundlich zu uns, noch dazu war sie hübsch. Maria Bammer hieß sie, und ich erinnere mich voll Verehrung an sie. Wenn ich von der Schule heimkam, verstaute ich unbemerkt meine Schultasche in einem Winkel und suchte das Spiel mit den Buben des Dorfes.

An dieser Stelle möchte ich einen ehemaligen Krankenkassenkontrollor namens Rohrauer zu Wort kommen lassen, der stets in engem Kontakt zu meinen Eltern stand und seine Erinnerungen auf meinen Wunsch hin schriftlich festgehalten hat. Er schildert dabei auch eines unserer Lausbubenstücke: »Die Gemeinde traf mit der Auswahl von Dr. G. auf einen äußerst tüchtigen und verläßlichen Arzt. Ich kann mich noch gut erinnern, wie mühsam und bescheiden seine Ordination aufgebaut war. Durch meine wöchentlichen Amtstage verband mich mit Dr. G. eine sehr gute Zusammenarbeit, und ich konnte mit Freude feststellen, wie begeistert seine Patienten von ihrem Arzt sprachen. Auch seine Gattin, Frau Dr. G., war unermüdlich im Einsatz und deshalb bei der Bevölkerung hochgeachtet und geschätzt. Infolge der ärztlichen Belastung und Betreuung von drei Kindern konnte an eine Absolvierung eines Urlaubes zunächst nicht gedacht werden. Seine zwei Buben brachten einmal die Bevölkerung von S. in Aufruhr. Ich hatte an einem Freitag Amtstag in S., als plötzlich die Feuerwehrsirene aufheulte und es Feueralarm gab. Sofort rückte die Feuerwehr aus, und die Leute waren neugierig, wo es brennen würde. Das Ganze stellte sich aber glücklicherweise als Fehlalarm heraus. Die Doktorbuben hatten aus Übermut das Fenster der am Gemeindehaus, in dem die Arztleute wohnten, angebrachten Alarmanlage eingeschlagen und betätigten die darinnen befindliche Sirene, die den oben erwähnten Alarm auslöste. Die Eltern waren über dieses Lausbubenstück äußerst erzürnt und betroffen. Die Strafe folgte auf den Fuß. Darüber möchte ich schweigen.«

Der redliche Krankenkassenkontrollor kann sich gut erinnern. Meine Erinnerung geht noch etwas weiter. Als mein Bruder und ich die Sirene erschallen ließen, ergriffen wir die Flucht. Doch der Bäckerbursch von nebenan hatte uns beobachtet und unsere schändliche Tat dem Gemeindesekretär gemeldet. Während die Sirene noch heulte und die Leute aus dem Dorf sich neugierig am Platz versammelten, um die Ausfahrt der Feuerwehr zu erleben und um überhaupt zu erfahren, wo es denn brenne, waren wir Buben in unsere Wohnung gelaufen. Mein Vater, dem wir zunächst keine Mitteilung von unserer Untat machten, zeigte sich über den Feueralarm höchst erstaunt und fragte sich ebenso, wo es denn brenne. Kurz darauf erschien der Herr Gemeindesekretär und berichtete, offensichtlich vom Bäckerburschen unterrichtet, nun meinem Vater, daß wir Buben die Urheber des Alarms seien. Die erste Reaktion meines Vaters war – zu meiner Überraschung –, daß er zunächst einmal lachte, dann jedoch mußten wir Übeltäter uns jeder in eine Ecke knien. Von dieser Geschichte wissen die alten Dorfbewohner jedenfalls noch heute zu erzählen. Damals meinten sie: »Diese Doktorbuben haben wir notwendig gehabt.«

Ich erzähle dieses Ereignis mit der Feuerwehrsirene nicht, um stolz auf eines meiner Lausbubenstücke zu verweisen, sondern um damit anzudeuten, daß die alten Landärzte nur wenig Zeit hatten, sich um ihre Kinder zu kümmern. Sie waren täglich in vollem Einsatz und fanden daneben nicht die Muße, auch noch erzieherisch auf ihre Sprößlinge einzuwirken, was sich unter anderem auch in meinen eher mageren Schulleistungen auswirkte.

Übrigens trugen mein Bruder und ich einen besonderen Titel, der uns gar nicht angenehm war und für den wir uns zeitweise sogar genierten. Die anderen Buben und die übrigen Leute im Dorf sprachen uns nämlich als »Doktorbuben« – oder, wenn nur einer gemeint war, als »Doktorbub« – an. Hie und da rief man uns nach Raufereien oder bei sonstigen Auseinandersetzungen, um uns zu ärgern, Worte wie: »Doktorbua, sch . . . in' Schua!« zu. Die Titulatur »Doktorbuben« war also keine ehrenvolle. Mir wäre es lieber gewesen, wie alle anderen Buben auch, mit meinem bloßen Vornamen ohne den Zusatz »Doktorbub« gerufen zu werden. Meine Eltern, denen gegenüber ich meinen Ärger darlegte, trösteten mich mit dem Hinweis, daß »Doktorbub« doch etwas durchaus Ehrenhaftes sei. Das leuchtete mir damals aber nicht ein.

Sogar unser Dackel Schnipp erhielt das Prädikat »Doktor«. Er war also der »Doktor Schnipp«. Einmal kam es allerdings zu einer Verwechslung. Irgend jemand meinte, der »Doktor Schnipp«, also unser Dackel, sei gerade gekommen. Statt »Doktor Schnipp« hatte man »Doktor Schmidt« verstanden, so hieß nämlich der Arzt des Nachbarortes Windischgarsten.

Die gesamte Familie des Arztes, einschließlich Dackel, kam also in den Genuß, mit dem Titel »Doktor« bedacht zu werden.

Mein abwechslungsreiches Leben als Sohn des Landarztehepaares endete nach Absolvierung der 4. Klasse Volksschule, als ich in das Klostergymnasium zu Kremsmünster gesteckt wurde, ebenso wie mein Bruder zwei Jahre später. Auch meiner Schwester blieb

*2: Die Doktorkinder auf Ferien, 1958*

ein solches Los nicht erspart. Sie mußte in eine Klosterschule für Mädchen nach Linz.

Damals, in den fünfziger Jahren, gab es noch keine Mittelschulen in der Nähe des Dorfes, ebensowenig wie die heute üblichen Schulbusse.

Jedenfalls kam es den Landärzten durchaus entgegen, ihre Kinder in solche fernab gelegenen Schulen zu schicken. Sie wußten so ihre Nachkommen unter guter Kontrolle und konnten sich, unbehelligt von Lausbübereien und Fragen der Kindererziehung, ihrem harten Beruf als Ärzte im Gebirge widmen. Hie und da erhielten wir im Konvikt des Klostergymnasiums Besuch von unseren Eltern, was für uns zu den schönsten Ereignissen zählte und eine willkommene Abwechslung im Trott des Schulalltags bedeutete.

Es waren jeweils die Donnerstage, an denen wir im Sinne der alten Tradition dieses benediktischen Klosters keinen Unterricht hatten und an denen meine Eltern die Fahrt zu uns unternahmen. Auch für sie war der Donnerstag der freie Tag. Dahinter lag ein tieferer Sinn, denn am Vormittag des Sonntags kamen die bäuerlichen Menschen – die Bauern, die Bäuerinnen, die Mägde und Knechte – in die Ordination.

Auf diese Weise konnten sie den Gang zum Arzt mit dem Besuch der hl. Messe verbinden. Mein Vater, der Arzt, meinte damals zu mir, die Knechte und Mägde würden besonders gerne die Kirche zum Gottesdienst aufsuchen, denn während dieser Zeit konnte ihnen niemand etwas befehlen, nicht einmal der Bauer. In der Kirche saßen sie still und erholten sich etwas von der Mühe am Bauernhof.

An den Sonntagen hatte der Arzt also Dienst, dafür waren die Donnerstage die Tage des Abschaltens von der Last des ärztlichen Alltags. An diesen Donnerstagen zogen es die Ärzte vor, sich zumindest für ein paar Stunden aus dem Dorf zurückzuziehen, um nicht von Patienten belästigt zu werden. Während der warmen Ferienmonate liebten es meine Eltern, mit uns in ihrem alten Volkswagen an einen Salzkammergutsee zu fahren, um sich dort etwas zu entspannen. Meine Mutter pflegte dort richtige Picknicks mit Broten, harten Eiern, Wurst, Limonade, Obst und Pudding zu veranstalten. Ansonsten kamen meine Eltern nicht viel aus dem kleinen Gebirgsdorf heraus. Allerdings fuhren sie jedes Jahr im Frühsommer meist für zwei oder drei Wochen zu einem Ärztekongreß nach Grado und während des Winters für eine Woche zu einem ebensolchen nach Badgastein. Bei diesen Kongressen atmeten sie die Luft der weiten Welt und erfreuten sich an den Abenden im Gespräch mit Kollegen. Später war es meinem Vater eine liebe Gewohnheit, jedes Jahr für ein paar Tage zu einer Kaltwasserkur im Sinne des Pfarrers Kneipp nach Schärding zu fahren. Während dieser Zeit war meine Mutter alleine als Ärztin tätig und vertrat meinen Vater als Gemeindearzt zur vollsten Zufriedenheit aller.

In den Wochen, in denen sie gemeinsam unterwegs waren, nahmen sie für gewöhnlich einen »Herrn Vertreter« auf. Dieser war meist ein junger Arzt, der noch auf einen Posten wartete, oder auch ein älterer Mediziner, der schon in Pension war und nebenbei Kollegen aushalf.

Die »Herren Vertreter« waren originelle Leute. Ein alter Bauer erzählte mir über einen von ihnen: »Einmal hat dein Vater einen Vertreter gehabt. Mit dem war die größte Gaudi. Ich glaube, er war ein Primarius eines Krankenhauses in Pension. Er hat gerne getrunken, er war aber ein gescheiter Arzt. Weil ich Kreuzweh hatte, ging ich zu ihm. Wie er mich gehen sieht, hat er gesagt: ›Bei dir weiß ich, was es hat.‹ Er wußte also gleich, was mir fehlte. Bei anderen Patienten, die zu ihm gekommen sind, hat er gesagt: ›Dir fehlt nicht viel, du kannst schon wieder heimgehen!‹ Dadurch sind immer weniger Leute zu ihm gekommen. Wie der Doktor dann zurückgekommen ist, hat er fast keine kranken Leute mehr gehabt. Der Vertreter hat also nur die behandelt, von denen er geglaubt hat, daß sie wirklich krank sind. Den anderen hat er gesagt: ›Du kannst schon gehen!‹ Die Frau Doktor hat gemeint: ›Den können wir nicht mehr nehmen, der vertreibt uns ja alle Leute!‹«

Der »Herr Vertreter« hat offensichtlich seine Sache zu leicht genommen. Allzu große Freude an der ärztlichen Tätigkeit dürfte er nicht gehabt haben, schließlich hat er den Menschen auf seine rein körperlichen Probleme reduziert. Damit befand er sich im Gegensatz zu den alten Landärzten, für die der Mensch in seiner Ganzheit, zu der auch die Seele gehört, wichtig war.

Die früheren Ärzte hatten also eine enge Beziehung zu den Menschen, für sie war es wichtig, ihnen das Gefühl zu vermitteln, für sie dazusein. Den »Herrn Vertretern« war das alles eher egal. Aber dennoch waren die alten »Vertreter« echte Vertreter der Ärzte, da sie in deren Ordinationen wirkten und meist auch in deren Häusern lebten. Heute gibt es derartige Vertreter nicht mehr. Heute vertreter sich die Ärzte der Nachbarorte gegenseitig.

Hier sei ein weiterer Aspekt eingefügt, der unser Leben als Landarztkinder mit geprägt hat, nämlich der organisatorische und zeitliche Aufwand, den meine Eltern mit der Abrechnung der Krankenscheine, dem Schreiben von Rechnungen und ähnlichem Papierkram an vielen Abenden, vor allem zu Quartalsende, hatten. Wohl leisteten sie sich einen Steuerberater, der ihnen viel an Schreibarbeit abnahm, aber ihnen blieb dennoch genug zu tun. Wir Kinder bekamen das oft zu spüren, wenn die Eltern, vor allem meine Mutter, abends vor einem Berg Papier saßen.

Während der ersten Zeit, als die Mehrzahl der Bauern noch nicht krankenversichert war und die Leute im allgemeinen nicht viel Geld besaßen, flossen die Einnahmen nur spärlich in die Arztkassa. Meine Eltern mußten sparen und lehrten auch uns, mit dem Geld sorgsam umzugehen. Wir haben davon für unser späteres Leben profitiert. Damals, 1951, als man mich in die Klosterschule schickte, waren sich meine Eltern im übrigen gar nicht sicher, ob sie sich das Geld für das Internat überhaupt leisten könnten.

Diese alte Welt der Landärzte, die geprägt war von einem engen Kontakt zu den Menschen und einem umfassenden medizinischen Wissen, von Originalen wie den »Herren Vertretern«, aufopfernden Hausgehilfinnen und relativ frei aufwachsenden Kindern, ist heute längst verschwunden. In den nächsten Kapiteln soll versucht werden, das landärztliche Wissen in seiner bunten Vielfalt zu schildern.

# ZUR GESCHICHTE DER BADER UND ÄRZTE IM DORF

## Pest und alte Bader

Bevor ich das Leben und die Tätigkeit der alten Landärzte schildere, möchte ich einen Blick in die Geschichte des Heilens tun, allerdings nicht in umfassender Weise – dazu wäre ein eigenes Buch notwendig –, sondern bloß bezogen auf den Gebirgsort Spital am Pyhrn. Gerade ein solcher lokaler Ausschnitt mag aber für den interessierten Leser als informative Illustration zur Geschichte der Medizin im allgemeinen dienen.

Schließlich ist das Dorf Spital am Pyhrn durch seine Geschichte höchst beachtenswert, denn es liegt am Fuß des Pyhrnpasses, eines alten Überganges über die Alpen in Nord-Süd-Richtung. Bereits die Römer zogen über diesen Paß und hatten im Nachbarort Windischgarsten eine Poststation mit dem Namen Gabromagus gegründet. Den Römern folgten Alpenslawen und Baiern. Es waren vor allem die Baiern, die die Kultur dieser Gegend prägten.

Kaiser Heinrich II. (1002–1024) schenkte das Land am Pyhrn dem Bistum Bamberg mit der Auflage, hier ein Hospiz zu gründen, um den Übergang über den Paß auch im Winter zu sichern. Man sollte immer an einem Tag von einem Tal in das andere Tal kommen können. Unter Bischof Otto II. von Bamberg wurde endlich 1190 das Hospital gegründet und zunächst einer Laienbruderschaft anvertraut. Und 1418 wandelte man das Hospital in ein Kollegiatstift mit Chorherren um.[1]

Das Hospital am Pyhrnpaß bot also den über die Berge ziehenden Pilgern, Kreuzrittern, Kaufleuten, Soldaten und anderem Volk Herberge und Nahrung.

Die Bauernkriege waren in dieser Gegend hart und blutig. Eine

1 Siehe dazu Erich Tischler, Stiftskirche Spital am Pyhrn, 1981.

prachtvolle Barockkirche und eine mächtige Klosteranlage, die bis zur Auflösung des Stiftes um 1802 von geistlichen Herren bewohnt wurde, künden von der Macht der Kirche gegenüber den Bauern.

In frühen Zeiten wird wohl das Hospital ärztliche Hilfe und Medizin für Kranke und Verletzte bereitgehalten haben.

Es gab im Stift für die Geburtshilfe ein eigenes »kupfernes Geburt Pfandl«, was immer das auch sein mag. Nicht nur unter den Chorherren, sondern auch unter der bäuerlichen Bevölkerung fanden sich wohl stets Leute, die durch Überlieferung allerlei Leiden und Unpäßlichkeiten zu heilen verstanden. (Über sie und die Beineinrichter will ich im Kapitel über Hausmittel erzählen.) Jedenfalls dürften die geistlichen Herren des Klosters, die Chorherren, der Medizin kundig gewesen sein. Bei schwierigen Krankheitsfällen holten die Chorherren allerdings den Rat der Hofapotheke in Linz oder den der Apotheke in Admont ein. Hochangesehene Ärzte aus diesen Orten wurden ebenso konsultiert.

Die Krankheiten, mit denen Spitaler zu kämpfen hatten, waren vielfältig. Manche waren tödlich. So die Pest, die immer wieder diese Gegend aufsuchte. Auch im Jahre 1496 wütete sie hier. Unter den Toten, die diese furchtbare Epidemie dahinraffte, befanden sich auch der Spitaler Dechant Urban Weix und vermutlich sechs Chorherren des Stiftes (vgl. Hans Krawarik, Die weltlichen Chorherren von Spital am Pyhrn, in: Forschungen zur Geschichte Oberösterreichs 15, 1988).

Um ein Bild zu bekommen, wie grauenhaft die Pest bis in das oberösterreichische Gebirge hinein wütete, lesen wir folgende Darstellung über die Pest des Jahres 1714: »Kaum waren die schönen Tage von Linz zu Ende, als ein anderer, ein gewaltiger Herrscher seinen Einzug in Oberösterreich hielt, der schwarze Tod oder die Pest. Trotz der Quarantäneanstalten . . . fand diese furchtbare Seuche auch jetzt wieder ihren Weg nach Oberösterreich. In Linz, Wels und Steyr, im Hausruck und Traunviertel, bis tief in die Berge hinein, herrschte sie; die Schulen wurden geschlossen, Handel und Verkehr waren gehemmt. Erst die Winterkälte des Jahres 1714 brach die Gewalt der Seuche, die seither in Oberösterreich nie mehr auftrat.« (Ferdinand Zöhrer, Oberösterr. Chronik, 1894)

Nicht nur die Pest, sondern auch die Pocken holten sich in Spital am Pyhrn ihre Opfer. Auf die »bösartige Blatternepidemie«, wie man sie auch nannte, verweist ein interessantes kleines, im Jahr 1808 erschienenes Heftchen. Darin wird auf den Versuch eingegangen, die Pocken zu »tilgen«. Der Titel dieser bemerkenswerten Schrift: »Interessante Wirkungen der Schutzpocken, welche bey der zur Tilgung der bösartigen Blatternepidemie, zu Spital am Pühren in Oesterreich ob der Enns, im Jahre 1806 vorgenommenen Vaccination [Impfung] beobachtet wurden«, verfaßt vom »Landesphysikus und beider Spitäler Ordinarius zu Linz«. In dieser Art Streitschrift rechtfertigt der Autor Soter Kappus von Pichelstein den Einsatz der Impfung mit »Kuhpocken«, um die Ausbreitung der echten Pocken zu verhindern. Dabei ärgert er sich, daß wohl nicht alle Kollegen seiner Meinung sind. Gegen diese schreibt er in beinahe bösen Worten: »Daß sich der gemeine Pöbel, der von diesem Fache gar keinen Begriff hat, und überhaupt geeignet ist, alles dieses, was neu, zu verwerfen, so schwer zur Annahme der Vaccination entschließe, ist nicht so unbegreiflich; daß aber Leute von sonstigem Verstande, und Wissenschaften, auch sogar erfahrene Ärzte so mannigfaltige Vorurtheile und Einwendungen dagegen hegen, ist nicht zu fassen . . .« Nach dieser Auseinandersetzung mit den Gegnern der Impfung mit den eher harmlosen Kuhpocken und einer Schilderung der verheerenden Wirkung der Pocken bzw. der Blatternpest bezieht sich der wakkere Landesphysikus auf den Ausbruch der Blattern in Spital am Pyhrn. Aus seinen Ausführungen sei weiter zitiert: »Von diesem erst beschriebenen, so elenden Zustande mit Blattern behafteten Menschen, war ich erst im Jahre 1806 im Monat Dezember Augenzeuge, indem ich damals von einer hohen Landesregierung, deren wachsames Auge nichts außer Acht setzet, jedem Elende die nöthige Hilfe zu verschaffen, nach Spital am Pyhrn im Traunviertel abgeschickt wurde, um der in der dortigen Gegend geherrschten Blatternepidemie durch die Vaccination Einhalt zu thun ... Die Blatternseuche nahm Ende März 1806 in den bemeldeten Gebirgsgegenden ihren Anfang, befiel nicht nur Kinder, sondern auch erwachsene und ältere Leute, und breitete sich bis in das höchste Gebirge aus. Sie war so tödtend, daß binnen kurzer Zeit nicht weniger als dreyhundert achtundzwanzig Personen ein Opfer dieser verheerenden Seuche wurden ...«. Der Autor beklagt sich in der Folge über die engen, niederen und unreinen Wohnungen und die mangelhafte Lüftung der Zimmer. Nach Spital am Pyhrn nimmt er einen »trockenen Impfstoff« mit. Mit diesem impft er am 3. September 1806 »fünf Subjekte«. Darauf gelingt es ihm, »überflüssiges frisches Gift zu erzeugen, und sodann die allgemeine Vaccination vorzunehmen«.

Da die Spitaler zunächst abgeneigt sind, sich impfen zu lassen, bittet der Autor den »hochwürdigen Herrn Johann Leser, des löblichen Stiftes Chorherr und Katecheten«, ihm zu helfen. Leser begleitet den Arzt in die »entferntesten Gebirgsgegenden« und überzeugt die Leute, daß es gut sei, sich mit den Schutzpocken impfen zu lassen. Hundertzweiundsiebzig Personen werden geimpft und aus der »drohendsten Gefahr gerettet«.

In dieser Schrift werden weiter die Auswirkungen der »Schutzpocken« beschrieben. Interessant ist folgender Hinweis, da er alte Spitaler Familien nennt: »So reifte bey der Maria Anna Schoiswohl, einem zweijährigen Bauernkinde, die Pustel erst am siebzehnten Tage, und bey dem sehr gesunden – lebhaften, dreyjährigen Mädchen Katharina Pölzguter gar erst am einundzwanzigsten Tage.« Diese kleine Arbeit, in der Spital am Pyhrn eine wichtige Rolle spielt, hat auf medizinischem Gebiet revolutionären Charakter, denn die Impfung von körpereigenem »Gift«, um einer gefährlichen Krankheit vorzubeugen, erscheint noch als »rätselhaft«, wie der Autor meint.[2]

2 Soter Kappus von Pichelstein, Interessante Wirkungen der Schutzpocken welche bey der zur Tilgung der bösartigen Blatternepidemie, zu Spital am Pühren in Oest. ob der Enns, im Jahre 1806 vorgenommenen Vaccination beobachtet wurden, Linz 1808.

In früheren Zeiten gab es auch in Spital »Wundärzte«. Als ein solcher wird 1492 »Meister Lienhart« genannt.

Die Bader des Ortes wohnten zeitweise an der Teichel gegen St. Leonhart zu. Das bekannteste Quartier war dort das sogenannte »Baderhaus«.

1620 übersiedelte der aus Oberitalien stammende Bader Israel Mohr von Spital nach Windischgarsten. Dort begründete er eine Dynastie, aus der einige wackere Bader entstammten.[3]

1759 wird letztmalig ein Bader in Spital am Pyhrn selbst genannt. Nun mußten die Spitaler die Wundärzte zu Windischgarsten aufsuchen. Einen eigenen Arzt hatten sie ab jetzt nicht. Einige dieser Windischgarstener Bader dürften offensichtlich kein besonderes Ansehen im Vergleich zu den klassischen »Beineinrichtern« genossen haben.

Darauf verweist eine Beschwerde aus der Zeit um 1780, auf die ich im Kapitel über die Beineinrichter noch näher eingehen werde. In dieser wird dem Bader vorgeworfen, daß er bei der Heilung der Knochenbrüche die Leute verunstalte – im Gegensatz zum Beineinrichter, der diese Kunst viel besser beherrsche, obwohl er sie nur an den Tieren ausüben dürfe (dazu siehe das Kapitel über Hausmittel).

## Die ersten Ärzte

Der erste Arzt von Spital am Pyhrn, der in Konkurrenz zu den Heilpraktikern und Beineinrichtern trat, war Anton Pfeiffer. Er wurde am 14. Februar 1813 in Telfs in Tirol geboren und war von 1842 bis 1874 der Arzt der Spitaler. Allzuviel ist nicht über ihn bekannt. Eine von ihm ausgestellte Arztrechnung liegt vor.[4] Sie

3 Siehe: Schröckenfux, Häuserchronik der Marktgemeinde Windischgarsten (Handschrift), Rathaus Windischgarsten.

4 Auch dieses Schriftstück befindet sich im Besitz Herrn Werner Kiesenhofers, der mich in seiner liebenswürdigen Weise darauf aufmerksam machte.

bezieht sich auf »ärztliche und wundärztliche Behandlung«, Abgabe von Medikamenten, »chirurgische Verrichtungen« sowie auf »Krankenvisiten«, die Pfeiffer dem fünfeinhalb Jahre alten Buben Franz Schwein in der Stanglmühle zuteil werden ließ. Ausgestellt ist diese »Note« am 31. Dezember 1865 – sie umfaßt den Behandlungszeitraum ab dem 24. Oktober – und ist mit »Pfeiffer, Chirurg« unterschrieben.

Aus dieser Rechnung geht übrigens hervor, daß der so behandelte Bub durch einen Schuß verletzt worden war. Welches Drama dahintersteckt, darüber erfahren wir allerdings nichts.

Einige interessante Einzelheiten wissen wir über Anton Pfeiffers gleichnamigen Sohn. Dieser wurde 1848 in Spital am Pyhrn geboren. Anton Pfeiffer der Jüngere trat als Pater Anselm in das Stift Kremsmünster ein. Er wurde ein hervorragender Zoologe und Botaniker. Die naturhistorischen Sammlungen in der Sternwarte des Klosters, wie sie sich heute noch dem Besucher präsentieren, verdanken ihre Kästen aus Eichenholz und deren Aufstellung im wesentlichen den Ideen P. Anselms. Dessen besondere Vorliebe soll den Kolibris gegolten haben. Er bezeichnete sie als »lebende Edelsteine«.[5]

In den Jahren nach dem Tode Anton Pfeiffers dürfte Spital am Pyhrn ohne Arzt gewesen sein. Man war jedoch von der Gemeinde aus ständig bemüht, einen Arzt hierher in das Gebirge zu verpflichten, was allerdings nicht leicht war.

Ein Hochstapler wollte diese Situation für sich nützen und sich offensichtlich ein angesehenes Leben als Spitaler Gemeindearzt verschaffen. Im Kremstalboten vom 24. Jänner 1886 steht unter der Überschrift: »Der neue Doktor in Spital am Pyhrn«, daß ein Jakob Steiner seit Monaten bereits als falscher Arzt in Spital am Pyhrn ansässig war. Als dieser merkte, daß Gendarmen ihn verhaften wollten, flüchtete er in Richtung Liezen, wo er schließlich verhaftet

5 53. Programm des Kais. Kön. Obergymnasiums der Benediktiner zu Kremsmünster für das Schuljahr 1903, Linz, 1903, S. 3 ff.

werden konnte. Jakob Steiner wird in der Zeitung als ein »geriebener Hochstapler« geschildert, der sich um die offene Arztstelle in Spital am Pyhrn beworben habe . . . »Dr. Steiner« soll sich bereits 1872 in Braunau am Inn als Arzt ausgegeben haben. Einmal sei er sogar als pensionierter Marinearzt mit Namen Dr. Jacques Steiner aufgetreten.

Die medizinische Obsorge blieb also weiter in den Händen von Beineinrichtern und Anbrauchern.

Seit etwa 1880 war auch wieder ein Wundarzt mit Namen Alois Dömök in Spital am Pyhrn tätig.

Ab 1895 wird als Arzt ein Dr. L. Resch genannt, der ab 1896 auch als Feuerwehrarzt tätig ist.

Unmittelbar vor 1900 dürfte ein Dr. Knappl Gemeindearzt in Spital am Pyhrn gewesen sein. Erwähnt wird er als Vorstand bzw. Kommandant des »Erzherzog Franz Ferdinand Militär – Veteranen und Kriegervereins«.

Nach 1900 weiß man von einem Dr. Alexander Forster von Billau. Er war auch Obmann des Deutschen Schulvereins.

Ihm folgte Dr. Moritz Vogelgesang, der durch die nach ihm benannte Klamm einige Berühmtheit und auch Unsterblichkeit erlangen sollte. Als nächster Arzt wird in Spital am Pyhrn Dr. Josef Rachoy eingestellt. Er wirkte von 1909 bis zum Ersten Weltkrieg.

Während des Ersten Weltkrieges und in der Zeit danach wirkte als einziger Arzt im Gerichtsbezirk Windischgarsten ein Dr. Meschl.[6] Er war, wie alle seine Kollegen damals auch, beritten.

Ihm folgte als praktischer Arzt in Windischgarsten Dr. Hermann Janzus nach, der auch die ärztliche Betreuung der Spitaler übernahm. So lange, bis in den zwanziger Jahren Dr. Josef Seidl er war 1901 in Prag promoviert worden – Gemeindearzt von Spital am Pyhrn wurde. Er blieb dies bis zu seinem plötzlichen Tod im Jahre

6 Dazu: R. Girtler, Heiler und Ärzte von Spital am Pyhrn, in: Dorf im Gebirge – Spital am Pyhrn 1190–1990, Linz 1990.

1947. Dr. Seidl, so erzählen die Leute, sei ein beliebter und gütiger Arzt gewesen.

1947 wird mein Vater, Dr. Roland Girtler, Spitaler Gemeindearzt. Unterstützung bei seiner Arbeit findet er in meiner Mutter, Dr. Leopoldine Girtler, der Ärztin, über die hier auch erzählt werden soll.

Ab 1984 ist es dann der freundliche Herr Dr. Gottschall, der – freilich bereits in einer anderen Kultur – seiner Tätigkeit als Arzt nachgeht und sich liebenswürdig um die Dorfbewohner kümmert.

## Einschub:
## Ernst Krackowitzer – Arzt und Rebell in Wien und New York
## Schwiegervater des Indianerforschers Franz Boas

Nicht nur für die Geschichte der Ärzte in Spital am Pyhrn, sondern für die der Geschichte der Medizin im allgemeinen mag eine Schilderung aus dem Leben eines Arztes wichtig sein, der zwar nicht als solcher hier tätig war, der aber hier geboren und später zu einem berühmten, politisch engagierten Mediziner wurde.

Dieser Mann ist Ernst Krackowitzer. Er kam am 3. Dezember 1822 in Spital am Pyhrn als Sohn des dortigen Pflegers zur Welt. Er war stolzer Revolutionär im Wien des Jahres 1848 und dann Gründer des Deutschen Hospitals in New York. Krackowitzer führte ein interessantes, spannungsreiches Leben, das einen Menschen zeigt, der voll Idealismus für eine gute Sache zu kämpfen wußte. Er studierte ab 1840 in Wien Medizin bei Rokitansky, Skoda und Schuh. 1843 verbrachte er ein Jahr in Padua, um dort seinen medizinischen Horizont zu erweitern. Nach seiner Promotion in Wien ließ er sich speziell zum Chirurgen ausbilden und wurde 1847 – nachdem er kurze Zeit Arzt in Steyr gewesen war – erster Assistent bei Professor Schuh an der Wiener Universitätsklinik. Als im März 1848 die Revolution in Wien losbrach, gehörte auch Ernst Krackowitzer als Mitglied und Hauptmann der Akademischen

Legion zu den Revolutionären gegen ein altes, verderbtes monarchistisches System. Diese Revolution in Wien wurde schließlich ab Oktober 1848 brutal niedergekämpft. Die führenden Köpfe wurden entweder erschossen, oder sie mußten fliehen. Als Hauptmann der Akademischen Legion hielt es Krackowitzer für angebracht, aus Wien zu verschwinden. Zunächst floh er nach Tübingen, wo er kurze Zeit an einer Klinik als Assistent arbeitete. In Tübingen lernte Krackowitzer übrigens den Dichter Uhland kennen.

Da jedoch die österreichischen Gegner der Revolution immer einflußreicher wurden, war zu befürchten, daß man auch Krackowitzer in Tübingen erreichen könnte. Dieser floh daher nach den USA. Für die erste Zeit ließ er sich in Williamsburg nieder. 1851 wurde er Chirurg am Stadt-Hospital von Brooklyn. Dort blieb er bis 1857, dann zog er nach Manhattan in New York.

Krackowitzer wurde ein angesehenes Mitglied der New Yorker »Pathological Society« und gründete 1866 mit Kollegen das Deutsche Hospital in New York. Chirurgische Dienste leistete er daneben noch in anderen Krankenhäusern.[7]

Krackowitzer war ein angesehener und tüchtiger Arzt und hatte große Erfolge bei seinen Operationen. Zu seinen Verdiensten zählt, das Laryngoskop, den Kehlkopfspiegel, in den USA bekanntgemacht und als erster die Bewegung der Stimmbänder demonstriert zu haben. Einer der Pavillons des Deutschen Hospitals trug seinen Namen: der Krackowitzer-Pavillon.

In den zwanziger Jahren dieses Jahrhunderts wurde das Deutsche

---

7 Auf Ernst Krackowitzers Leben weisen hin: Biographisches Lexikon der hervorragenden Ärzte aller Zeiten und Völker, Berlin – Wien, Bd. 3/1931, S. 597.
Biographisches Lexikon des Landes ob der Enns.
New Yorker Staatszeitung, 41. Jg., Nr. 229.
Erna Lesky, Die Wiener medizinische Schule im 19. Jahrhundert.
Ernst P. Boas, A Refugee Doctor of 1850, in: Journal of the History of Medicine and Allied Sciences, Vol. III, 1948.
(Mit einem Bild Ernst Krackowitzers, welches ihn als Student zeigt.) – Diese vom Enkel E. Krackowitzers veröffentlichten Briefe sind die vielleicht wichtigste Quelle zum Leben Krackowitzers.

Hospital umgebaut und erweitert. Es gehört heute zu den modernsten Krankenhäusern New Yorks. Allerdings heißt es heute – wahrscheinlich erschien der Name »Deutsches Hospital«, wie es Krackowitzer bezeichnet hatte, vielen als unpassend oder politisch nicht opportun – »Lenox-Hill-Hospital«.

Am alten »Deutschen Hospital« hat übrigens auch der berühmte Bauernbefreier Hans Kudlich gearbeitet. Hans Kudlich war bekannt geworden, als er 1848 als jüngstes Mitglied im Reichstag den Antrag auf Aufhebung der Robote bzw. Befreiung der Bauern gestellt hatte.

Während des amerikanischen Bürgerkrieges diente Krackowitzer als Generalinspektor der Militärspitäler auf der Seite der Nordstaaten, und bei zumindest zwei Schlachten betätigte er sich direkt als Chirurg. Krackowitzer war, wie viele andere Revolutionäre des Jahres 1848 auch, glühender Republikaner. Er war Gegner der Sklaverei, ein großer Verehrer Abraham Lincolns und in einigen, vor allem medizinischen Vereinigungen sehr aktiv.

Er starb am 23. September 1875 im Alter von nur 54 Jahren an einer Beinhautentzündung, zu der sich ein typhusähnliches Fieber gesellt hatte. In Sing-Sing bei New York, wo er seinen Landsitz hatte, wurde er unter großer Anteilnahme bestattet.

Krackowitzer war mit Emilie Forster, der Tochter des Syndikus von Vöcklabruck, verheiratet. Sie war ihm 1860 in die USA nachgefolgt, um ihn zu ehelichen. An sie hatte er während der Zeit der Wiener Revolution und dann aus den USA historisch bemerkenswerte Briefe geschrieben.

Veröffentlicht wurden diese Briefe von seinem Enkel Ernst P. Boas im »Journal of the History of Medicine«.

Ernst P. Boas war der Sohn der Tochter Krackowitzers, Maria. Diese hatte den berühmten Indianerforscher und Anthropologieprofessor Franz Boas geheiratet. Franz Boas, ein deutschnational gesinnter Jude und Burschenschafter, war aus Minden, Norddeutschland, in die USA eingewandert und erlangte durch seine Forschungen bei Indianerstämmen einige Berühmtheit.

Krackowitzer erweist sich in seinen Briefen – die ersten wurden im August 1848 geschrieben – als begeisterter Republikaner. Er wurde »deutscher Katholik« und sah sich als Kämpfer für die Freiheit. Allerdings war er kein Fanatiker, er verurteilte Gewalttaten, wie die Ermordung des österreichischen Kriegsministers Latour durch wütende Demonstranten im Oktober 1848. Für Krackowitzer waren demokratische und republikanische Ziele der Revolution heilig. Aus den USA berichtet er zum Teil sehr humorvoll über das dortige Leben, die Eisenbahnen, das Obst, die Zeitungen usw. Es sind aufregende Zeitdokumente eines in Spital am Pyhrn geborenen Mediziners, der einen wachen Geist und ein weites Herz hatte.

An den kühnen Revolutionär Ernst Krackowitzer erinnert noch ein Ehrenschwert der Wiener Akademischen Legion im Linzer Landesmuseum. Auf der Scheide dieses, Krackowitzer gewidmeten Schwertes ist zu lesen: »Erinnerung an den 13., 14. und 15. Mai 1848«. Es sind dies die Tage, an denen Wiener Studenten gemeinsam mit Bürgern, Arbeitern und Handwerksgesellen mit den schwarzrotgoldenen Farben für die Freiheit und gegen die Willkür der Monarchen zu kämpfen begonnen hatten.

# DER ALTE LANDARZT ALS UNIVERSALMEDIZINER

Die alten Landärzte waren Universalmediziner. Sie mußten auf vielerlei Gebieten der Medizin einigermaßen bewandert sein und benötigten ein gutes Gespür für das Auffinden von Krankheiten; bis in die sechziger Jahre war es nämlich nicht üblich, jeden Patienten sofort ins Krankenhaus oder zu einem Spezialisten in der Stadt zu schicken.

»Früher hat ein Landarzt alles können müssen. War eine Wunde zum Zusammenflicken, so mußte er dies tun. Oder kam es zu einer Geburt, so war der Arzt und die Ärztin zur Stelle«, schilderte mir ein alter Patient aus seiner Erinnerung.

Die früheren Landärzte wurden mit den unterschiedlichsten Situationen konfrontiert, die es zu meistern galt – ganz im Gegensatz zu ihren heutigen Nachfolgern, die immerhin auf die Unterstützung einsatzbereiter Rettungsautos zählen können.

Sogar Notoperationen führten die alten Landärzte durch. Auf eine besonders heikle, bei der es um das Entfernen der Mandeln der Frau des Gemeindevorstehers ging, werde ich im Kapitel über Operationen eingehen.

Die Ärzte mußten schnell auf schwierige medizinische Situationen reagieren. In diesem Sinn erinnert sich auch ein früherer Briefträger an meine Eltern: »Der heutige Arzt ist sehr gut, da gibt es eh nichts. Aber die alten Ärzte mußten sich mehr annehmen um die Leute. Meine Schwiegermutter hat auch gesagt: ›Kein Vergleich sind die alten Ärzte zu den heutigen. Von allem Anfang an haben sie sich um ihre Patienten bemüht.‹«

Der Arzt mußte früher also noch selbst Operationen durchführen und sich in völlig anderer Weise als seine heutigen Kollegen um die kranken Patienten kümmern. Heute überweist man den Patienten ins nächste Krankenhaus, im Gegensatz zu früher, als der Arzt noch am Krankenbett saß und hoffte. Dazu erzählt mir die Frau eines Oberförsters: »Der Bernhard war 16 Monate alt, das war 1958. Zwei Tage hatte er Angina gehabt. Die Frau Doktor hat ihn behandelt. Am dritten Tag am Nachmittag ist das Kind plötzlich blau geworden im Gesicht und hat nach Luft geschnappt. Ich habe den Buben genommen und bin mit ihm vor das Haus gelaufen und habe gerufen: ›Helft mir! Der Bub bekommt keine Luft!‹ Mein Mann war gerade im Revier. Ein Nachbar hat schnell beim Doktor angerufen. Ich habe den Buben gebeutelt, nun hat er wieder Atem geholt. Der Herr Doktor ist gekommen, er hat ihn abgehorcht und gesagt, es war ein Kreislaufzusammenbruch. Er hat weiter gemeint, man muß auf das Kind schauen und es nicht aus den Augen lassen. Ich hatte Angst, ich mußte mich ja noch um meine kleine Tochter kümmern. Als er wieder blau wurde, ist die Frau Doktor gekommen und hat gesagt: ›Frau K., da können wir nicht spaßen. Ich bleibe jetzt selbst da!‹ Der Frau Doktor war es nicht zu blöd, beim Buben zu bleiben. Sie hat dem Buben, der hohes Fieber hatte, etwas gespritzt. ›Ich bleibe jetzt bei Ihnen‹, sagte sie, ›wir müssen jetzt schauen, daß mit allen Mitteln das Fieber heruntergeht.‹ Fast 40 Grad Fieber hatte der Bub. Ich war mit den Nerven fertig. Ich habe geweint, weil ich glaubte, der Bub stirbt nun. Die Frau Doktor machte ihm nun kalte Wickel an den Händen und Füßen. Bevor das Fieber nicht auf 38 Grad herunten war, ist die Frau Doktor nicht weggegangen. Heute muß man lange suchen, bis man jemanden findet, der so etwas tut wie die Frau Doktor. Das war die Frau Doktor! Bevor sie ging, hat die Frau Doktor noch gesagt: ›Frau K., rufen Sie mich bitte in einer Stunde an, und dann in der Nacht um 12 Uhr ungefähr rufen Sie wieder an. Ich habe das Telefon gleich beim Bett. Ich kann ohnehin nicht gut schlafen, weil ich immer an Ihren Kleinen denken muß. Und ich kann ihn nur daheim bei Ihnen lassen, weil ich weiß, daß Sie eine hundertprozentige Mutter sind. Sie müssen eine Sitzwache halten. Das Kind darf nicht alleine sein.‹ In der Nacht bin ich also beim Kind gesessen, auch mein Mann einmal. Sogar die Nachbarin ist gekommen und hat gesagt: ›Frau K., legen Sie sich nieder!‹ Um sechs Uhr in der Früh hat die

Frau Doktor angerufen und gefragt, wie es dem Buben geht. Ich habe gesagt: ›Das Fieber ist herunten! Er hat keine 38 Grad mehr!‹ ›Dann haben wir ihn über den Berg‹, hat die Frau Doktor gesagt, ›bleiben Sie aber bei dem Kind!‹ Der Herr Doktor wollte das Kind in das Spital schicken, aber die Frau Doktor meinte, bei der Frau K. können wir es wagen, das Kind hier zu behandeln. Ich wollte nicht, daß das Kind in das Krankenhaus kommt, ich habe deswegen so geweint.

Und die Frau Doktor hat mir recht gegeben, denn im Krankenhaus wäre das Kind vielleicht gestorben, denn wer sitzt schon die ganze Nacht bei dem Kind. Eine Krankenschwester kann es leicht übersehen, wenn der Bub wieder blau wird. Der Bernhard weiß es heute, er ist selbst Arzt geworden, die Frau Doktor G. hat ihm das Leben gerettet. Ich glaube, daß heutige Ärzte anders handeln würden als die Frau Doktor. Heute würde man ein Kind wegen einer solchen Krankheit sofort in das Krankenhaus einliefern. So haben sie keine Verantwortung mehr!«

Diese kleine Geschichte dokumentiert anschaulich, daß die früheren Landärzte, auf sich alleine gestellt, sich in einer ganz anderen Weise um den kranken Menschen gekümmert haben als moderne Ärzte es tun (oder tun können).

Es hat sich einiges in der Beziehung zwischen Arzt und Patient geändert. Heute werden wir durch das soziale Netz mit seiner staatlich geregelten und geförderten Krankenfürsorge bereits beinahe lückenlos erfaßt, der enge Kontakt zum Arzt scheint aber nicht mehr gegeben zu sein. Darauf wird in den nächsten Kapiteln noch näher eingegangen.

## DAS ANSEHEN DER ALTEN ÄRZTE – DER ARZT ALS PRIESTER

Ich wage die Behauptung aufzustellen, daß die Ärzte sich früher in einer ähnlichen Situation wie Priester befanden. Beide mußten sich um den Menschen kümmern, und beiden war dessen Heil wichtig.

Aber noch etwas war charakteristisch für die alten Landärzte, etwas, das ihr Ansehen vergrößerte, nämlich eine würdige Distanz zu den Querelen des Alltags, zum kleinlichen Streit im dörflichen Leben und auch zu tagespolitischen Diskussionen.

Die alten Ärzte standen daher über den Dingen und gaben den Menschen das Gefühl, ein offenes Ohr für ihre Probleme und die Kraft der Hilfe zu haben.

Gerade mein Vater, der alte Arzt, versuchte, über den Parteien zu stehen, denn, so drückte er sich aus, die Menschen seien doch alle gleich und jeder habe seine eigenen Wahrheiten. Jeder solle nach seiner eigenen Façon selig werden, meinte er einmal. Diese Einstellung entsprach auch der meines alten Onkels Viktor, der vor dem Krieg Arzt in Schlierbach gewesen ist.

Er vertrat die Maxime, daß die Lunge bei jedem dieselbe Farbe habe und nicht politisch eingefärbt sei. Dieser Onkel war übrigens das große Vorbild meines Vaters. Auch er hatte, genauso wie meine Eltern, ein weites Herz. Dafür spricht folgende Geschichte, die er mir erzählte und die ich hier einfügen will. Einmal sei eine Zigeunergruppe[8] durch Schlierbach gezogen und habe in einem Wald gelagert. Dabei hat eine Zigeunerin ein Kind zur Welt gebracht. Da Komplikationen eintraten, rief man meinen Onkel, der ihr ärztlich half, selbstverständlich ohne ein Honorar zu verlangen. Die Gruppe zog weiter, und nach einiger Zeit kam eine andere durch das Dorf. Mein Onkel stand damals gerade vor seinem Haus, als der Anführer dieser Zigeunergruppe daran vorbeiging. Dabei fragte er

8 Den Ausdruck Zigeuner verwende ich nicht in abwertender Weise.

meinen Onkel, ob er in diesem Haus wohne. Dieser bejahte, worauf ihm der Zigeuner sagte, daß er ein guter Mensch sei und unter seinem Schutz stehe. Woher er dies wisse, fragte mein Onkel. Der Zigeuner erwiderte, er wisse dies von einem Zinken, einem Zeichen, das am Haus meines Onkels angebracht war, offensichtlich von jenen Zigeunern, die früher bei Schlierbach lagerten. Ich erwähne diese Episode, weil sie die Großzügigkeit und Güte des echten Arztes verdeutlicht, eines Menschen nämlich, der sich außerhalb jeglicher politischen und gesellschaftlichen Zwänge sieht. Mein Vater war genauso. Der Wunsch meines Onkels war es übrigens, dies spricht für seinen Großmut, daß man auf seinen Grabstein schreibe: »Dr. Viktor Schmiedt – kein Beamter!« Dieser Wunsch wurde ihm nicht erfüllt. Gewisse Beamte scheinen ihm zu eng denkende Zeitgenossen gewesen zu sein.

Das Bewußtsein, im Arzt jemanden zu sehen, der sich außerhalb irgendwelcher Ideologien um den Menschen annimmt, bringt ihn in die Nähe des Priesters. Alte Traditionen stehen dahinter. So wandte man sich in archaischen Gesellschaften an Priester, wenn es um gesundheitliche Probleme ging, die diese dann durch allerlei Zauber oder Akte der Magie zu beseitigen suchten. Durch magische Handlungen, wie diverse Beschwörungsformeln, suchte man die Gottheit im Sinne einer Gesundung des kranken Hilfesuchenden zu beeinflussen.

Solche magischen Reste finden sich auch heute noch, wenn bei diversen Krankheiten priesterlicher Segen erbeten wird oder man auf Wallfahrten zu einem Marienheiligtum pilgert, um dort für die eigene Gesundung und die von Verwandten zu beten. Dabei werden mitunter die erkrankten Körperteile in Wachs nachgeformt und bei der Madonna hinterlegt – was ebenfalls eindeutig in den Bereich der Magie geht.

In diesem Sinn sind auch die mittelalterlichen Prozessionen erbarmungswürdiger Pilger zu verstehen, die die Gottheit anflehten, etwa von der Pest geheilt zu werden. Wenn die Pest dann endlich genügend Menschen hinweggerafft hatte und so allmählich abflaute, schuf man aus Dankbarkeit prächtige barocke Säulen, die sogenannten Pestsäulen, die heute zu den schmucken Denkmälern in Dörfern und Städten gehören.

Dem Menschen ist sein körperliches Wohlbefinden wichtig, und daher ist ihm alles recht, wenn der Himmel ihm nur Gesundheit schenkt. Hierin berühren sich die Aufgaben von Priester und Arzt. Schließlich ist es der Priester, der dem Menschen, wenn die Künste des Arztes versagen und der Tod sich nähert, ewiges Heil, also ewiges Leben und Gesundheit, zu versprechen vermag.

Gerade in dörflichen bäuerlichen Gemeinschaften verschwimmen mitunter die Grenzen zwischen den Bereichen des Arztes und des Priesters. Geht es doch beiden auch um die Seele, die, wie die moderne Psychotherapie zeigt, krank machen kann.

Daher meinte wohl auch ein alter Bauer, ein früherer Patient meiner Eltern, zu mir: »Ein richtiger Arzt ist ein halberter Pfarrer. Es spielen viele seelische Sachen mit bei einer Krankheit, die mit keinem Medikament zu heilen sind, sondern nur durch eine Aussprache mit dem Arzt oder dem Pfarrer. Durch so eine Aussprache wird das Leben eines Menschen vielleicht in ruhigere Bahnen gelenkt. Vielleicht kann er dann sagen: Das Leben ist mir geschenkt worden, es hat für mich einen Wert. Das geht nicht anders. Da muß der Arzt mittun. Ein Pfarrer kann das auch, aber nicht jeder Mensch ist auf einen Pfarrer ansprechbar. Darum muß der Arzt auf einen Menschen eingehen, um zu finden, wo es fehlt. Zu deinem Vater hatten wir Vertrauen, denn ein guter Arzt wird sich vorsichtig [um das Seelische] erkundigen. Er kann ja nicht mit der Tür ins Haus fallen. Zuerst muß er das Vertrauen der Leute gewinnen, wenn er einen Erfolg bei der Heilung haben will. Er muß herausbringen, in welcher Situation der Mensch ist und wie seine Umgebung aussieht. Ich glaube überhaupt, früher war der Mensch zufriedener.«

Dieser alte Bauer, ein weiser Mann, spricht hier die psychotherapeutische Seite der Beziehung zwischen Arzt und Patient an, eine Beziehung, die heute, wie er noch meint, im wesentlichen verlorengegangen zu sein scheint. Die Aussprache, das Sichöffnen gegenüber dem Arzt hatte und hat heilende Kraft, genauso wie die Beichte, die zu einer solchen Aussprache hinzutreten konnte. Überhaupt war und ist ein guter Priester ein guter Seelenarzt. Das Instrument der Beichte, von der der Mensch Hilfe erwartete, wenn ihn Schuld drückte, wirkt reinigend und eben auch heilend.

Priester und Arzt waren aufeinander angewiesen. Wenn einer der beiden diese tiefe Beziehung zu dem Kranken oder sich krank Fühlenden nicht aufbauen konnte, mußte der andere für ihn einspringen. So ist es vorstellbar, daß der Priester dem Erkrankten medizinische Ratschläge gibt – ein klassisches Beispiel dafür ist wohl Pfarrer Kneipp. Oder daß der Arzt auch in die Rolle des Priesters schlüpft. Mein Vater erzählte mir, eine sehr alte Frau hätte sich bei ihm beklagt, daß der Pfarrer sie, die bettlägerig war, so selten besuchen würde. Da der Pfarrer gleichzeitig auch Jäger war, fügte sie noch hinzu: »Wenn ich ein Geweih hätte, würde er wahrscheinlich auch zu mir kommen.«

Mit diesen Worten verwies die Alte darauf, daß die früheren Pfarrer sich sehr wohl um ihre kranken Pfarrmitglieder gekümmert hätten.

In der Nachkriegszeit war es auch üblich, daß der Pfarrer zu Fuß richtige Ausflüge hinauf zu den Bergbauernhöfen unternahm, auf denen er kranke Bauern, Bäuerinnen, Mägde oder Knechte wußte, um mit ihnen zu reden und einen Rosenkranz zu beten. Besonders wußten dies jene zu schätzen, die alt und schwer krank darniederlagen. Der Pfarrer spendete ihnen mit ein paar Worten Trost – dies tun freilich auch heutige Priester, allerdings scheint dieser geistliche Krankenbesuch heute nicht mehr denselben Stellenwert zu haben. Der Pfarrer, der auf seinen Touren zu den Kranken kam, spendete nicht nur den Segen, sondern wurde für gewöhnlich anschließend zu einer kräftigen Jause eingeladen, die gerade in der Nachkriegszeit auch einem geistlichen Herrn vortrefflich schmeckte. Und schließlich befand sich der Pfarrer bei diesen beinahe alpinen Krankenausflügen in guter Luft und schöner Umgebung. Im Laufe der Zeit haben diese geistlichen Besuche an Bedeutung verloren, obwohl inzwischen auch der Pfarrer motorisiert ist. Heute führt er die »Letzte Ölung« und die Hostie für die Kranken im Auto mit. Er tut dies unauffällig, ganz im Gegensatz zu den sechziger Jahren, als der Pfarrer noch im rituellen geistlichen Gewande, in den Händen die Monstranz, festen Fußes einherschritt. Vor ihm marschierte ein Ministrant, der, wenn er Menschen am Straßenrand ansichtig wurde, mit einer kleinen Glocke läutete. Er machte so auf das Allerheiligste in der Monstranz und auf den Pfarrer aufmerksam, aber auch darauf, daß nun irgendwo bei einem Bauern ein Kranker auf den Trost der Religion warte, damit ihm das Sterben leichtfallen möge. Die Leute am Straßenrand neigten den Kopf und bekreuzigten sich, um so dem Sakrament, dem Pfarrer, aber auch dem Kranken, dem das Mitgefühl galt, ihre Referenz zu erweisen.

Dieses alte Ritual, bei dem der Pfarrer zu Fuß zu den Siechenden und Sterbenden ging, ist aus dem Dorfbild verschwunden.

Oft kam früher mit dem Pfarrer auch gleichzeitig der Arzt, worüber sich Kranker und Angehörige freuten. Es tat allen wohl, sich umsorgt zu sehen.

Und eben weil man auf den Arzt ebenso wartete wie auf den Pfarrer, verschmolzen beim Landarzt bisweilen beide in einer Person. So erzählte mir mein Vater oft, er habe kranke Bauern oder Bäuerinnen aufgesucht, auch ohne von diesen zu einem Krankenbesuch gebeten worden zu sein. Die Patienten freuten sich, wenn mein Vater mit ihnen über ihre Sorgen sprach und ihnen in ihrer Krankheit Trost spendete oder Hoffnung gab. Es bedeutete für meine Eltern eine große Befriedigung, auch wenn sie keinen Krankenschein dafür bekamen, kranken Menschen durch einen solchen Besuch und lediglich durch das Gespräch Mut gemacht und Freude gebracht zu haben.

Gerade in solchen Gesprächen zwischen Arzt und Krankem liegt auch das Priesterliche seiner Funktion, denn der hoffende Mensch hängt an seinen Lippen und erwartet sich Balsam für die Seele.

Die alten Ärzte wußten, daß sie geachtet waren, allerdings nicht bloß wegen ihrer medizinischen Fähigkeiten, sondern eben auch weil sie eine mitunter tiefe Beziehung zu den Menschen aufbauen konnten. Daher meinte auch ein alter Bauer: »Die alten Ärzte kann man mit den heutigen nicht mehr vergleichen. Die alten waren echte Idealisten. Für die meisten heutigen Ärzte ist ihr Beruf bloß Geschäftssache. Und zu den alten Ärzten konnte man immer kommen. Heute ist ein Tonband da, auf das spricht man seine Sorgen, und die Sache ist erledigt. Die alten Ärzte waren Idealisten, besonders deine Eltern! Mit deinen Eltern ist ein Stück unseres Dorfes gegangen.«

Der Bauer fügt noch hinzu: »Mir hat der Doktor damals als Kind das Leben gerettet.«

Man fühlte sich dem Arzt verpflichtet, immerhin hatte er unmittelbar mit dem Leben der Menschen zu tun. Der Arzt wurde, ähnlich wie der Pfarrer, als Vermittler zum Himmel gesehen, der mit Leben und Tod, den Grundpfeilern der menschlichen Existenz, zu tun hat. Daher mußte sich der Arzt auch Zeit für seine Patienten nehmen. »Heute haben es die Ärzte alle drawi [eilig]. ›Grüß Gott, ein Rezept und auf Wiedersehen!‹, so heißt es heute«, sagte dazu ein früherer Holzknecht, der noch hinzufügte: »Deine Eltern waren prima Ärzte. Eine so schnelle Abfertigung wie bei den heutigen Ärzten gab es bei ihnen nicht.« Sogar während der Ordinationszeiten, wenn das Wartezimmer »gerammelt« voll war, hatten sie die Muße, mit Patienten zu reden und sich ihre Probleme anzuhören. Dieser persönliche Bezug war wesentlich für das Vertrauen, das die Menschen den Ärzten entgegenbrachten. »Solche Ärzte gibt es nicht mehr, heute läßt alles nach. Das ist wirklich wahr. Man hat etwas sagen können, irgend etwas, so oder so. Die haben einen angehört, und man war beruhigt. Heute geht es bei den Ärzten schnell, schnell . . .«

Und ein Holzknecht ergänzt: »Heute kommt man zum Arzt. Der fragt: ›Was ist?‹ Dann sagt man ihm, was einem fehlt. ›Da haben Sie das‹, sagt er. Und schon ist man draußen bei der Tür.

Heute hat man nicht mehr den Kontakt zum Arzt wie früher. Die alten Ärzte haben noch einen Dischkur [Diskurs] geführt.«

Ähnlich wie der Priester war der Arzt in früheren Zeiten eine Person, zu der man kommen und der man erzählen konnte, was einen berührte. Und man konnte sicher sein, auch gehört zu werden. Diese Zeit für das Zuhören, das mitunter auch strapaziös sein konnte, scheint heutigen Ärzten zu fehlen. Und weil sich der Arzt früher eben die Zeit nahm und auch nehmen mußte, auf die Seelenängste der Menschen einzugehen, genoß er deren Vertrauen und den Ruf, ein guter Arzt zu sein, auch wenn seine medizinischen Künste nicht unbedingt immer perfekt waren. Hierin lagen das Charisma und die Außeralltäglichkeit des alten Arztes. Genauso wie der Priester war er jemand, der über dem gewöhnlichen Volk stand. Ihm gebührte Achtung, und man war bereit, sie ihm auch zu zollen, wenn man das Gefühl hatte, Arzt oder Ärztin sind bereit, dem sich krank fühlenden Menschen Herz und Zeit zu leihen. In diesem Sinn meinte eine alte Bäuerin: »Wir waren mit Ihren Eltern immer zufrieden. Zu jeder Tages- und Nachtzeit waren sie da. Es macht viel aus, wenn man zu einem Arzt Vertrauen hat. Man war beruhigt, wenn man bei ihm war. Heute sind die Ärzte nur mehr Papierschreiber. Manche Ärzte untersuchen einen gar nicht mehr, man wird gleich zu einem Facharzt geschickt. Früher hat es das nicht gegeben.«

Mit dieser Vorstellung von der Einsatzbereitschaft des Arztes verbindet sich auch das Wissen und das Gefühl, der Arzt achte die Menschen und sei für sie jederzeit erreichbar. So erzählte mir eine Bäuerin: »Beide waren Ärzte mit Idealismus, die mit ihrem Beruf keine Geschäfte gemacht haben.« Und sie fügte hinzu: »Sie waren ihr ganzes Leben für die Menschen da.«

Der ärztliche Beruf, der eine ganze Familie – zumindest ab den sechziger Jahren – nicht schlecht ernährte, wurde ernst genommen, da man schließlich das Vertrauen rechtfertigen wollte, das einem die Menschen entgegenbrachten.

Daher war es den alten Ärzten auch wichtig, die in sie gesetzten Erwartungen nicht zu enttäuschen. Ein früherer Autobuschauffeur

*3: Der Arzt mit Dackel spazierend, 1961*

drückte dies so aus: »Meine Mutter ist 1980 gestorben. Bevor sie starb und zu Hause krank lag, ist der Herr Doktor sehr brav gewesen, er ist dauernd gekommen. Ihre Eltern waren gute Leute.«

Dazu paßt auch die Erzählung einer Bauerntochter, die zeigt, daß die Patienten sich persönlich angesprochen fühlten: »Ich habe die Frau Doktor gehabt bei meinem ersten Kind. Sie war eine Seele. Damals hat es damit angefangen, daß man ständig zum Frauenarzt gehen mußte, um Geld für den Mutter-Kind-Paß zu erhalten. Der nächste Frauenarzt war in Liezen. Dorthin zu fahren war schwer für uns. Auto hatten wir ja keines. Die Frau Doktor hat es dann so gemacht, daß ich nicht nach Liezen fahren mußte. Sie hat mich untersucht und den Stempel auf das Formular gegeben. So habe ich die Mutterbeihilfe bekommen. Ich war ihr sehr dankbar.«

Die alte Ärztin erscheint – genauso wie der alte Arzt – als Nothelfer, also als jemand, an den man sich vertrauensvoll wenden kann, der Rat weiß und Mut gibt. Somit wird der Arzt auch zum Seelenarzt, der den zaudernden Menschen schlußendlich zu beruhigen weiß.

Bemerkenswert ist dazu die Geschichte einer Frau, die ärztlichen Nervenspezialisten in die Hände fiel und sich dann in letzter Not an die Landärztin wandte: »Meine Schwägerin hat mir die Frau Doktor empfohlen. Sie war gerne bei ihr. Bevor ich die Frau Doktor aufgesucht habe, war ich wegen meiner Nerven bei Ärzten in Linz und Steyr. Sie haben mir in nichts geholfen. Nun habe ich die Frau Doktor gefragt, ob ich zu ihr kommen kann. ›Ja‹, hat sie gesagt. Sie war eine liebe Frau. Sie hat mir gesagt, ich solle alle meine Medikamente, die mir die Spezialisten verschrieben haben, zu ihr in die Ordination bringen. Ich habe der Frau Doktor jetzt alles erzählt, auch von meinem Besuch beim Nervenarzt in Linz. Bei diesem mußte ich warten und bekam eine Karte mit einer Zahl. Als meine Zahl dran war, habe ich diese Karte in eine Schachtel gegeben, die dort stand und in der schon andere Karten waren. Ich habe mich dann niedergesetzt beim Doktor. Der hat mich freundlich angesehen und hat mich gefragt: ›Warum haben Sie die Karte in die Schachtel gegeben?‹ Ich antwortete ihm: ›Wohin, glauben Sie, hätte ich sie sonst geben sollen?‹ Darauf er: ›Ich glaube gar nichts.‹ Ich habe mir gedacht: ›Wohin bin ich denn da gekommen?‹ Ich war also bei einem Narrenarzt. Daher weht also der Wind. Ich wurde dann an Drähte angehängt [zum EEG]. Nachdem ich bei diesem Arzt war, wurde ich auf die interne Station im Krankenhaus Steyr geschickt, wegen des vegetativen Nervensystems. Der Doktor dort ist zu mir ans Bett gekommen und hat gesagt: ›Steigen Sie einmal aus dem Bett!‹ Er hat mich nun untersucht und scheint nichts gefunden zu haben. ›Danke‹, hat er gesagt, ›ich bin fertig.‹ Ich habe mich nicht mehr ausgekannt. Dies alles habe ich der Frau Doktor erzählt. Sie hat gelacht und gesagt: ›Sie wissen eh, worin der Unterschied zwischen einem Nervenarzt und seinen Patienten, den Narren, besteht.‹ Ich habe den Kopf geschüttelt. ›Ja‹, hat sie gesagt, ›den Doktor erkennt man unter den Narren daran, daß er einen weißen Mantel anhat.‹ Sie war lieb, die Frau Doktor, sie hat mir Mut zugesprochen und gesagt: ›Das kriegen wir schon hin.‹ Wohl hat sie mir auch etwas verschrieben, aber sie hat mir durch ihre Art sehr geholfen.«

Eine bemerkenswerte Behandlungsmethode fand mein Vater in einem ähnlichen Fall. Ein älterer Mann hatte ihm geklagt, er würde an Depressionen leiden. Da mein Vater wußte, daß er ein ziemlich langweiliges Leben führte und sämtlichen Genüssen – vor allem dem Alkohol – entsagte, verschrieb er ihm keines der üblichen Psychopharmaka, von denen er nebenbei bemerkt nicht allzuviel hielt, sondern verordnete ihm, täglich ein Glas Wein zu trinken. Nach Aussagen meines Vaters hätte dieser Patient die Welt dann etwas rosiger gesehen, und seine Depressionen hätten sich gelegt.

Man wandte sich also voll Vertrauen an die alten Ärzte, die für manche von geradezu überirdischer Gelassenheit waren; immerhin kümmerten sie sich, wie schon angedeutet, in oft ergebener Geduld um den kranken Menschen, den man in früheren Zeiten nicht so ohne weiteres in ein Krankenhaus abschieben konnte. Das wird, ergänzend zum Vorigen, auch in der Erzählung einer alten Bäuerin angesprochen: »Wie der Fredl vom Schiketanz – er war ein guter Bergsteiger, er ist am K2 im Himalaja tödlich verunglückt – drei oder vier Jahre alt war, war er einmal schwer krank. Er hatte, soviel ich weiß, irgendeine heimtückische Krankheit. Er war sehr schlecht beisammen, und wie er in der Krise war, am Sterben, da ist deine Mutter, also die Frau Doktor, eine ganze Nacht und einen ganzen Tag bei ihm geblieben und hat auf den Buben geschaut. So hat sie ihm das Leben gerettet. Alle haben geglaubt, er stirbt. Aber deine Mutter blieb bei ihm die ganze Nacht, das tut auch nicht jeder Arzt.«

Das Vertrauen, das den Ärzten entgegengebracht wurde, erinnert an jenes, das man früher dem Pfarrer und Priester schenkte. Von beiden erhoffte man sich eine Gesundung von Leib und Seele, die beide eng miteinander verwoben sind. Die Seele ist an den Leib gebunden, und ohne Seele ist Leben nicht möglich. So dachten die alten bäuerlichen Menschen und waren froh, wenn Pfarrer und Arzt die Kranken besuchten.

Eine Aussprache mit dem Arzt war oft gleichbedeutend wie jene mit dem Pfarrer. Beide sprachen Trost zu und konnten – der Pfarrer vornehmlich durch das Instrument der Beichte – dem Leidenden das Gefühl geben, von Gott und den Menschen nicht verlassen zu sein, was ja das Wichtigste ist, um Zufriedenheit und Erleichterung zu erlangen. Das wissen auch die modernen Psychotherapeuten und bauen darauf ihre Geschäfte auf, die keine schlechten sind. Billiger gaben und geben dies die alten Ärzte und die Priester.

Bemerkenswert ist, daß meine Eltern als Ärzte wohl eine enge Beziehung zu den Menschen hatten, die sie aufsuchten, es aber vermieden, sich mit ihnen auf eine kameradschaftliche Stufe zu stellen. So gingen sie Fraternisierungen eher aus dem Wege. Wohl besuchten sie gerne Dorffeste und ähnliche Veranstaltungen, waren dabei aber auf die Wahrung einer gewissen Distanz bedacht. Wenn meine Mutter an allgemeinen Belustigungen teilnahm, wie etwa beim jährlichen Fraueneisschießen oder bei Ausflügen des Turnvereins, vermied sie es, mit den betreffenden Damen auf der vertraulichen Ebene des »Du« zu verkehren. Wenn ich mich recht erinnere, war mein Vater nur mit den Mitgliedern der Bergrettung per du, denn diese Burschen genossen seine volle Hochachtung. Schließlich liebte er die Berge und stieg in jungen Jahren gerne auf die Gipfel hinauf. (Auf die Beziehung der alten Ärzte zur Bergrettung wird in einem eigenen Kapitel noch einzugehen sein.)

Es herrschte also eine gewisse Distanz zwischen den Ärzten und den Bewohnern des Dorfes, eine Distanz, die keineswegs abwertend war, sondern auf gegenseitigem Respekt gründete. Meine Eltern begegneten den Menschen stets mit großer Achtung. Dazu gehörte es auch, daß wir als ihre Kinder, wie schon erzählt, angehalten wurden, jeden, sei es auch »nur« ein kleiner Knecht oder eine alte Magd, als erste zu grüßen. Wir hielten uns auch daran. Vielleicht ist dies der Grund, warum für mich auch heute noch kein Unterschied zwischen den Menschen besteht. Ich lernte zu Hause, daß es keinen Unterschied zwischen den Menschen geben dürfe. Meine Eltern lebten mir diese Einstellung auch vor, wenn sie einen Knecht ebenso nobel behandelten wie den Herrn Bürgermeister.

Eine frühere Patientin meinte daher auch in einem Gespräch mit mir dazu: »Für Ihre Eltern waren alle Menschen gleich!«

Obwohl meine Eltern in ihrem Handeln auf der Gleichheit – oder vielleicht besser: auf der Gleichwertigkeit – aller Menschen bestanden, waren sie doch daran interessiert, keinen zu engen Kontakt zu den übrigen Dorfbewohnern aufkommen zu lassen. Aber gerade diese Distanz sicherte ihnen ein großes Maß an Hochachtung. Es war eine beinahe rituelle Distanz, die, wie die Kulturanthropologie zeigt, notwendig ist, damit Würde und Respekt gewahrt bleiben können. Beide, der Arzt und der Pfarrer, benötigen diese, um bei der Behandlung der leidenden Menschheit glaubwürdig zu erscheinen und Erfolg zu haben.

Die Nähe zwischen Arzt und Priester wurde mir auch durch die Tatsache deutlich, daß meine Eltern für ihre Patienten beteten. Oft erzählte mir meine Mutter, sie hätte, wenn jemand schwer krank darniederlag oder durch einen Unfall lebensbedrohlich verletzt gewesen sei, viel gebetet und den Schutz der Mutter Gottes angerufen.

Auf diese Weise entstand eine enge Beziehung zu den Menschen, die sich in einem geradezu rituellen Respekt vor dem Arzt ausdrückte. Wohl in diesem Sinn schrieb mir der bereits erwähnte Krankenkassenkontrollor dies: »Im Laufe der Zeit wurde das Verhältnis zu Herrn Dr. G. immer kameradschaftlicher. Da wir beide ja alte Kriegsteilnehmer waren, bot er mir das Du-Wort an. Trotzdem (!) hatte ich großen Respekt vor ihm und vor allem eine Wertschätzung vor seiner von Idealismus und Können getragenen Gattin.«

Diese Wertschätzung, die die alten Ärzte genossen (die aber auch den heutigen gilt), zeigt sich schließlich auch darin, daß man sie oft in großer Menge mit Naturalien beschenkte. Gerade die Bauern dankten den Ärzten mit Eiern, Geselchtem, Bauernbrot, Schnaps oder anderen nahrhaften Produkten des Landes.

Auch in solchen Gaben zeigt sich ein Stück der bereits früher erwähnten Magie. Solche Geschenke haben den Charakter von Opfern, wie man sie bisweilen, zwar in etwas anderer Form, in Wallfahrtskirchen hinterlegt. Man übergibt dem Arzt als der »heiligen« Person wertvolle Dinge, wie eben gutes Fleisch oder prachtvolle Eier von frei lebenden Hühnern, man »opfert« ihm diese Gaben, um dafür im Gegenzug etwas ebenso Wertvolles – die Gesundheit – zu erhalten.

Der Sinn dieser Geschenkleistung wird von einer Bäuerin folgendermaßen erklärt: »Jeder war todfroh, wenn der Herr oder die Frau Doktor ihm wieder geholfen hat.«

Der Mensch brauchte den Arzt, und wenn dieser ihn wieder soweit hergestellt hatte, daß er seiner harten Arbeit am Feld nachgehen konnte, drückte er seine Verehrung für ihn in der »Opferung« von Naturalien an den ärztlichen Helfer aus.

Diese Verehrung, die man den früheren Ärzten geradezu heiligmäßig entgegenbrachte, kam auch mir nach meinen Gesprächen mit alten Bauersleuten zugute. Wenn ich mich verabschiedete und mich für das Gespräch bedankte, holte meist die Altbäuerin ein großes Stück Kuchen, gutes Brot, Käse und Speck und packte es mir für die Jause ein. Wenn ich fragte, warum man dies tue, bekam ich zur Antwort: »Das sind wir deinen Eltern schuldig.«

## DIE BEZIEHUNG ZUM PATIENTEN – DER MENSCH IN SEINER GANZHEIT

Im folgenden möchte ich etwas genauer aufzeigen, wie die alten Ärzte in das Leben im Dorf eingebunden waren – schließlich waren sie dort die einzigen Vertreter des ärztlichen Standes. Damit stehen sie in der alten Tradition der Bader, die wohl auch keine Konkurrenten im Dorf hatten, und ähneln in ihrer Monopolstellung dem Pfarrer. Meine Eltern, dies sei eingefügt, standen sich jedoch nicht konkurrierend gegenüber, sondern ergänzten und vertraten sich gegenseitig. Schließlich war mein Vater der Gemeindearzt, und meine Mutter agierte »bloß« als Mitarbeiterin in der gemeinsamen Ordination, was aber nicht heißt, daß die Patienten die beiden nicht im gleichen Maße und jeden für sich wertschätzten.

Ihre Beziehung zu den Menschen im Dorf war eng, derart, daß ihr Privatleben sich nicht von ihrer beruflichen Tätigkeit trennen ließ. Als Arzt wurde man von den Menschen offensichtlich nicht als jemand eingeschätzt, der strikt zwischen Beruf und Privatleben trennen konnte. Und daher meinte man wohl, man könne den »Doktor« oder die »Doktorin« jederzeit wegen irgendeines Leidens ansprechen.

»Wenn dein Vater am Sonntag am Platz gestanden ist, sind oft Patienten zu ihm gekommen und haben ihm ihre Wehwehchen geklagt. Er hat dann meist gesagt: ›Kommen Sie einmal vorbei bei mir!‹ Oder er hat gleich einen Rat gewußt«, erzählte mir ein alter Tischler, der einige Male von meinem Vater an den Händen »geflickt« worden ist. Ein früherer Briefträger ergänzte: »Es ist heute undenkbar, daß ein Arzt sich derart persönlich mit seinen Patienten abgibt. Heute haben die Ärzte einfach keine Zeit mehr. Für jeden hat dein Vater Verständnis gehabt. Und wenn ich zu ihm gekommen bin, so hat er schon gewußt, was ich habe. Und wenn er gesagt hat, daß jemand krank ist, so war er wirklich krank.«

Dieser enge Kontakt zwischen meinen Eltern und ihren Patienten wurde schließlich darin offenbar, daß der sich in ärztliche Behandlung begebende Mensch sicher sein konnte, daß man sich auch um ihn kümmern würde. Der Patient war nicht zur Nummer degradiert. Vielmehr konnte es passieren, daß der Arzt ihn nicht bloß während der Ordination oder eines Krankenbesuches auf die von ihm vorgeschriebene Therapie ansprach, sondern zum Beispiel auch während eines Spazierganges oder beim Einkaufen. Darauf geht eine alte Bäuerin ein: »Als ich Gelbsucht hatte, hat mir die Frau Doktor genau aufgeschrieben, was ich essen dürfe und was nicht. Essen durfte ich zum Beispiel eine Hadersuppe, die bestand aus einer gerösteten Semmel, etwas Fett und einem Ei. Ich habe mir das ganze Jahr solche Sachen gekocht. Nach einem Jahr war es mir zu dumm, und ich habe auch Sachen gegessen, die ich eigentlich nicht hätte essen sollen. Ihre Mutter, die Frau Doktor, war immer freundlich. Wenn ich sie beim Einkaufen im Geschäft getroffen habe, hat sie gerne gesagt: ›Passen Sie ja auf und befolgen Sie, was ich Ihnen gesagt habe, so können Sie wieder gesund werden.‹ Sie hat mich also an die Diät erinnert, und ich habe mich dann doch wieder daran gehalten. Heute haben die Ärzte nicht mehr die Zeit, sich so um ihre Patienten zu kümmern.«

Der Patient fühlte sich also persönlich angesprochen, so wollten es auch die alten Landärzte. In diesem Sinn erzählte mir ein früherer Bauernbursche aus dem Dorf, dessen Stall dem Arzthaus gegenüber auf der anderen Seite des Baches lag: »Ich und meine Leute sind bei deinen Eltern heilig gestanden. Deine Mutter hat gesagt: ›Wenn ihr etwas braucht, so schaut einfach beim Stallfenster raus, ob bei uns Licht brennt.‹ Am Tag brauche ich nicht zu kommen, hat die Frau Doktor gesagt, da hatte ich ja zu arbeiten. Und dann am Abend, um sieben oder acht Uhr, wenn Licht in der Ordination gebrannt hat, bin ich hinüber. Ich habe damals solches Kreuzweh gehabt, ich habe kaum gehen können. Gegen dieses Kreuzweh hat mir der Herr Doktor eine Spritze gegeben. Wenn ich gekommen bin, hat er gefragt: ›Was nehmen wir denn für eine Spritze?‹ Die Schachteln mit den Spritzen hatten alle möglichen Farben, eine war grün, die andere gelb, eine wieder rot. Ich habe darauf gesagt: ›Mei, Herr Doktor, das weiß ich ja nicht, welche gut für mich sein soll.‹ Ich hätt' mir nämlich die Farbe der Schachteln merken müssen. Der Herr Doktor hat mir dann eine Spritze gegeben, die hat mir gutgetan. ›Die müssen wir uns merken‹, hat er dann gesagt, ›denn bei jedem greift so eine Spritze anders.‹ Der Herr Doktor war schon in Ordnung«, fügte der jetzige Bauer lachend hinzu, denn ihn schien die Geschichte mit den Farben der Spritzenschachteln zu amüsieren. In dieser Episode zeigt sich eine enge, beinahe freundschaftliche, aber doch höfliche Distanz wahrende Beziehung zwischen dem Landarzt und den ihm anvertrauten Menschen; immerhin konnte der Bauernbursch als Patient vom Stallfenster aus ersehen, ob der Doktor Zeit für ihn hatte.

Zum alten Landarzt gehörte es also, über die persönlichen Merkmale der Patienten einigermaßen Bescheid zu wissen. So kannten meine Eltern die familiären Verhältnisse, sie wußten, wer mit wem verwandt war, wie es um die finanzielle Lage bestellt war, ob sich die Kinder in der Schule schwertaten, wann die Leute Geburtstag hatten und anderes mehr. Meine Mutter war darin eine besondere Spezialistin, was ihr auch entsprechende Achtung eintrug. In den folgenden Worten eines Tischlers kommt auch zum Ausdruck, daß meine Mutter ein gutes Gespür für den Umgang mit Menschen hatte: »Ihre Mutter war eine Perle, sie verstand auch etwas vom Handwerklichen. Sie hat sich ausgekannt und ließ sich nicht so leicht beschwindeln. Sie hatte am 23. März Geburtstag. Das weiß ich, weil auch unser Dirndl an diesem Tag geboren wurde. Ihre Mutter, das muß man ihr hoch anrechnen, wußte von den meisten Patienten den Geburtstag.«

Eine frühere Patientin meiner Mutter, eine Bäuerin, zeigte mir eine Honorarnote, die meine Mutter ihr in den fünfziger Jahren ausgestellt hatte. Dazu hatte meine Mutter ein paar Zeilen geschrieben: »Liebe Frau Krenn. Anbei die Honorarnote. Wenn es für sie günstiger ist, zahlen Sie nur einen Teil jetzt. Wir bestätigen aber die ganze Honorarnote, und Sie zahlen den Rest nach Erhalt des Geldes von der Bauernkrankenkasse. Herzlichen Gruß Dr. Leopoldine Girtler.«

Die Landärztin wußte also um die Probleme der damals finanziell schlechtgestellten Bergbauern Bescheid, die die ärztliche Leistung zunächst selbst zu bezahlen hatten, bevor sie die Honorarnote bei ihrer Versicherung einreichen konnten und das bereits ausgegebene Geld zurückerstattet erhielten.

Der Patient war dem alten Landarzt und der alten Landärztin somit nicht einerlei. Man wußte um seine Nöte und war bereit, darauf einzugehen. Der Sohn eines Tischlers, der damals Maurergeselle war und drei Kinder recht und schlecht ernähren mußte, erinnert sich an einen Krankenbesuch der Ärztin, die, als sie die Armut der Leute sah, zwei Eier aus ihrer Tasche nahm und sie ihnen mit den Worten reichte: »Ihr könnt die zwei Eier sicher brauchen.« – »Meine Frau hat das der Frau Doktor nicht vergessen, bis heute nicht. Die Eier wird sie von einem Bauern bekommen haben. Wir haben die Eier gut brauchen können.«

Dieser persönliche Kontakt zu den Patienten bewirkte auch, daß die alten Landärzte sich wohl auch intensiver mit den erkrankten oder verletzten Patienten befaßten. Dadurch war ihr Ruf bald besser als der des Krankenhauses.

In dieser Richtung erzählte mir eine Kleinbäuerin: »Mein Sohn ist einmal mit dem Fahrrad schwer gestürzt am Hauptplatz in Windischgarsten. Der Arzt in Windischgarsten, zu dem ich den Buben gebracht habe, meinte: Der Bub muß schnell ins Krankenhaus Kirchdorf, damit man ihn dort näht. Er wurde also ins Krankenhaus gebracht, und wie er wieder zu Hause war, hat ihn die Frau Doktor angeschaut und gesagt: ›Ich hätte das schöner gemacht, der Bub ist ja ganz entstellt.‹ Die Frau Doktor hat sich dann um den Buben gekümmert, und es ist wieder gut geworden.«

Zu den alten Landärzten bestand also ein echtes Vertrauensverhältnis, das allerdings, wie diese Erzählung andeutet, erst hart erarbeitet werden mußte.

Dazu nochmals die Bäuerin: »Wie die Gabi einmal krank geworden ist, hat der Dr. H. nicht erkannt, daß sie Gehirnhautentzündung hat. Er hat geglaubt, sie hat Grippe. Mit ihr ist es immer blöder geworden. Das Mensch [das Mädchen] hat nicht mehr stehen können. Da bin ich mit ihr zur Frau Doktor Girtler, und die hat erkannt, daß die Kleine eine Gehirnhautentzündung hat. Sie hat sie gut behandelt, und die Gabi ist wieder gesund geworden. Seitdem bin ich, wenn jemand bei uns krank war, nur zu ihr gegangen.«

Geschätzt wurde an den alten Landärzten, daß sie stets den Kontakt zu den Menschen aufrechthielten, sich also nicht nur um sie kümmerten, wenn sie krank waren, sondern auch sonst.

So meinte die Frau eines Holzarbeiters, die mit ihrer Familie hoch oben am Berg in einem Forsthaus, in dem noch die Familie eines anderen Holzarbeiters untergebracht war, wohnte: »Immer, wenn die Frau Doktor zu unseren Nachbarn auf Krankenbesuch kam, hat sie auch zu uns geschaut, zu unserer alten Mutter, und hat gefragt: ›Wie geht es heute, Frau Berger?‹ Auch wenn sie es eilig hatte, nahm sie sich dazu Zeit.«

Auch von meinem Vater weiß ich, daß er während seiner Krankenbesuche regelmäßig auch ungerufen bei älteren Leuten erschien. Diese waren dafür dankbar und hatten das Gefühl, nicht vergessen zu sein.

Oft entwickelte sich aus der ärztlichen Beziehung zu den kranken Gebirglern eine regelrechte Freundschaft.

Als meine Mutter hörte, der Sohn einer Bauernfamilie aus Oberweng, den man auf das Gymnasium geschickt hatte, damit er vielleicht einmal Priester werde, habe in Latein Schwierigkeiten, ließ sie ihn zu sich kommen. Damals war es nämlich bei Bauern mit mehreren Kindern üblich, daß man einen Sohn, meist den schwächlichsten, »studieren« ließ, in der Hoffnung, er würde, was der ganzen Familie zum Segen gereiche, einmal den Priesterberuf ergreifen.

So auch in dieser Familie; doch der Bub, der immer wieder kränkelte und daher der Schule öfter fernbleiben mußte, war gerade in Latein schwach. Meine Mutter, die stolz auf ihre Lateinkenntnisse war, bestellte nun den hoffnungsvollen Priesternachwuchs während der Schulferien wöchentlich ein- oder zweimal zu uns in die Wohnung, wo sie ihm dann entsprechenden Nachhilfeunterricht erteilte.

Die Mutter des Burschen, die Bäuerin, erzählte mir dazu folgendes: »Hätte die Frau Doktor unserem Willi keine Nachhilfestunden gegeben, der hätte das Gymnasium nicht derpackt [geschafft]. Unmöglich! Es war ihm zuviel, von der halbtägigen Volksschule gleich in das Internat mit seinen vielen Professoren zu kommen. Er ist dort gleich krank geworden. Neun Wochen lag er im Krankenzimmer. Vom ersten Tag an hatte er gleich Latein. Nach der Krankheit hat er sich schwergetan, den Stoff wieder aufzuholen. Ich habe zur Frau Doktor und zu den Professoren im Petrinum gesagt, daß es mir lieber wäre, wenn man den Buben ein Jahr wiederholen ließe, damit er sich erfangt [erholt]. Zur Frau Doktor habe ich noch gemeint, ob es nicht besser wäre, ihn überhaupt aus dem Gymnasium zu nehmen. ›Nein, um Gottes willen, nein!‹ hat darauf die Frau Doktor gesagt, ›ich gebe ihm Lateinstunden.‹ Obwohl sie selbst genug Arbeit hatte, hat sie ihm noch Stunden gegeben. So viele, daß der Willi gut mitgekommen ist. Zahlen hätte sie sich nichts lassen, dafür habe ich ihr hie und da ein Fleisch oder Eier gebracht.« Der junge Mann bestand jedenfalls die Matura mit guten Noten und ist heute Mittelschulprofessor in Tirol.

Die alten Ärzte hatten also offensichtlich ein persönliches Interesse am Schicksal ihrer Patienten und hielten es mitunter für selbstverständlich, sich auch um deren private Bereiche zu kümmern, die, wie wir gesehen haben, über die medizinischen weit hinausgingen.

Über das persönliche Interesse des Arztes an seinen Patienten erzählte mir ein Bauer: »Deinen Vater habe ich nach dem Krieg kennengelernt. Mein Vater mußte ihm immer auf der Orgel, die in unserem alten Bauernhaus in der Dachkammer untergebracht ist, etwas vorspielen. Diese Orgel ist die ehemalige Kirchenorgel von St. Pankraz. Der Vater hat sie durch den damaligen Mesner von Spital am Pyhrn bekommen. Damals, am Beginn der zwanziger

Jahre, haben die St. Pankrazer eine neue Orgel bekommen und die alte nicht mehr gebraucht. Der Mesner war ein geschickter Mann, er konnte Sackuhren reparieren. Und die Orgel hat er so zusammengebaut, daß sie in unsere Dachkammer paßte. Dort ist sie heute noch. Der Vater, der sehr musikalisch war – er hat auch im Kirchenchor die Orgel gespielt –, spielte viel auf dieser Orgel. Wenn der Herr Doktor gekommen ist, hat er manchmal gesungen, und der Vater hat gespielt. Der Herr Doktor hat gerne Studentenlieder gesungen, wie zum Beispiel: ›Oh alte Burschenherrlichkeit!‹ oder ›Gaudeamus igitur‹. Mein Vater kannte viele Volkslieder und auch diese Lieder. Dem Herrn Doktor hat es gefallen, hier im alten Bauernhaus eine solche Orgel zu finden.«

Der jetzige Bauer hütet die bewußte Orgel wie ein Kleinod; nur selten führt er jemanden in die Dachkammer, um das wertvolle Stück vorzuführen. Meinem Vater als Arzt eröffnete man solche Geheimnisse, denn man wußte, daß er die Menschen und die Dinge, die sie liebten, achtete. Das Bauernhaus, in dem sich die Orgel befindet, ist übrigens uralt; es dürfte aus der Zeit der Gotik stammen, zumindest deutet die langgezogene Spitze des Daches darauf hin.

Der Arzt und die Ärztin kannten ihre Patienten und nahmen sich auch Zeit, mit ihnen zu reden und sich etwas erzählen zu lassen. Wohl finden auch heutige Ärzte die Muße, sich den ihnen anvertrauten Menschen zu widmen, dennoch scheint ein grundsätzlicher Wandel im Verhältnis Arzt – Patient eingetreten zu sein. Die früheren Ärzte mußten sich um den Menschen in seiner Ganzheit kümmern, wozu nicht nur körperliche Gebrechen, sondern auch die Seele und die kleinen Probleme und Freuden des Alltags gehören.

Hierher passen auch ein paar Gedanken über die Beziehung der Ärzte zu den sogenannten »Dorftrotteln«, also zu jenen Leuten, die geistig »zurückgeblieben« beziehungsweise debil waren. Diese Menschen gehörten früher zur Welt der Bauern und des Dorfes. Damals war es noch nicht üblich, geistig leicht behinderte Menschen in diversen Anstalten unterzubringen. Meine Mutter – ebenso wie mein Vater – begegnete diesen Menschen mit ausgesprochener Liebenswürdigkeit. So sagte sie zu meiner Verwunderung regelmäßig einem solchen »zurückgebliebenen« Mann, der leichte Hilfsarbeiten im Auftrage des Gemeindeamtes erledigte, er sei »ein gescheiter Bursche«. Dieser Mann fühlte sich geschmeichelt und freute sich. Meine Mutter sah es offenbar als ihre Aufgabe an, auch diesen Menschen das Gefühl zu geben, vollwertige Mitglieder des Dorfes zu sein. Wir Buben allerdings machten uns bisweilen unseren Spaß mit diesen Leuten, was diese meist in stoischer Ruhe hinnahmen. Allerdings nicht immer; so lief uns einer regelmäßig nach, wenn wir ihn ärgerten. Es machte uns Freude, ihm zu zeigen, daß wir die schnelleren Läufer sind. Trotz solcher Neckereien hatten diese »Zurückgebliebenen« ihren Platz in der kleinen Welt des Dorfes. Und die Ärztin respektierte sie.

# DIE HEITERE GELASSENHEIT DES ARZTES

Wesentlich für den ärztlichen Beruf ist eine gewisse heitere Gelassenheit, die den Kranken und Verletzten beruhigt und ihm Hoffnung auf Besserung vermittelt. Meine Mutter hatte die Gabe, kranken Menschen in beruhigenden, oft scherzhaften Worten die Gewißheit zu vermitteln, daß sich ihr Zustand bald wieder zum Besseren wenden würde. Oft pflegte sie Kranken, die Spaß verstanden, zu sagen: »Unkraut vergeht nicht.« Und Herzkranken versuchte sie heiter lächelnd einzureden, daß man gewöhnlich mit ihrer Krankheit uralt werden würde – sehr zum Ärger der Verwandten. Humor war der Ärztin wichtig, genauso wie dem Arzt. Er war ein besonderer Spezialist in der Vermittlung heiterer Gelassenheit. So pflegte er, wenn ihm jemand sagte, er hätte Schmerzen, scherzend zu antworten: »Ein gutes Zeichen!« Diese Antwort verwirrte zunächst, brachte die Patienten aber auch zum Lächeln. Und auf den verwunderten Blick des Leidenden meinte mein Vater, daß es eher schlecht sei, wenn man keine Schmerzen mehr habe, da der Schmerz auf eine kranke Stelle im Körper verweise, die man so erst heilen könne.

Auf den Witz des Doktors verweist auch ein alter Kleinbauer, der heute schon weit über achtzig Jahre ist: »Einmal hatte ich 42 Grad Fieber. Der Herr Doktor, der bei mir zum Krankenbesuch war, meinte, ihm sei sein Lebtag noch nie jemand untergekommen, der ein so hohes Fieber gehabt hätte und einen so schlechten Blutdruck. Der Herr Doktor hat sich gewundert, daß ein Mensch so überhaupt leben kann.« Diese Feststellung des Doktors, auf die der alte Bauer heute noch stolz zu sein scheint, klingt für den Außenstehenden vielleicht nicht beruhigend, gefiel dem kranken Bauern aber offensichtlich. Und er spricht heute noch voll Hochachtung vom alten Doktor, der ihn solcherart geehrt hat.

Auch andere Bemerkungen des Herrn Doktor anläßlich von Krankenbesuchen oder kleineren Vorfällen waren ähnlich scherzhaft und beruhigend zugleich. So erzählte mir der Sohn eines Bauern in Oberweng, er habe sich bei der Holzarbeit die Hand beim Daumen tief eingeschnitten. Der herbeigerufene Herr Doktor nähte ihn ohne örtliche Betäubung. Auf die Frage des Verletzten, warum er ihm keine »Spritze« gäbe, damit er beim Nähen nichts spüre, antwortete mein Vater: »Du bist ein Oberwenger, du hältst das aus!« Der Bauernsohn erinnert sich gerne an diese Behandlung, da sie schließlich Erfolg hatte und keine Narben hinterließ.

Auch ein Gemeindearbeiter erzählt ähnliches. Um das Jahr 1978 wurde bei einer Rauferei im Gasthaus Zottensberg einer der Beteiligten am Kopf verletzt. Er soll »furchtbar« geblutet haben. »Du mußt zum Doktor«, sagte man ihm. Nun marschierte der Blutende mit dem Gemeindearbeiter zum Arzthaus, wo man den Arzt aus dem Bett läutete. Dieser setzte dem Verletzten, nur notdürftig bekleidet, am blutenden Kopf Klammern. Daß er dies ohne Narkose oder Betäubung tat, überraschte den Begleiter, der als UNO-Soldat auf den Golanhöhen Sanitätsdienste geleistet hatte. Er meinte, an den Arzt gewandt: »Wir auf den Golanhöhen haben so etwas nicht ohne Narkose gemacht.« Dem erwiderte mein Vater bloß: »Ach so, das muß er aushalten!« Der Landarzt, der als Arzt an der russischen Front tätig gewesen war, genoß als Militärarzt keinen schlechten Ruf. Und eben weil er an der Front gedient hatte, wußte man auch mit Feststellungen wie den obigen, daß »ein Oberwenger das aushalten müsse«, umzugehen und berichtete mit milder Nachsicht lächelnd darüber.

Besonders heiter dürfte es mit dem Herrn Doktor auch beim Bergrettungsdienst zugegangen sein, wo man sich über die Originalität des Arztes freute. Darüber weiß ein Bergrettungsmann folgendes zu erzählen: »So Anfang der Sechziger haben wir vom Pyhrgas einen gewissen Ebner, einen jungen Burschen aus dem Ort, heruntergebracht. Es war noch in der kalten Jahreszeit, da legten wir den Verletzten in das kleine Elektrizitätswerk in der Grünau. Dort warteten wir auf den Doktor. Und wie der gekommen ist und den Ebner gesehen hat, war das erste, was er gesagt hat: ›Ach, der Ebner ist es! Ist der aber gewachsen!‹« Was die Rettungsleute amüsierte, war, daß sich die erste Reaktion des Arztes nicht auf die Verletzung des jungen Burschen bezog, sondern darauf, daß er an Körpergröße zugelegt habe.

Von der heiteren Gelassenheit des Arztes kündet auch diese Geschichte: »Eine Gruppe von Burschen war Schi fahren. Sie haben auf der Wurzeralm ausgiebig gezecht, und einem von ihnen ist furchtbar schlecht geworden, er hat keine Luft mehr bekommen. Den hat der Patzl-Siegerl mit dem Ackja zu Tal gebracht, wo man den Doktor gerufen hat. Der ist gekommen in seinem Auto, ist ausgestiegen und hat den Mann im Ackja angeschaut. Er hat sich zu ihm hinuntergebeugt und hat gerochen. Dann hat er lachend gesagt: ›Der Bursche hat nichts, der hat nur zu viel Bauernschnaps getrunken, der alte Bsuff!‹ Der Herr Doktor hat sich geärgert, da er genug Arbeit in der Ordination gehabt hätte. Dennoch hat er seine Scherze gemacht, um zumindest den Rettungsleuten das Gefühl zu geben, gut gearbeitet zu haben. Sicherlich ist es ärgerlich, daß er wegen eines Besoffenen aus der Ordination mußte! Aber, was soll man machen!«

Zur Kunst der alten Landärzte gehörte es wohl, auch lächelnd mit den Schwierigkeiten fertig zu werden und den Menschen Mut zu machen. Und das beherrschten die beiden.

## ORDINATION UND WARTEZIMMER

Das Zimmer, in dem der Arzt täglich am Vormittag bis gegen Mittag Patienten empfing und untersuchte, war das sogenannte Ordinationszimmer. Dieses Zimmer, welches für gewöhnlich in seiner Kurzform bloß als »die Ordination« bezeichnet wurde, war in gewisser Weise das Heiligtum der Landarztwohnung. So war es zumindest bei uns.

Unsere Wohnung lag in der Mitte des Dorfes, leicht für jedermann erreichbar, in einem alten, herrschaftlich aussehenden Haus mit mächtigen Mauern, hinter denen im Parterre die Gemeindestuben eingerichtet waren. Der erste Stock war Arbeitsplatz und Dienstwohnung zugleich. Ähnlich scheint es auch in anderen Landpraxen gewesen zu sein: Dem Arzt stand jeweils ein imposantes Haus im Zentrum des Dorfes zur Verfügung, meist nicht unweit der Kirche und der Schule. Dies war von symbolischer Bedeutung, damit stellte man den Arzt auf eine Stufe mit dem ehrwürdigen Herrn Pfarrer, aber auch mit dem ebenso allgewaltigen Herrn Bürgermeister, auch wenn er im Haus unter dem Arzt agierte. Das Arzthaus, das an eine Festung erinnerte, war umrahmt von einem ebenso alten Haus, der Bäckerei, und der alten Schmiede, der eine bäuerliche Wirtschaft angeschlossen war. Beide, der Bäcker und der Schmied, waren wichtige Leute im Dorf, und beide versuchten, mit dem Arzt in gutem Einvernehmen zu leben. Besonders der Schmied war für den Landarzt wichtig, denn dieser stellte ihm, wie ich noch schildern werde, Kutsche oder Schlitten samt Pferd für Krankenbesuche zur Verfügung.

Jedenfalls residierte der Landarzt an einem strategisch idealen Platz im Dorfmittelpunkt an der alten Hauptstraße. Gleich neben dem prächtigen Holztor des Hauses, das durch einen Rundbogen abgeschlossen war, befanden sich die Schilder des Arztes und der Ärztin. Ein mächtiges dunkles Schild in der Mitte des Hauses über dem Tor, auf welchem in altertümlichen Buchstaben das Wort »Ge-

*4: Das Ärztehaus in Spital am Pyhrn (Pfeil)*

meindeamt« prangte, kennzeichnete das Gebäude als das wichtigste im Dorf. In diesem festen Bau war Leben. Während der Woche suchten vor allem Arbeiter und Bauern das Gemeindeamt oder den Arzt auf, oder sie verbanden beides miteinander.

Besonders in den Zeiten nach dem Krieg herrschte im Parterre in der Eingangshalle des Hauses bisweilen großer Wirbel, denn hier im Gebirge waren Kriegsflüchtlinge aus dem Süden Europas, aus Kroatien, dem Banat und Siebenbürgen, eingetroffen. Einmal, so erinnere ich mich, standen vor den Türen der Gemeindestuben an die zwanzig elternlose junge Mädchen, Kinder im Alter von sieben und acht Jahren, die alle einen Zettel um den Hals hängen hatten, auf dem, wie ich glaube, Herkunft, Alter und Bestimmungsort dieser aus ihrer Heimat Vertriebenen zu lesen waren. Ich redete und litt mit ihnen.

Es spielte sich jedenfalls viel ab, hier im alten Gemeinde- und Arzthaus. Patienten spazierten, oft müde und krank, die steile Treppe zur Ordination des Arztes hinauf, und im Parterre hofften Männer, im Gemeindeamt an eine Arbeitsstelle vermittelt zu werden, oder sie kamen, um ein paar Groschen Arbeitslosengeld zu kassieren. Und am Abend probte in einem der zum Gemeindeamt gehörenden Räume die Blasmusikkapelle, die mitunter einen gewaltigen Lärm entwickelte, oft derart, daß meine Mutter im darüberliegenden Wohnzimmer der Arztwohnung von ihrer Arbeit hochschreckte.

Das Stockwerk, in dem der Gemeindearzt residierte, eröffnete sich dem Besucher durch eine Tür, die an die Stiege anschloß. Von hier aus betrat man das Wartezimmer, eigentlich ein Vorraum, von dem aus auch das Klosett betreten werden konnte. Dieser Ort war sowohl für die Wartenden als auch für uns Bewohner bestimmt. Allerdings mußten die Patienten dazu den Schlüssel von meiner Mutter erbitten, war es doch das einzige WC im ganzen Stockwerk. Offensichtlich waren meine Eltern daran interessiert, diesen wichtigen Ort vor dem »gewöhnlichen Volk« abgesperrt zu halten. Für uns Kinder, meinen Bruder und meine Schwester, war es allerdings täglich ein Problem, durch die oft dichtgedrängt im Wartezimmer sitzenden Patienten zum WC vorzudringen. Mir jedenfalls war es stets unangenehm, mit gezücktem Schlüssel das Wartezimmer zu durchqueren und die Patienten zu bitten, mir den Zugang zum WC zu gestatten.

Den auf ärztliche Behandlung wartenden Menschen wurde die Zeit durch allerlei poetischer, auf Holzbrettern angebrachte Sprüche verkürzt, die meine Mutter im Laufe der Zeit gesammelt hatte. Ich erinnere mich etwa an Sprüche dieser Art: »Wenn du meinst, es geht nicht mehr, kommt von irgendwo ein Lichtlein her«, oder: »Wenn's Arscherl brummt, ist's Herzerl g'sund.« Auch Lebensweisheiten konnte man lesen: »Neid frißt Vieh und Leut«, oder: »Der Donner zerschlage der Mißgunst die Beine«, oder: »Der Herrgott hat viel mitg'macht, viel Elend, Leid und Müh, das Ärgste hat er nicht probiert, verheirat' war er nie!«, oder: »Ohne Arbeit früh bis spät wird dir nichts geraten – Neid sieht nur das Blumenbeet, aber nicht den Spaten.«

In dem mit solcherlei Sprüchen angereicherten Wartezimmer

saßen also die Patienten und warteten, bis sie an die Reihe kamen. Das Wartezimmer war nicht nur ein Ort des geduldigen Harrens auf den Arzt oder die Ärztin, sondern auch ein Ort der Kommunikation. Eine frühere Patientin meinte dazu: »Manche Leute sind, so hat es ausgeschaut, nur zum Tratschen zum Doktor gekommen.« Und ein alter Bauer erzählte mir: »Man mußte oft lange im Wartezimmer warten. Manchmal ist eine recht lustige Partie zusammengekommen.« Manche nützten also den Zeitraum des Wartens dazu, die vermeintlichen Leidensgenossen mit Späßen zu unterhalten. Oder man belustigte sich über besonders originelle Besucher des Arztes. Darüber führte eine Bäuerin aus: »Einmal, so um 1960, war einer da, der eigentlich ein Mann war, der sich aber immer als Frau angezogen hat. Er gehörte zu einem Bauernhof. Mit dem haben wir im Wartezimmer eine Hetz gehabt. Er hat uns erzählt, er hat ein Frauenleiden. Ein wartender Mann hat darauf zu ihm gesagt: ›Ich habe mir eh gedacht, daß du schwanger bist.‹ – ›Nein‹, hat er darauf gesagt, ›ich habe nur ein Frauenleiden‹, und das sollte der Doktor bei ihm behandeln. Wir haben darüber so gelacht. Als ich dann dran war, hat mich der Herr Doktor gefragt, warum es draußen im Wartezimmer so lustig zugegangen ist. Ich habe ihm also gesagt, daß die Ella, wie sich der Mann in Frauenkleidung genannt hat, da ist. Und daß wir mit ihm eine Gaudi gehabt haben. Dem Doktor hat es eh gefallen, wenn die Leute lustig waren. Wie ich drangekommen bin, habe ich mir gedacht, schade, daß ich schon in das Ordinationszimmer muß, denn im Wartezimmer war immer eine Hetz!«

Und über den Mann, der sich Ella nannte, fügte der Mann der Bäuerin hinzu: »Diese Ella, die eigentlich Johann geheißen hat, brauchte einen Einweisungsschein für das Krankenhaus. Er wollte, daß der Herr Doktor darauf den Namen ›Ella‹ schreibt. Der Herr Doktor meinte jedoch: ›Das kommt nicht in Frage. Sie heißen Johann, und Johann wird auf den Schein geschrieben.‹ Die Ella konnte nichts dagegen unternehmen. Beim Weggehen hat ihm die Frau Doktor aber, damit er nicht traurig ist, im Wartezimmer noch schnell den Namen ›Ella‹ auf den Schein draufgeschrieben. Im Krankenhaus haben sie ihn dann wirklich in die Frauenabteilung gesteckt. Und am Abend, vor dem Schlafengehen, als er sich auszog, haben sie gesehen, daß er gar keine Frau ist, sondern ein Mann. Er mußte darauf sofort in ein anderes Zimmer, zu den Männern. Aber die Frau Doktor hat ihm noch seinen Wunsch erfüllt. Sie hat aber sicher nicht damit gerechnet, daß er tatsächlich zu den Frauen gelegt wird.«

Man konnte also während des Wartens allerlei Geschichten erfahren, schließlich standen die Leute oft schon dichtgedrängt auf der Stiege, bevor meine Mutter gegen 8 Uhr in der Früh die Tür zum Wartezimmer aufsperrte, und vertrieben sich die Zeit mit Scherzen. Einige Zeit vorher waren bereits wir Kinder aus der Türe geschlüpft, um in die Schule zu marschieren.

Bis in die fünfziger Jahre gingen die Menschen von den Bauernhöfen nur zum Arzt, »wenn es unbedingt sein mußte«, was wohl auch mit der bereits erwähnten schlechten Krankenversicherungslage zusammenhing. Es galt der Spruch: »Weibersterben kann den Bauern nicht verderben, aber Viehverrecken kann den Bauern erschrecken.« Das Wohlergehen von Hof und Tieren schien mehr gegolten zu haben als die eigene Gesundheit.

Dazu meinte eine Bäuerin, mit der ich darüber sprach: »Heute sind solche Sprüche, wie der mit dem Weibersterben, nicht mehr vorstellbar, denn heute müssen die Bauern froh sein, wenn sie überhaupt eine Frau bekommen. Viele Mädchen wollen heute nicht mehr Bäuerin werden. Das hat sich sauber geändert.«

Überhaupt überlegte man sich früher genau, ob es sich auch wirklich auszahlte, einen Arzt aufzusuchen. Wegen »Kleinigkeiten« kam grundsätzlich niemand zum Doktor. Wenn dennoch jemand wegen einer solchen »Kleinigkeit« erschien, mußte er damit rechnen, daß der Doktor sich über ihn ärgerte oder auch belustigte.

So erzählte mir ein alter Tischler über den Vorgänger meines Vaters, Dr. Seidl: »Ist zum Doktor Seidl jemand wegen einer Kleinigkeit gekommen, so hat der Doktor immer den Spruch gehabt:

›Ha, ha, ha, das habe ich auch gehabt.‹ Einer wollte ihn einmal hineinlegen und hat ihm gesagt: ›Herr Doktor, ich habe den Tripper.‹ Der Doktor hat aber gesagt: ›Ha, ha, ha, das habe ich nicht gehabt!‹«

Auch mein Vater, der Landarzt, war nicht besonders angetan von Leuten, die ihn nur wegen einer Lappalie aufsuchten. Mir erzählte darüber ein alter Patient dies: »Ihr Vater hat die Gewohnheit gehabt, jeden, der zu ihm gekommen ist, zu fragen: ›Was fehlt Ihnen denn, Herr Maier?‹ Ich habe darauf gesagt: ›Wenn ich das wüßte ...‹ Der Doktor war früher Militärarzt, daher hat er nicht viel übriggehabt für Leute, die nicht wußten, was ihnen fehlt. So vor allem für die, die gesagt haben: ›Jetzt möchte ich acht Tage krank sein!‹ Wenn man aber krank war, hat er gerne geholfen. Diesen Eindruck habe ich gehabt. Ich habe mich gut mit ihm verstanden.«

Voller Respekt begegnete man also der Unbestechlichkeit des Arztes. Dieser sah sein Ideal offensichtlich darin, die ihm anvertrauten Menschen so zu behandeln, daß sie in ihm einen wahren Vertreter der Heilkunde auszunehmen meinten. Medizinisches Können und medizinische Sorge um den Kranken hatten mehr zu gelten als irgendwelche freundschaftlichen Dienste, um jemandem einen Vorteil zu verschaffen, sei es, daß er sich krank stellte, um nicht arbeiten zu müssen, oder sei es, daß er ein günstiges Attest für irgend etwas benötigte.

Von einer solchen Angelegenheit handelt die Geschichte eines Mannes, der um 1950 einen Motorradunfall verschuldet hatte: »Ich komme mit meiner Beiwagenmaschine beim Grundner Stöckl in die Kurve. Damals war die Straße noch eine Schotterstraße. Und wie ich in der Kurve bin, komm' ich ins Schleudern und fall' um. Drei Sommergäste waren dort, die sind wie die Hühner aufgeschreckt herumgelaufen und haben sich dabei selbst verletzt. Im Beiwagen war niemand, aber hinten am Sozius ist der Pauli S. gesessen, der ist unter die Maschine zu liegen gekommen. Der hat geschrien wie am Spieß. Die Leute im Dorf waren alle gegen mich. Sie wollten, daß man mir den Führerschein entziehe. Und der Pauli wollte auch die Situation für sich ausnützen, obwohl er nicht verletzt war. Aber einen blauen Fleck hatte er. Und deswegen ist er zum Arzt, damit er ihm ein Attest stellt! Er wollte Schmerzensgeld. Der Arzt aber meinte, daß dieser blaue Fleck schon etwas Älteres sei. Der Arzt war einmalig. Der ganze Ort war gegen mich. Man muß sich das einmal vorstellen. Aber der Arzt hat nicht mitgetan.« Mein Gesprächspartner fügte noch hinzu: »Dein Vater war ein Spitzenarzt, das möge dir zur Ehre gereichen. Zum Pauli hat er nämlich gesagt: ›Sie, Herr S., Sie haben keine Verletzungen. Bilden Sie sich so etwas nicht ein.‹ Damit war er fertig mit dem Pauli. Dieser hätte ohne Rücksicht auf mich Schmerzensgeld verlangt. Es wäre sicher schlecht gewesen für mich bei Gericht, wenn es noch einen vierten Verletzten gegeben hätte. Aber das war ihm egal. Dein Vater ist nicht auf ihn hereingefallen. Das rechne ich ihm hoch an.«

Seine Ehrlichkeit brachte dem Arzt Sympathien. Allerdings – dies sei eingefügt – war er nicht stur in seiner Ehrlichkeit, nämlich dann, wenn es um das Leben von Menschen ging. So weigerte er sich als Gegner der Todesstrafe während des Krieges einmal, einen durch ein Militärgericht zum Tode verurteilten Deserteur als »zurechnungsfähig« zu erklären, obwohl er dies sicherlich war. Der Arzt rettete ihm so das Leben, schließlich ging es ihm um den lebenden Menschen.

Wie wichtig es dem Arzt und der Ärztin war, dem Menschen zu helfen, darüber erzählt eine alte Patientin:

»Einmal habe ich mir einen Schiefer an der Hand eingezogen, es hat weh getan. Ich habe mir gesagt, zum Herrn Doktor muß ich gehen. Ich bin also zu ihm in die Ordination. Er hat sich die Hand angeschaut und gesagt: ›Ich seh' nichts! Da muß ich meine Frau holen!‹ Und er hat gerufen: ›Poldi, komm!‹ – ›Ja, ich komme.‹ Und da haben die beiden an mir herumgewerkt. Sie haben sich wirklich aufgeopfert, bei Tag und Nacht.«

In Hochachtung erzählt ähnliches auch ein Kriegsheimkehrer, der als junger Bursche Fallschirmjäger bei der Deutschen Wehrmacht gewesen war. In einem Gefecht mit den Engländern wurde er durch Granatsplitter am Kopf und Hals schwer verwundet. Er geriet hoch fiebernd in englische Kriegsgefangenschaft, was sein Glück war, da er als deutscher Soldat zum »Versuchskaninchen‹ für Penicillin wurde, das damals, 1945, noch im Versuchsstadium war und daher nicht an englischen Verwundeten eingesetzt werden durfte. So überlebte der Mann, aber die Splitter am Hals machten ihm noch lange zu schaffen. Er erzählt dazu: »Alle Operationen am Hals hat der Herr Doktor durchgeführt. Wenn ich zu ihm in die Ordination gegangen bin und ihm gesagt habe: ›Jetzt kommt wieder ein Splitter heraus, Herr Doktor, es tut mir weh, ich halte es vor Schmerzen nicht aus‹, so hat er meist gesagt: ›Es [die Beule] ist noch gar nicht reif.‹ Ich habe darauf gesagt: ›Schneiden Sie hinein, ist ja egal!‹ Nun hat er nach der Frau Doktor gerufen: ›Poldi! Poldi! Komm herüber, der Herr Hierzenberger ist da!‹

Sie ist gekommen und hat gesagt: ›Ja, Grüß' Sie Gott, was hat es denn?‹ Der Doktor: ›Er möchte sich operieren, aufschneiden lassen.‹ – ›Ja, schon wieder?‹ hat sie geantwortet. Nun haben sie gemeinsam operiert. Er hat am Hals die Beule vereist [dadurch lokal betäubt] und Kreuzschnitte [zur Entspannung] gemacht. Die Frau Doktor hat dabei besagt: ›Roland, das ist doch noch nicht reif!‹ Aber mir war es egal, ob ein Eiter herausgekommen ist. Durch die Schnitte war mir leichter, es bestand ja ein großer Druck unter der Haut. Dein Vater, der Herr Doktor, war mein Hausarzt. Wegen der Schmerzen meines Kopfschusses durfte ich Morphium nehmen. Dafür bekam ich eine Suchtkarte. Damit dabei kein Mißbrauch geschah, mußte ich alle halben Jahre zum Amtsarzt nach Kirchdorf. Wegen dieser Suchtkarte war der Herr Doktor immer sehr aufgeregt. Ich habe ihm gesagt: ›Regen Sie sich nicht auf! Bei meinem Kopfschuß sagt ja keiner etwas.‹ Er hat aber gemeint: ›Ich bin doch der Arzt.‹«

Der alte Arzt nahm also seine Aufgabe sehr ernst. Er wollte dem Menschen helfen, er sollte Vertrauen zu ihm haben und er sollte wissen, daß es ihm mit seinem Bemühen um ihn ernst ist. Zu meinem Gesprächspartner ist noch hinzuzufügen, daß er trotz

Kriegsverletzung weiterhin ein ausgezeichneter Schispringer war, dem einige schöne Sprünge über die damalige Hans-Steiner-Schanze, über die heute der Wald gewachsen ist und die es daher nicht mehr gibt, gelangen. Bis in die letzten Jahre vor seinem Tod blieb dieser frühere Fallschirmjäger ein begeisterter Schifahrer, der sich gerne des alten Arztes und seiner Kunst erinnerte.

Die alten Landärzte waren glücklich, wenn die Menschen wußten, daß man sich um sie kümmerte, auch in der Ordination.

In diesem Sinn erzählte mir die Tochter einer Bäuerin, die hoch oben am Berg wohnte: »Wenn eines von uns Kindern einmal krank war, so hat meine Mutter uns in eine Decke gehüllt und hat uns, als wir noch klein waren, zum Bugl-Bauern getragen. Bei ihm borgte sie sich ein Roß mit Kutsche oder Schlitten aus und fuhr mit uns so zum Doktor. Vor allem zur Frau Doktor ist sie so gefahren, die hat sie besonders geschätzt. Auch ich bin später, obwohl wir schon im Nachbarort gewohnt haben, mit meinem Sohn zur Frau Doktor in die Ordination, denn die war zu den Kindern immer so lieb. Als meine Tochter geboren wurde, bin ich gleich zur Frau Doktor. Und wenn ich sie in der Nacht gebraucht habe, habe ich sie angerufen. Sie hat alleweil gesagt zu mir: ›Wenn Sie etwas brauchen, so rufen Sie mich ruhig an.‹«

Man vertraute dem alten Arzt und der alten Ärztin. Und das war auch gut so, denn so nahm man es auch ohne Bedenken hin, wenn der Arzt oder die Ärztin nicht zimperlich waren, sondern ordentlich zugriffen. Darüber berichtet eine frühere Bauerntochter: »Einmal, kann ich mich erinnern, hatte ich arges Zahnweh, ich war damals acht Jahre alt. Mit meiner Mutter bin ich zum Doktor. Der Herr Doktor hat mir den Zahn gerissen. Ohne Spritze hat er das gemacht. Er ist hinein in den Mund mit der Zange, und der Zahn war draußen. Das ist schnell gegangen. Wenn mich heute ein Zahnarzt bei der Behandlung fragt, ob ich eine Spritze will, sage ich ihm, das halte ich schon aus.«

Zu den Aufgaben der alten Landärzte gehörte es also auch, Zähne zu ziehen. Hierin standen sie in der direkten Tradition der alten

Bader, deren hauptsächliche Arbeit wahrscheinlich darin bestand, schmerzende Zähne zu entfernen, denn früher gab es keine Zahnärzte, und Zahnpflege kannten die Bauern ohnehin nicht.

Hie und da kam also noch jemand zu meinem Vater mit der Bitte, ihm einen Zahn zu ziehen, obwohl im Dorf seit dem Krieg ein Zahnarztehepaar ordinierte. Die beiden Zahnärzte waren liebenswürdige Leute, Apprich hießen sie, ihnen sei hier in Hochachtung gedacht.

Trotzdem suchte man, der alten Überlieferung gemäß, bei Zahnschmerzen manchmal noch den praktischen Arzt auf. Mein Vater besaß für solche Zwecke auch die nötigen Zangen, vor denen wir großen Respekt hatten.

Viele Zähne hat auch der Vorgänger meines Vaters, Herr Doktor Seidl, gezogen. An ihn erinnert eine Geschichte, die mir ein früherer Tischler erzählte: »Einmal wollte sich der Grabenbauer beim Doktor Seidl einen Zahn ziehen lassen. Einen hätte der Herr Doktor ihm reißen sollen, doch er hat gleich zwei Zähne erwischt. Zum Grabenbauer hat er daher gesagt: ›Macht es etwas, Herr Grabenbauer, ich habe zwei Zähne erwischt?‹ Dem Grabenbauer wird es nicht viel ausgemacht haben, er war froh, daß der eine draußen war.«

Solche Kunstfehler passierten zwar meinem Vater nicht, aber dennoch waren die früheren Patienten bei ihren Arztbesuchen nicht zimperlich, sie wurden geradezu für den täglichen Lebenskampf abgehärtet – wenn auch auf sehr liebevolle Weise.

Aber der Leidende wußte sich gut aufgehoben. Dazu trug der persönliche Kontakt bei, den der Arzt und die Ärztin zu den Menschen aufgebaut hatten. Daran erinnert ein früherer Bauer: »Wenn ich im Wartezimmer war und die Frau Doktor mich gesehen hat, hat sie gleich gefragt, welches Medikament ich brauche, und hat es aus der Hausapotheke gebracht. Es war eine Vertrauensbasis da zu den Doktorsleuten. Besonders als Kind hat man sich gut aufgehoben gefühlt.«

Von diesem Vertrauen und der engen Beziehung, die zu den

Ärzten bestand, kündet auch die Erzählung einer früheren Bäuerin: »Wenn ich mit einem Kind in die Ordination gekommen bin, hat die Frau Doktor sofort gesehen, daß ich wegen des Kindes nervös war, denn wegen der Kinder habe ich mich immer aufgeregt. Wegen jedem Schmarren hatte ich Angst. Die Frau Doktor hat mich daher, wenn ich gekommen bin, sofort in das Ordinationszimmer geholt. Dort hat sie mir das gegeben, was ich gebraucht habe, damit ich gleich wieder heimfahren konnte. Und ein anderes Mal hatte sich die Margit einen Schiefer, ein Holzstück, am Knie eingezogen. Ich bin gleich zur Frau Doktor. Sie hat den Schiefer mühsam mit der Hand entfernt. Sie hat sich diese Mühe gemacht, damit sie nichts aufschneiden mußte, um das Kind nicht allzu viel aufzuregen. Die Margit hat aber trotzdem geschrien und war dadurch ganz verschwitzt. Die Frau Doktor hat mir dann für sie Wäsche von ihren eigenen Kindern gegeben, damit ich sie trocken heimbringen konnte.«

Die Patienten freuten sich über die persönliche Hingabe des Landarztes und der Landärztin, denen es Berufung bedeutete, sich intensiv um die Menschen zu kümmern. Ähnliches hörte ich von einer Kleinbäuerin: »Ich hatte einmal ein Furunkel am Kopf, das mich furchtbar schmerzte. Ich war beim Chefarzt, von dem bin ich weg zur Frau Doktor. Die hat mir so ein Röhrl in das Furunkel gesteckt. Aus diesem ist der Eiter herausgespritzt. Darauf kam eine Salbe und Verband. Ich kann mich nicht beklagen über die Frau Doktor.«

Bei meinen Eltern blieb der Kontakt zum Patienten auch in der Ordination nicht bloß auf die medizinische Ebene beschränkt. Man machte Späße mit den Patienten und nahm Anteil an den Dingen, die den Menschen wichtig waren. Dabei konnte es zu heiteren Szenen kommen, wie diese, über die mir der Fußballtrainer der Dorfmannschaft, Herwig Patzl, erzählte: »An einem Montag bin ich mit einem Fußballer, der sich beim Fußballspiel an der Hand verletzt hatte, zum Herrn Doktor gegangen. Wie uns die Frau Doktor gesehen hat, hat sie dem Herrn Doktor gerufen: ›Der Herwig ist da!‹ Darauf der Herr Doktor: ›Ah, der Herwig Benatzky!‹ Darauf sie: ›Nein, der Herwig Partzl!‹ Darauf er wieder: ›Der Sohn vom Bergführer! Ist er abgestürzt?‹ Sie: ›Nein, sie haben Fußball gespielt!‹ Nun ist der Herr Doktor gekommen. Wie er mich sieht, sagt er: ›Ah, der Herwig ist da. Was glaubst du, was du hast?‹ Diese Frage war typisch für ihn. Sage ich: ›Beim Fußballspielen hat sich einer verletzt.‹

Darauf er: ›Wie habt ihr denn gespielt?‹ Ich: ›Wir haben 5 : 1 verloren, Herr Doktor!‹ Sagt er: ›Das ist aber nicht viel.‹ Nun hat die Frau Doktor aus dem Hintergrund gerufen: ›Aber Roland, das ist aber schon viel!‹ Wir haben gelacht.«

Vielfältige Themen wurden in den Gesprächen angeschnitten. Nicht nur solche, in denen der Patient seine Sorgen loswurde, sondern auch solche, in denen der Arzt oder die Ärztin für sich eine Information erhofften, wie zum Beispiel die, ob ein bestimmter Tischler auch schlechte Stücke fabriziere.

So verbindet sich also Behandlung und persönliches Gespräch, was in der Erzählung des alten Briefträgers gut zum Ausdruck kommt:

»Einmal hatte ich mit meinem Moped auf einem schlechten Fahrweg einen Sturz. Ich war fertig mit dem Briefzustellen und auf dem Weg ins Postamt. Dort sah mich der Postmeister und sagte: ›Höh, wie schaust denn du aus?‹ – ›Ich habe einen Sturz gehabt!‹ Darauf er: ›Du mußt gleich zum Doktor!‹ Also ging ich zu ihm. Der hat mich gefragt: ›Was ist, Herr Mayr?‹ – ›Ich habe heute einen Sturz gehabt, Herr Doktor!‹ – ›Das haben wir gleich!‹ Er hat mir eine Tetanusspritze verabreicht und meine Wunde am Kopf mit zwei Klammern versehen. Dann meinte er: ›Sie müssen schon nach Kirchdorf wegen eines Röntgens. Man weiß nicht, was Sie sonst haben.‹ Am nächsten Tag fuhr ich nun nach Kirchdorf. Ich ließ mich im Krankenhaus röntgen. Gott sei Dank hat man nichts gefunden. Ein anderes Mal kam ich in die Ordination. Ein Haufen Leute war da. Ich habe zu den Leuten gesagt: ›Ich bin eh gleich fertig!‹ und bin zum Doktor hinein. Der hat gefragt: ›Herr Mayr, was führt Sie zu mir?‹ Ich habe ihm gesagt, was ich brauche. Darauf sagt er: ›Sie, ich habe vom Tischler ein Bett bekommen, das ist aber zu kurz. Was soll ich da machen? Sie sind doch ein gelernter Tischler!‹ Sag' ich: ›Herr Doktor, da müssen Sie zum L. gehen, der muß Ihnen eine neue Bettseite machen.‹ Ich habe mit ihm deswegen hin und her debattiert. Das hat fast eine halbe Stunde gedauert. Dann ist die Frau Doktor gekommen. Zu ihr hat der Herr Doktor gesagt: ›Siehst du, der Herr Mayr meint, ich soll zum Tischler L. gehen, dem muß ich das mit dem Bett sagen.‹ – ›Sicher müssen Sie es ihm sagen‹, habe ich wieder gemeint. Ich war also lange beim Doktor drinnen. Wie ich aus der Ordination gekommen bin, haben die Leute sich aufgeregt: ›Du hast gesagt, es dauert nur kurz, bis du fertig bist.‹«

Der Briefträger, der mir das erzählte, lachte dabei, denn er war offensichtlich stolz darauf, während der Ordinationszeit vom Doktor derart lange in ein Gespräch verwickelt worden zu sein, bei dem der Doktor einiges zu erfahren suchte.

Ordination und Wartezimmer waren also nicht nur Räume, die dem ärztlichen Dienst dienten.

Auch mit privaten Sorgen jeder Art kam man. Frauen beklagten sich über ihre untreuen Männer, junge Mädchen suchten, wenn sie schwanger waren, Zuspruch, den sie auch bekamen, und Männer ärgerten sich über ihre zankenden Frauen. Die Ärztin als Freundin der Kinder war eine überzeugte Gegnerin des Schwangerschaftsabbruches, da sie meinte, durch die Schwangerschaft sei auch ein psychischer Prozeß in Gang gesetzt worden, den zu unterbrechen sich auf Leib und Seele auswirken müsse. Ihr Spruch war: Schickt der Herr das Haserl, schickt er auch das Graserl. Ihr gelang es, Frauen den Wert von Kindern deutlich zu machen. Gespräche dieser Art gehörten ebenso zum Leben in der Ordination wie Gespräche, die den Ärger mit der anderen Ehehälfte zum Gegenstand hatten. Dazu paßt die Geschichte einer Bäuerin, in der auch gezeigt wird, daß das Landarztehepaar den Menschen praktisch unbegrenzt zur Verfügung stand: »Einmal kam der Herr Schm. mit einer großen Wunde am Schädel zum Doktor. Es war gerade Heiliger

Abend. Die Wunde hatte ihm seine Frau zugefügt. Sie hat ihm die Mistgabel nachgeworfen. Die Doktorsleute hätten gerne den Heiligen Abend gefeiert, doch wer kommt daher: der Herr Schm.! Jetzt mußten sie ihn noch verbinden. Erst dann hatten sie ihre Ruhe. Die Frau Schm. hat oft der Frau Doktor ihren Ärger mit ihrem Mann erzählt. Sie war furchtbar eifersüchtig. Die Frau Doktor hat ihr immer gut zugeredet. Aber der Schm. ist wirklich immer gerne zu einer Frau gegangen, um Teppich auszuklopfen, wie man gesagt hat. Beim Nachbarn von uns hat der Schm. einmal eine Sau abgestochen. Wie er gerade dabei war, ist die Frau Schm. aufgetaucht. Sie hat nämlich geglaubt, er ist bei mir, aber er war gar nicht bei mir, sondern beim Nachbarn. Einmal habe ich die beiden auf der Buglalm getroffen. Zu mir hat die Frau Schm. gesagt, daß er mich einmal beim Ofenbankl dabei gehabt hat. Die Frau Schm. hat mich immer grundlos verdächtigt, mit ihrem Mann etwas zu haben. Einmal hat sie mir daher beim Konsum das Einkaufswagerl in den Arsch gestoßen.«

Geschichten dieser Art erfüllten die Ordination. Meine Eltern wußten zuzuhören und Ratschläge zu erteilen. Auf diese Weise lernten sie viel über das Leben und die Szenen des Alltags. Sie erfuhren nicht bloß von Eifersuchtsgeschichten, sondern auch von den Alltagssorgen der Geschäftsleute, des Bäckers, der Bauern, die ihren Ärger mit der Molkerei oder dem Tierarzt hatten, aber auch der Schulkinder, die unter den Lehrern litten.

Und der Arzt wußte auch über die Schwierigkeiten Bescheid, die mit dem Alkohol zusammenhingen, denn manche Dorfbewohner sprachen manchmal in vollen Zügen dem Most, Bier oder Schnaps zu. Einer von ihnen war der schon vorhin erwähnte Kurt Hierzenberger, der zum Alkohol griff, um vom Morphium loszukommen, wie er sich rechtfertigte. Mein Vater begegnete dieser Überlegung jedoch mit dem Satz: »Eines sage ich Ihnen, Alkohol hilft nicht immer!« Bekannt ist auch eine andere Geschichte, in der auf das Verständnis des Arztes verwiesen wird:

»Da gibt es einen vielzitierten Satz vom Herrn Doktor. Einmal hat sich der Franz Kayr auf der Wurzeralm den Fuß gebrochen. Dazu hat der Herr Doktor dem Amtsarzt gesagt: ›Getrunken hat er schon, aber er war nicht betrunken.‹ Dieser Spruch hat seine Runde im Dorf gemacht und ist berühmt geworden.«

Jedermann wußte, daß die Doktorsleute für die Menschen da waren und nicht umgekehrt. Die jederzeitige Einsatzbereitschaft des Doktors zeigte sich auch darin, daß er am Sonntag seine Ordination geöffnet hielt. Eine Bäuerin erzählt dazu: »An einem Sonntag ging ich einmal zur Frau Doktor. Am Sonntag hatten sie ja immer Dienst, von acht bis zehn Uhr am Vormittag, wegen der Bauern, bis in die siebziger Jahre. Wie ich dort war, ist auch die Frau Radlingmayr gekommen, die ist gleich, ohne zu warten, in die Ordination. Ich hörte es drinnen wispeln. Dann kam die Frau Radlingmayr heraus und sagte, daß nur der Doktor da ist, aber nicht die Frau Doktor. Ich ging inzwischen in die Kirche zum Hochamt und kam dann wieder zurück, um ein Medikament zu holen. Nun sah ich die Frau Doktor und sagte ihr, daß ich schon da war, aber die Frau Radlingmayr hat mir gesagt, sie sei nicht da. Die Frau Doktor hat nun gemeint, die Frau Radlingmayr wollte ihr die Patienten fernhalten. Aber das war nicht in ihrem Sinn. Solange die Frau Doktor gesund war, bin ich zu ihr gegangen. Wie sie schon krank war, einige Zeit bevor sie gestorben ist, hat sie mir noch geraten, mich am Kropf operieren zu lassen. Recht hat sie gehabt.«

Man vertraute den beiden Ärzten, sie gehörten zur Welt des Dorfes, und ihre Ordination war der Ort, an dem der Kontakt zu ihnen in geradezu ritueller Weise hergestellt werden konnte. Die Doktorsleute genossen daher mehr Ansehen bei den Leuten als die Ärzte im nahen Bezirkskrankenhaus, zu denen kein vertrauensvoller und persönlicher Kontakt hergestellt werden konnte. Dazu schilderte mir ein alter Tischler: »Einmal habe ich mich in der Tischlerei bei der Säge tief in die Hand geschnitten. Mit der Rettung wurde ich in das Krankenhaus eingeliefert und dort genäht. Als ich nach einiger Zeit wiederkam, um mir die Nähte herausnehmen zu lassen, hat mir der betreffende Arzt ein paar Nähte derartig schlecht entfernt, daß ich ihm gesagt habe: ›Das genügt, die anderen nehme ich mir selber heraus.‹ Darauf sagt der Arzt: ›Pfuschen Sie mir nicht hinein. Was sind Sie von Beruf?‹ – ›Tischler‹, sage ich. Darauf er: ›Ich pfusche Ihnen auch nicht drein.‹ Sage ich: ›Wir können einmal tauschen. Aber Sie werden sehen, ich bringe früher einen Toten zum Leben, als daß Sie ein Nachtkastl bauen.‹ Dann hat er meinen Finger angeschaut und gesagt: ›Biegen Sie ihn einmal ab!‹ Ich konnte dies nicht, darauf hat er mir den Finger mit Gewalt gebogen, so daß eine Sehne gerissen ist. Darauf habe ich gesagt: ›Ich fahre nicht mehr nach Kirchdorf in das Krankenhaus, ich gehe nur mehr zu meinem Hausarzt, zu Dr. Girtler.‹ Ich bin auch zu ihm gegangen, und zwar am Sonntag um halb zehn Uhr. Der Doktor hat eine Schere genommen und hat gesagt: ›Das tut ein bisserl weh.‹ Sage ich: ›Ist schon in Ordnung.‹ Er hat dies ohne Betäubung getan und verarztet. In einer Woche war die Wunde verheilt. Heute sieht man noch die Narbe. Oft zeige ich sie jemandem und sage: ›Das hat mir mein Doktor gemacht.‹«

Der alte Arzt, an den sich der Tischler voll Wohlgefallen erinnert, begegnete dem Patienten mit Gefühl, und dieser wußte, daß er in der Ordination mit entsprechendem Respekt behandelt wurde. Den Unterschied zum heutigen Arzt sieht ein alter Bauer daher so: »Heute sind die Ärzte etwas anders. Heute sind sie reine Zettelschreiber. Die alten Ärzte haben sich noch Zeit genommen.«

Um seine Dienste verrichten zu können, benötigte der Arzt Geld. In früheren Zeiten wurden die Landbader auch in Naturalien, mit Brot, Speck oder ähnlichem, honoriert. Diese Tradition wurde, wie bereits erwähnt, zum Teil bei den alten Ärzten weitergeführt. Aber die wesentliche Einnahmequelle boten die Krankenkassen. Daher war es dem Arzt auch wichtig, zu den Krankenscheinen zu gelangen, die die Patienten zu Beginn jedes Quartals mitzubringen hatten. Die Ordination war also der Ort, wo der Arzt nicht nur behandelte, sondern auch auf die freundliche Übergabe eines Krankenscheines wartete. Der Arzt war weitgehend auf den Krankenschein angewiesen, machte aber seine Behandlung dennoch nicht nur davon abhängig. Er behandelte auch gratis, wenn er es zum Beispiel mit einem Vagabunden, der mit einer verschmutzten Wunde zu ihm kam, zu tun hatte. Aber grundsätzlich freute er sich, wenn die meist aus dem Handwerker- und Bauernstand entstammenden Patienten mit einem Krankenschein auftauchten. Kam also jemand in die Ordination, der noch keinen Schein abgegeben hatte, so lautete die erste Frage des Arztes: »Haben Sie einen Krankenschein mit?«

Diese sich wiederholende Frage des Doktors wurde auch zum Gegenstand zahlreicher Scherze. So etwa bei einem Theaterspiel während der Faschingszeit im Jahre 1950, was mir ein alter Bauer in ein paar Sätzen so schilderte: »Dieses Theaterspiel wurde vom Kirchenchor und vom Gesangsverein inszeniert. Einer hat den Herrn Doktor gespielt und ein anderer den Gemeindebeamten Herrn Schüttmayer, der nach einer Kriegsverwundung eine Beinprothese hatte. Dieser Herr Schüttmayer humpelte in diesem Spiel in die Ordination des Herrn Doktor, wobei er die Prothese nachschleifte. Er war schon in der Ordination, aber das Bein mit der Prothese war noch bei der Tür, und schon fragte ihn der Doktor: ›Haben Sie einen Krankenschein?‹ Das war lustig.«

Das Wartezimmer und die Ordination boten den Doktorsleuten die Möglichkeit des intensiven Kontaktes zu den Menschen. Und diese freute es, von den Ärzten mit offenem Herzen empfangen zu werden. Daher nahm man es auch gerne auf sich, zu warten.

Auch der Sonntagvormittag war, wie wir gesehen haben, der Ordination gewidmet. Damals gab es noch keinen abwechselnden Sonntagsdienst zwischen den Ärzten benachbarter Dörfer. Er ist eine Errungenschaft der letzten dreißig Jahre. Der Doktor hatte also auch am Sonntag für seine Patienten, die von weit her zur Kirche kamen, anwesend zu sein. Und selbst an dem ihnen zustehenden wöchentlichen ordinationsfreien Tag, dem Donnerstag, blieb in Notfällen die Tür einem Leidenden nicht verschlossen.

# HAUSMITTEL, HAUSAPOTHEKE, HEILER UND MAGIE

Die alten Landärzte standen in der echten Tradition der Bader von ehedem, wie ich im Kapitel über die Geschichte der Heilkunst schon ausgeführt habe. Insofern waren sie auch ständig mit altem Wissen die Heilkunst betreffend konfrontiert, vor allem was die sogenannten Heilkräuter anbelangt. Dabei konnten sie vielleicht sogar von einschlägig erfahrenen alten Bauern und Bäuerinnen noch einiges lernen. Und sie waren bereits zu lernen. Es war ihnen daher wichtig, auch alte Rezepte von Hausmitteln festzuhalten.

In alten Heilkräuterbüchern, wie sie in manchen Bauernhäusern aufbewahrt wurden, wird ein solches Wissen dokumentiert und weitergegeben. Ein derartiges Kräuterbuch befindet sich heute noch im Besitz von Frau Stefanie Leitner, einer früheren Bäuerin. Es wurde im Jahre 1601 gedruckt und gibt sehr genaue Hinweise über das Pflücken von Pflanzen. Bestimmte Rituale sind dabei einzuhalten, will die Pflanze wirksam sein, und es ist darauf zu achten, daß nur zu bestimmten Zeiten, wie z. B. bei Vollmond, die Pflanze als Medikament verwendet wird.

Dieses »Heilkräuter-Arzneibuch«, welches Frau Leitner mir und meiner Mutter zeigte, hat an die 480 Seiten, und es versteht sich als ein wichtiges Handbuch, welches den Menschen von »Kopf bis Fuß« heilen könne.

Auf der ersten Seite heißt es daher: »Vade mecum das ist ein künstlich New Artzneybuch[9] / So man stets bey sich haben und führen kan / In fürfallender Noth sich Hülfe daraus zu erholen / wider anhand Kranckheit des menschlichen Leibes / vom Häupt an biß auf die Fusssolen! . . . Auch zum Anfang ein Unterricht gesatzt / wie man durchs gantze Jahr gute Gesundheit erhal-

9 Johannes Wittichium, New Artzney Buch und Register Aller particularischen Krankheiten und Leibes Beschwerden, Leipzig 1601.

ten möge. Sampt eines vornehmen erfahrenen Mönchs Experimentlein ... Allen Haussvätern / hohes und niederen Standes Personen gantz nützlich ...«

Man hielt sich an Heilkräuter und hatte Erfolg damit. Es liegt nahe, daß Leute mit einem solchen Wissen, ebenso wie jene, die Knochen »einrichten« konnten, ein hohes Prestige genossen haben. Dies heißt aber auch, daß Landarzt und Landärztin hinsichtlich der Behandlung ihrer Kranken nicht bloß auf neuere medizinische Präparate zurückgriffen, wie sie von der Pharmaindustrie zur Verfügung gestellt werden.

Der alte Arzt genoß schließlich das Privileg, eine Hausapotheke zu führen, da es im Dorf keine offizielle Apotheke gab. Die Einrichtung dieses Apothekentypus war gesetzlich geregelt und an die Einwohnerzahl eines Dorfes gebunden. In sogenannten »Bauernnestern«, wie man kleine Dörfer zu bezeichnen pflegte, hatte der Arzt auch seine Hausapotheke, die ihm einen kleinen Nebenverdienst verschaffte. Die Hausapotheke beruht in unserem Dorf allerdings auf einer alten Tradition, denn ungefähr ab dem Jahr 1760 bis zu Beginn des 19. Jahrhunderts, als das Stift aufgelöst wurde, befand sich im Stift selbst eine Apotheke, eine sogenannte »Hofapotheke«, in der ein »Stiftschirurg« für die richtige Zubereitung wohltuender Rezepte sorgte.[10] Anhand einer Jahresrechnung, die der Stiftschirurgus einer offensichtlich wohlhabenden Spitaler Familie 1789 ausgestellt hat, wird erkennbar, welche Medikamente im ausgehenden 18. Jahrhundert bevorzugt eingesetzt wurden. Unter anderem wurden verschrieben und verrechnet: gereinigter Salpeter, Brusttee, eine galldämpfende Tinktur, auf Leinwand gestrichene Pflaster, Eibischtee, ein Glas asthmatische Tinktur, eine kleine Schachtel besonders auflösendes Pulver.[11]

Rezepte dieser Art, vor allem Tees, haben sich bis in die jüngste Zeit gehalten.

10 Stiftsarchiv Spital am Pyhrn, Bd. 15/26.

11 Auf dieses Rezept machte mich in der gewohnt liebenswürdigen Weise Herr Werner Kiesenhofer aufmerksam.

Auf die Bedeutung der alten Hausmittel verweist auch die Ärztin: »Die Bauern waren eigentlich sehr dankbare Patienten. Nur haben sie immer wieder gesagt: ›Die Hausmittel helfen auch.‹ Ich habe mir gedacht, es bringt nichts, wenn ich gegen die Hausmittel bin, denn gegen alles haben sie auch nicht geholfen. Ich habe dann meist geantwortet: ›Ja, das sind gute Hausmittel, aber ihr müßt das Medikament auch noch nehmen.‹ Ich glaube auch an die gute Wirkung von Hausmitteln. Ich habe sie ja selbst verordnet. Gut sind zum Beispiel Heublumendünste bei Halsschmerzen und Verkühlung. Alle Hausmittel haben einen guten Kern.«

Weiter erzählt die Frau Doktor über die Hausmittel, die Tees und die Medikamente, die sie selbst herstellte: »Als wir 1947 mit unserer Praxis als Ärzte begonnen haben, gab es kaum Medikamente. Von einer Medikamentenfirma in Wels haben wir Schmerztabletten bekommen. Ich habe dort gelernt, wie man Pulversackerln formt, in die das abgewogene Pulver kommt. Für das Abwägen des Pulvers hatte ich eine kleine Waage. Das Pulver habe ich selbst gemischt, hauptsächlich handelte es sich um Schmerz- und Kreislaufmittel, die ich da hergestellt habe. Auch Baldriantinktur und Digitalistinktur habe ich fabriziert. Je nachdem, wie es um das Herz des Patienten stand, habe ich diese Tinkturen gemischt. Die einen haben zum Beispiel mehr Baldrian gebraucht, damit ihr Herz langsamer schlägt. Auch Tees habe ich selbst gemischt, zum Beispiel einen Magentee. In solche Tees kamen Kamille, Melisse, Pfefferminz und so weiter. Für mich war es schön, wenn noch nach vielen Jahren Leute gekommen sind und gesagt haben: ›Bitt' schön, ich möchte den Magentee, den sie mir vor 30 Jahren gegeben haben, der hat mir damals so gutgetan. Könnten Sie mir den wieder mischen!?‹ Und den habe ich auch wieder gemischt. Auch Käsepappeln habe ich verwendet. Den reinen Käsepappeltee haben wir zur Wundreinigung verordnet. Damals gab es nämlich noch keine Cortisonsalbe, die kam erst in den fünfziger Jahren auf.«

Die Ärztin verstand also, alte Hausmittel vor allem in Form von

Tees mit wirksamen Medikamenten zu verbinden. Die Medikamente lieferte die »Hausapotheke«.

Ein besonders beliebtes »Hausmittel«, das mein Vater aus der Hausapotheke verschrieb, waren die sogenannten »Montana-Magentropfen«, die geradezu Wunder gewirkt haben. So erzählte mir ein Wiener »Sommerfrischler«, der bei einem Bauern in Oberweng bereits als Bub in den fünfziger Jahren mit seinen Eltern die Sommermonate verbrachte, er habe an einem Freitag arges »Bauchweh« bekommen. Darauf sei der Knecht zum Arzt geschickt worden, er solle zu einem Krankenbesuch kommen. Der Arzt kam auch. Der Sommerfrischler erinnerte sich, daß der Arzt in einem Motorradmantel und mit Motorradhaube vor ihm, dem kranken Buben, gestanden sei. Er habe ihm den Bauch abgetastet und daraufhin Montana-Magentropfen gegeben. Diese hätten ihm sofort geholfen. Bis heute würden ihm diese bitteren Tropfen ein beliebtes Hausmittel sein. Nicht nur für diesen Hinweis auf diese köstlichen Tropfen ist er dem alten Arzt dankbar, sondern auch für seine Art, in der er mit ihm sprach.

Bei fieberhaften Erkrankungen, wie etwa Grippe, griff meine Mutter gerne auf klassische Hausmittel zurück.

Darüber erzählte mir eine alte Bäuerin: »Früher ist man nicht wegen jeder Kleinigkeit zum Doktor gegangen. Man ist gegangen, wenn das Fieber schon hoch war. Zuerst hat man selbst versucht, das Fieber wegzubekommen. Und erst wenn es ein paar Tage nicht gesunken ist, hat man den Doktor geholt. Die Frau Doktor hat gesagt, wenn man Fieber hat, soll man keine süßen Sachen essen. ›Das Fieber muß weg‹, hat sie gesagt. Und empfohlen hat sie Essigsockerl, aber auch Erdäpfelpüree und Einbrennsuppe.«

Die Anknüpfung an alte Heilpraktiken wird auch in der folgenden Begebenheit deutlich, über die mir der Sohn eines Bahnwärters erzählte:

»In den fünfziger Jahren hatten wir im Bahnwärterhäusl am Fuß des Pyhrnpasses noch kein Telefon. Damals fiel mein Bruder in ein Wespennest. In ganz kurzer Zeit wurde er von vielen Wespen gestochen, es bestand Lebensgefahr für ihn. Sofort bin ich mit dem Fahrrad zum Herrn Doktor gefahren und habe ihm aufgeregt gesagt, er soll schnell zu uns kommen, meinem Bruder geht es schlecht. Der Herr Doktor ist sofort, obwohl Ordination war, mit seinem Auto zu uns heraufgefahren. Wie er den Buben gesehen hat, hat er angeordnet, daß wir ihn mit feuchter Erde zudecken sollen. Wir haben das getan, und es hat wirklich geholfen.«

Mit dieser Methode gelang es dem Arzt, die durch die Wespenstiche hervorgerufene Schwellung abklingen zu lassen. Ob er ihm zusätzlich noch ein Medikament verabreicht hat, darüber wußte mir mein Gesprächspartner nichts zu erzählen.

Auf ähnliche Heilmethoden geht auch ein Bauer ein, der noch heute hoch oben am Berg neben einer Fremdenpension Viehwirtschaft betreibt. Er war in einer kleiner Bauernhütte, neben der er später die Fremdenpension errichtete, mit mehreren Geschwistern aufgewachsen. Für sie alle war der Weg zur Schule und zum Arzt ein höchst beschwerlicher. Er erzählt: »Wegen einer Grippe sind wir nicht gleich zum Doktor. Zuerst haben wir es mit Lindenblütentee, den wir mit Kandiszucker gesüßt haben, versucht, damit wir ordentlich schwitzen. Dazu machten wir uns einen heißen Wickel. Wichtig war, daß durch das Schwitzen das Fieber herunterging. Auch Hollerblütentee, den wir manchmal in die Milch gaben, war gut für das Schwitzen, genauso wie das Essen von Topfen. Ebenso haben wir Kren, geschnitten oder gerieben, dazu verwendet. Der Kren wurde den Kindern auf die Füße und die Hände gelegt. Zusätzlich erhielten sie Essigsockerln, damals gab es noch Mostessig. Honig wäre auch gut gewesen bei Halsweh, aber den Honig konnten wir uns nicht leisten, wir waren ja arm. Bei Halsweh gurgelten wir mit Salbeitee und tranken Kamillentee. Der Salbei wuchs bei uns im Garten, ebenso die Kamille. Zum Desinfizieren von Wunden haben wir Arnika in Schnaps angesetzt. Diesen Arnikaschnaps konnte man auch trinken, aber besser war er für äußerliche Sachen.

Solche Hausmittel haben wir ganz selbstverständlich genommen. Man hat gesagt, wenn jemand krank war: ›Von dem oder dem

Mittel nimmst du etwas, dann ist es wieder gut.‹ Man ist damals mit einem ganz anderen Selbstbewußtsein an die Dinge herangegangen. Man hat sich gesagt: das und das hilft. Und wenn es nicht von heute auf morgen geholfen hat, dann eben später.«

In diesem Sinn verstand sich auch der Satz, den man gerne bei fieberhaften Erkrankungen, wie Grippe, Schnupfen oder Heiserkeit, anwandte: »Wenn man nichts dagegen einnimmt, dauert es eine Woche, bis man gesund ist, wenn man aber etwas einnimmt, dann dauert es acht Tage.«

Als Sohn des Arztes wurde ich mit den verschiedenen Hausmitteln vertraut und lernte allmählich, wie und bei welchen Gelegenheiten sie eingesetzt werden können. Zumindest in einem Fall hat jemand von meinem bescheidenen Wissen profitiert. An einem Abend, als meine Eltern auf Krankenbesuch waren, erschien die Frau Nachbarin, eine ältere Bäuerin, zu deren Hof auch die Schmiede gehörte, bei uns. Ich teilte ihr mit, meine Eltern seien nicht hier, worauf sie sich sehr unglücklich zeigte und auf ihre Hand verwies, die durch einen Bienenstich dick angeschwollen war. Außerdem habe sie Schmerzen und wisse nicht, was sie dagegen tun solle. Ich riet ihr nun, wie ich mich recht erinnere, die Hand mit einem in essigsaure Tonerde getauchten Tuch zu umwickeln. Offensichtlich hat sie meinen Ratschlag befolgt; jedenfalls verschwanden ihre Beschwerden bald. Als meine Eltern von meiner medizinischen Beratung hörten, waren sie nicht unzufrieden mit mir. Ich hatte von ihnen gelernt.

Die alten Hausmittel hatten – übrigens ähnlich wie die heutigen Medikamente – viel mit Magie zu tun. Das Hausmittel wirkte nicht bloß durch die Verabreichung, sondern auch durch die Rituale, die mit seiner Herstellung oder Einnahme verbunden waren. Diese magische Komponente zeigt sich heute übrigens darin, daß die verschriebenen Pillen oder Tropfen nicht willkürlich zugeführt werden, sondern daß man genau darauf achtet, wann und wie sie eingenommen werden. Wohl mag ein therapeutischer Zweck mit solchen Regeln verbunden sein, aber für den Patienten und seinen

Genesungsprozeß ist es offensichtlich wichtig, daß er das Gefühl hat, bei genauer, also ritueller Einhaltung der mit der Einnahme verbundenen Vorschriften schreite seine Heilung wesentlich besser voran, als wenn er sich nicht exakt daran hielte. Als Beispiel sei nur angeführt, daß gewisse Tropfen eine Stunde vor dem Zubettgehen in lauwarmes Wasser aufgelöst und getrunken werden sollen. Bei den alten Hausmitteln wird dieses magische Handeln, mit dem die Heilung durch übernatürliche Kräfte erreicht werden soll, besonders deutlich. So erzählte mir eine Patientin: »Wir haben uns viel mit Hausmitteln geholfen. Bei Fieber haben wir uns oder den Kindern Krenketten umgehängt. Für diese Ketten schneidet man den Kren in Scheiben. Beim Schneiden hat man zurückgezählt, wobei mit einer ungeraden Zahl begonnen wurde, zum Beispiel mit elf, dann zählte man weiter: zehn, neun und so weiter. Dann wurden die Scheiben aufgefädelt und dem Kind umgehängt. Wenn der Herr Doktor gekommen ist und das gesehen hat, hat er genickt und gesagt: ›Deine Mutter richtet dich aber schön her.‹ Ich habe darauf gesagt: ›Herr Doktor, das hilft!‹ Und es hat auch geholfen.«

Und eine alte Bäuerin ergänzte: »Buttermilch haben wir bei Fieber in großer Menge getrunken, auch das hat geholfen. Die alten Ärzte haben noch ein Hausmittel eingesetzt, die heutigen haben dieses Wissen nicht mehr, sie spritzen das Fieber gleich mit Penicillin weg.«

Für die Bändigung des Fiebers gab es noch andere Hausmittel. Ein über neunzig Jahre alter Bauer weiß dies: »Wir haben bei Fieber zuerst einmal einen Hollertee getrunken. Die Hollerblüten für den Tee haben wir im Frühjahr gebrockt. Sie wurden getrocknet. Für den Tee haben wir sie mit heißer Milch abgebrannt. Mit einem solchen heißen Hollertee hat man ordentlich schwitzen können. Und am nächsten Tag war das Fieber weg. Das war freilich ein Radikalmittel. Holler war uns heilig als Hausmittel. Ein alter Spruch sagt: ›Wenn man an einer Hollerstaude vorbeigeht, soll man den Hut abnehmen.‹ Eine solche Achtung sollte man vor dem Holler haben. Daß der Holler, der auch sonst gut zum Essen war, gegen Fieber hilft, das habe ich von meinen Großeltern erfahren. Als ich noch ein Kind war, kannte ich keinen Doktor, denn damals waren wir noch nicht krankenversichert und mußten daher mit den alten Mitteln, mit dem Holler und dem Arnikaschnaps gegen Wunden, auskommen.«

## Die Beineinrichter

Wie ich schon festgehalten habe, suchten die Bauern, sicherlich auch weil es früher für sie keine Krankenversicherung gab, Spezialisten auf, die traditionell in der alten bäuerlichen Kultur beheimatet sind. Dazu gehören jene Leute, die alte Rezepte und Heilkräuter kannten, mit denen sie Krankheiten von Mensch und Tier linderten, aber auch jene, die gebrochene Knochen »einzurichten« wußten. Oft waren sie beides in einer Person.

Ein gewisser Emmerich Grillmayr, ein ehemaliger Wildschütz und Poet, weist in seinen »Heimatbildern« auf die Bedeutung dieser Heiler hin (um 1910). Auch sein Ziehvater, ein Kleinbauer in Spital am Pyhrn, war ein solcher, bekannt unter dem Namen »der alte Hias«. Von Beruf war er Hausmaurer im Sensenwerk der Weinmeister, und in jungen Jahren hatte er als Ulane in Ungarn gedient. Nach Grillmayrs Erzählungen sollen von weit und breit die Kranken zu seinem Vater gekommen sein.[12] Als sich zu dieser Zeit der berühmte Dr. Vogelgesang in Spital am Pyhrn als Gemeindearzt niederließ, äußerten sich die Spitaler vorsichtig über ihn, wie Grillmayr schreibt: »A Doktor is a Fleischhacker.« Dem alten Heiler, der auch Gebete und diverse Rituale einsetzte, vertraute man mehr als dem Professionalisten. Vor allem als »Beineinrichter«, die geschickt gebrochene Knochen »einzurichten« verstanden, hatten solche Heiler bisweilen einen guten Ruf. Bis in die jüngste Zeit waren sie echte Konkurrenten der Bader und Ärzte.

12 Emmerich Grillmayr, Heimatbilder, unveröffentlicht, ohne Jahr.

Es dürfte hier ein alter Gegensatz bestehen, der wohl oft Anlaß zum Streit gewesen sein mag. Darauf deutet ein Dokument, eine »Nota« aus der Zeit um 1780, hin, in dem eindeutig der »Beineinrichter« dem Bader vorgezogen wird. Letzterem wird vorgeworfen, daß er, wenn er Knochenbrüche heile, die betreffenden Patienten furchtbar verunstalte.

Darüber zeigten sich die Beschwerdeführer in der »Nota« verärgert. Sie meinen schließlich, daß der Beineinrichter, ein gewisser Johann Georg Mayr aus Vorderstoder, seine Kunst viel besser beherrsche, obwohl er diese nur an den Tieren und nicht an den Menschen ausüben dürfe. Und das würden sie nicht verstehen. Es heißt daher in der »Nota« gegen den Bader Johann Koller unter anderem: »Wie und was der Bader zu Windischgarsten mit den Leuten verfahret, wie viele er schon verunglücket und von ihm ... zu dem Johann Georg Mayr ... gegangen [sind], ... zeigen die Attestata. Die umliegenden Sensenschmiedemeister seind mit ihren Holzknechten und Fuhrleuten besonders diesen Unglückfällen unterworfen ... und weil weit und breit kein anderer Bader als H. Koller zu Windischgarsten sich befindet, dieser aber in Beinbruchheilen sehr unglücklich ist, so ist man gezwungen zu den Mayr sich zu wenden, der noch keinen verschandelt [!] hat ...«[13]

Dem Bader wird also ein denkbar schlechtes Zeugnis ausgestellt. Die von ihm Behandelten mußten wohl, folgt man der Beschwerde, gewaltige körperliche Schäden durch seine »Heilkunst« erlitten haben. Weiter heißt es in der Beschwerde, daß man das kranke Vieh von jedem Menschen, auch wenn er nicht dazu befugt ist, behandeln lassen könne. Und warum, so wird logisch gefragt, kann nicht auch ein kranker Mensch sich von jemandem kurieren lassen, den er selbst für geeignet hält. Der Schreiber meint daher schließlich, man könne einen Menschen nicht schlechter als ein Vieh behandeln. Daran knüpft sich die Frage: »... ob ich mich durch einen

13 Die Kopie dieser »Nota« besitzt Herr Werner Kiesenhofer. Er hat mich auf diese aufmerksam gemacht. Dafür sei ihm gedankt.

solchen [Bader] eben zu einem Krimpling [= Krüppel] machen lassen muß ...«, weil kein anderer Bader in der Umgebung existiert und der Mayr, »der ... dürfte einem nicht helfen ...«

Es ist historisch bemerkenswert, daß nach dem Gesetz bei Krankheiten also der professionelle Bader aufgesucht oder gerufen werden mußte und nicht der »Kurpfuscher« oder der »Beineinrichter«, auch wenn er der bessere Heiler gewesen wäre.

Einen guten Ruf als Beinbruchheiler und überhaupt als Heiler hatte in Windischgarsten um 1890 ein gewisser Johann Brandegger, der sogenannte Moarpichler.

In weiten Teilen des südlichen Oberösterreichs und der Obersteiermark war er bekannt. 1894 wurde er allerdings wegen »Kurpfuscherei« angeklagt. Er saß einige Zeit im Gefängnis und starb innerlich gebrochen im Februar 1895. Bei seinem Begräbnis kamen von nah und fern viele Menschen, was seine Beliebtheit beweist.[14]

Seine Tochter, die Moarpichlerin, führte seine Kunst weiter. Mit ihren Rezepten machte sie den Ärzten echte Konkurrenz. Die Zusammensetzungen der von ihr angewendeten Rezepturen behielt sie jedoch für sich. Sie blieben ihr Geheimnis. Und sie war eine exzellente »Beineinrichterin«, wie eine Bäuerin aus der Vorkriegszeit schilderte:

»Die Ärzte im Krankenhaus Kirchdorf haben sich gewundert, wenn die Moarpichlerin jemandem einen komplizierten Knochenbruch geheilt hat. Das Heilen und die Rezepte hat sie von ihrem Vater erlernt. Von weit sind die Leute zu ihr gekommen. Sie hat Pflaster, die sogenannten Moarpichlerpflaster, gemacht, indem sie eine bestimmte Salbe auf einem Leinen ganz fest verstrichen hat. Die Salbe ist dann eingetrocknet ... Wenn man das Pflaster verwenden wollte, hat man es zuerst ein bisserl auf den Ofen gelegt ... Diese Pflaster waren gut gegen Gelenksentzündungen.

Außer dem Pflaster stellte sie noch eine Einreibung für die Gelenke aus Olivenöl und Johannisblüten her ... Wie ein Wunder

14 Kremstalerbote 15/10.

haben ihre Mittel auch gewirkt ... Wenn man sie gefragt hat, was man zahlen solle, sagte sie bloß: ›Was Sie gerne geben.‹ Hat jemand sich den Fuß gebrochen, so hat sie den Fuß eingerichtet und ihm Pflaster und Einreibung gegeben ...«

In einer Geschichte, die mir ein 1926 geborener Mann erzählte, wird diese Bedeutung der Beineinrichterin herausgestrichen. Im Vergleich zum damaligen Gemeindearzt Dr. Seidl umgab sie damals, in den dreißiger Jahren, ein bemerkenswerter Nimbus, wie der Mann schildert: »Damals war noch der Dr. Seidl Arzt. Ich hatte vom Schifahren als Bub einen flotten Beinbruch ... Der Franzl setzte mich auf die Rodl und brachte mich zum Doktor ... ›Ha, ha‹, sagte der Doktor, ›schon wieder ein Opfer des Sports!‹ Ich hatte meine erste richtige Schihose an ... Diese Hose wollte mir der Doktor an der Naht aufschneiden. ›Nein‹, sage ich, ›die Hose darf nicht beleidigt werden.‹ Dann ist das Bein eingerichtet worden, das hat wohl ein wenig weh getan. Nachher brachten mich die Buben wieder heim. Meine Ziehmutter hat geschimpft und gesagt: ›Zum Doktor bringt ihr ihn auch noch.‹ Meine Mutter hätte mich zur Moarpichlerin bringen wollen ...«

Nach drei Wochen wurde der Bub von seinen Freunden zu einer Schlittenfahrt eingeladen. Bei dieser Fahrt fuhr er gegen eine Hütte, und das verletzte Bein geriet wieder in »Unordnung«. Niemandem erzählte er davon. Seine Ziehmutter brachte ihn wegen der Schmerzen nun doch zur Moarpichlerin, der sie mehr als dem Arzt vertraute. Als die Moarpichlerin meinte, sie müsse das Bein noch einmal brechen und »frisch einrichten«, protestierte der Bub. Also lieferte man ihn schließlich in das Krankenhaus in Kirchdorf ein.[15]

Aus dieser Erzählung ersieht man, daß die Beineinrichterin noch knapp vor dem letzten Krieg ein hohes Ansehen genoß und dem Arzt erhebliche Konkurrenz machte. Alte Vorstellungen von der Wundertätigkeit solcher Beineinrichter und Anbraucher mögen wohl noch lange gerade für den in Armut lebenden bäuerlichen

15 Siehe: R. Girtler, Aschenlauge, Linz 1987, S. 260 ff.

Menschen bestimmend gewesen sein. Es dauert noch beträchtliche Zeit, bis der Arzt allein das Vertrauen des kranken Menschen gewinnt.

Solche Heiler oder »Anbraucher« hatten bis um die Zeit des Zweiten Weltkrieges eine wichtige Funktion für das bäuerliche Leben, denn sie halfen den Bauern und ihren Dienstboten oft schnell, wieder arbeitsfähig zu werden. In diesem Sinn meinte eine frühere Magd zu mir: »Je nachdem, wie einer krank war, wurde er behandelt ... Mit verschiedenen Tees, Einreibungen und Pflastern. Solche Pflaster hat die Moarpichlerin machen können ...«

Ein alter Holzknecht, der sich um 1950 beim Holzführen am Bein verletzt hat, unterstreicht das Ansehen der alten Heiler. Er verweist darauf, daß sogar der Arzt gewisse Sympathien für die alte Kunst dieser echten Spezialisten hatte: »Damals bin ich zur Moarpichlerin gegangen. Die hat mir ihr Moarpichlerpflaster gegeben. Dieses habe ich mir auf den Fuß gelegt, und so bin ich zu Hause im Bett gelegen. Da ist der Doktor Girtler nachschauen gekommen. Er wollte sehen, wie es mir geht. Ich habe ihm gleich gesagt: ›Herr Doktor, ich war bei der Moarpichlerin.‹ – ›Ah, ja‹, hat er gesagt, ›das macht nichts, tun Sie nur so weiter moarpichlern!‹« Lächelnd fügte der alte Holzknecht hinzu: »Das war gut so vom Herrn Doktor. Er war freilich ein guter Arzt. Ich war später oft bei ihm wegen meiner Füße und wegen meines Kreuzes.«

Der alte Arzt wurde also auch deswegen akzeptiert, weil er in gewisser Weise altes Heilwissen zu respektieren und zu nützen wußte. Dem Doktor war bewußt, daß hinter den Pflastern und Ölen der Beineinrichterin und Anbraucherin altes Wissen und alte Erfahrungen steckten, die dem Heilungsprozeß förderlich sein konnten.

Die Kunst der alten Ärzte bestand wohl auch darin, alte Praktiken durch überlieferte Hausmittel und das Aufsuchen von Beineinrichtern in einem gewissen Rahmen zu akzeptieren.

## Die Anbraucher

Auch die Anbraucher, die mit allerhand Tricks und Wundermitteln Heilung von einer Krankheit versprachen, mögen Erfolge gehabt haben. Als Anbraucher, die anderswo auch Wender heißen, bezeichnete man Heiler, die ihre Heilkunst nicht bloß mit Pflanzen, Ölen und ähnlichen Mitteln ausübten, sondern die bewußt Akte der Zauberei oder Magie setzten. Der Unterschied zwischen Magie und Zauberei liegt darin, daß bei ersterer durch gewisse rituelle Akte die Gottheit zu einem bestimmten Handeln gezwungen wird, wie zum Beispiel Regen vom Himmel zu schicken oder aus einem kranken einen gesunden Menschen zu machen. Bei der Zauberei bezieht man sich dagegen auf keine Gottheit oder ein ähnliches Wesen, sondern man stellt selbst durch gewisse Rituale einen Zustand her: Man verzaubert zum Beispiel einen Ochsen in einen Hasen.

Beim Anbrauchen verbindet sich Magie und Zauberei.

Auch die Kunst der Anbraucher, ebenso wie die der Beineinrichter, bezog sich nicht bloß auf den Menschen, sondern auch auf das Vieh. Dazu erzählte mir eine alte Bäuerin: »Wenn bei uns das Vieh krank gewesen ist, hat die Franzi, die alte Schwoagrin [Sennerin], angebraucht. Sie hat uns nicht verraten, wie sie es gemacht hat. Wir haben aber gesehen, daß sie zum Beispiel ein Schüpperl Haar' von der kranken Kuh ausgerissen und es unter die Dachtraufe gegegeben hat. Dabei hat sie etwas gesprochen ... Und es hat geholfen.«

Beim Menschen genügte oft der reine Glaube an die Heilkraft eines Rituals oder eines Mittels, um jemanden gesund werden zu lassen. Bei psychischen Problemen und kleineren Krankheiten, wie dem Entstehen von Warzen, kann sich tatsächlich eine Art Heilung einstellen.

Allerdings können solche Anbraucher eine echte Heilung von schwereren Krankheiten durch den Arzt geradezu verhindern. Überhaupt dann, wenn der Kranke meint, der Arzt könne ihm auf keinen Fall helfen, sondern lediglich ein Heiler oder Anbraucher mit seinen magisch anmutenden Ritualen.

Ein alter Bauer mit langer Erfahrung auch auf dem Gebiet des Anbrauchens berichtete mit kritischen Worten: »Früher haben die Leute nicht viel gehalten von den Krankenhäusern und vom Operieren. Das Operieren war ein Modlwerk [eine ungeeignete Methode]. Aber wichtig war für sie das Anbrauchen, das war billiger, als wenn man zu einem Arzt gegangen ist. Und das konnte man auch selbst tun. Das Anbrauchen war aber meist ein großer Blödsinn. Wenn man krank war, ist man zu jemandem gegangen, von dem es geheißen hat, der oder die kann gut anbrauchen. Einmal zum Beispiel war ein Bub krank. Er war zwei Jahre alt und hat einen Nabelbruch gehabt. Heute würde man ihn operieren, aber von dem hat man nichts gehalten und hat einen Anbraucher geholt. Der hat Kleidungsstücke und Kot von dem Buben genommen und beides in ein Loch gesteckt, das er in einen Apfelbaum gebohrt hatte. Und dieses Loch hat er dann verschlossen. Trotzdem ist der Bub gestorben.«

Auch wenn das Anbrauchen mit den diversen Zaubermitteln keinen Erfolg zeigte, so glaubte man dennoch daran. Schließlich war das magische Anbrauchen, zu dem sich der Glaube an Hexen und andere überirdische Gestalten gesellte, wichtig für das Leben der alten bäuerlichen Menschen, da ihnen dies einige Sicherheit in einer ihnen feindlich gesinnten, schwer zu bändigenden Natur gewährte. Daher war es auch selbstverständlich, daß man mit diversen Ritualen, zu denen das Rosenkranzbeten und das Herableiern von Litaneien gehörten, dem Kranken Heilung zu verschaffen suchte. Auch vom Besuch des Pfarrers (s. o.) erhoffte man sich das Heil.

Welche Bedeutung magische Praktiken in recht allgemeiner Weise und in Beziehung zur Heilung von Krankheiten, speziell des Viehs, hatten, darüber erzählte mir ein alter Bauer:

»Wie die Mutter meines Stiefgroßvaters gestorben ist, da hat er ein wenig ein schlechtes Gewissen gehabt, denn seine Mutter war oft eine Böse. Daher hat er gefürchtet, sie könne im Fegefeuer oder in der Hölle sein. Daher ist er zu einer Frau gegangen, die war eine Hexe, Armen-Seelen-Res hat man sie genannt. Die hat einen Apparat gehabt, mit dem hat man sehen können, wie weit seine Mutter im Fegefeuer drinnen ist. Die hat zu dem Stiefgroßvater gesagt, daß seine Mutter nicht in der Hölle ist, aber es gibt noch Hilfe, er soll nur viel Rosenkranz beten. Das hat er auch gemacht. Er hat viele Rosenkränze heruntergeleiert. Dann hat er wieder gefragt, wie es um sie steht. Die hat nun gesagt: ›Langsam kommt sie heraus aus dem Fegefeuer.‹ Dafür hat er der Armen-Seelen-Res Fleisch und etwas Geld gegeben.«

Und weiter erzählt er: »Die Leute waren wirklich dumm. Beim Hotzn haben sie einmal geglaubt, daß eine Kuh verzaubert ist, weil sie keine Milch gegeben hat. Aber wahrscheinlich hatten sie sich zuwenig um die Kühe gekümmert. Nun haben sie einen aus Rading geholt, der anbrauchen konnte. Der ist in den Stall und hat gesagt: ›Da fehlt es weit. Hier ist alles verhext! Redet mich nicht an, wenn ich aus dem Stall komme.‹ Und dann hat er gesagt: ›Mei, die Hexe hätte mich schon bald im Stall erdrückt.‹ Die Leute haben das geglaubt. Er selbst wird das ja nicht geglaubt haben, was er gesagt hat. Für seine Geschichte ist er bezahlt worden. Er hat dabei mehr verdient als durch Arbeit. Solche Leute wie er hatten früher sogar Zauberbücher. Bis in die fünfziger Jahre haben sie an solche Sachen geglaubt. Die Ärzte haben aber nicht auf das gehalten.«

Magie und Zauberei spielten also in der alten Welt der Bauern, in der das Landarztehepaar lebte und wirkte, eine nicht zu vernachlässigende Rolle. Und manchmal mögen sie vielleicht geholfen haben.

## Honig und Blumen

Viel hielt man vom Honig als natürliches Hausmittel. Aber auch ihn umgab ein Nimbus von Magie und Poesie. An alte Traditionen, die mit dem Honig und seiner heilenden sowie Gesundheit fördernden Kraft verbunden sind, knüpft der Sohn eines Bauern an. Stefan Hackl, der 1940 geboren wurde und auf einem bäuerlichen Hof aufwuchs, ergriff später den Beruf des Gendarmen und wurde Vizebürgermeister. Erst jetzt, nachdem er der alten bäuerlichen Kultur, die mittlerweile verschwunden ist, entwachsen ist, versucht er, den Bienen und dem Honig ihre Geheimnisse zu entlocken. Seiner Erzählung will ich folgen, zumal er zunächst auch Kritik an moderner bäuerlicher Produktion anbringt: »Heute wird dreimal im Jahr geheut, früher höchstens zweimal. Beim P. haben sie heuer schon drei Mahden, und dann kommt noch das Vieh auf diese Wiese. Heute fehlen mir als Imker viele Blumen und Pflanzen. Früher gab es buntere Wiesen. Mir geht zum Beispiel heute der Bocksbart ab für die Bienen.«

Wie früher Bauern mit Bienen umgegangen sind, darüber erzählt dieser Mann weiter: »Bei jedem Bauernhaus stand eine Bienenhütte. Heute stehen diese Hütten leer oder sind zusammengefallen. Darum bin ich froh, wenn heute wieder jemand mit Bienen anfängt. Dem Boden taugt es, wenn er umgeackert wird. So war es früher, nicht wie es jetzt ist, daß sie fünf Jahre lang mit schweren Traktoren über die Krume drüberfahren. Die Wiesen sind also nicht mehr das, was sie früher waren, und das ist schlecht für die Bienen und den Honig.

Früher haben wir die Waben mit dem Messer herausgeschnitten. In einer Rein [einem Häfen] haben wir dann den Honig ausgelassen. Damals gab es noch keine Honigschleudern. Die Gefahr früher war, daß der Honig beim Auslassen überhitzt wurde. Es war so heiß, daß das Wachs oben geschwommen ist. Das hat sich aber geändert. Der Honig ist auch Medizin.«

Der ehemalige Bauernbursch ist sich des Wertes des Honigs bewußt und hält ab und zu als sogenannter »Wanderlehrer« vor interessierten Bienenfreunden Vorträge. Darin verweist er auch auf frühere Heilpflanzen, die heute weitgehend ausgestorben scheinen, die jedoch den Bienen wichtige Nahrung gaben. Danach dürfte der Honig früherer Zeiten eher die Qualität eines Naturheilmittels gehabt haben als der heutige. Man verwendete ihn für Salben, und er kam in den Tee, wenn man Halsweh und Fieber bekämpfen wollte.

Die alten Ärzte wußten von der Kraft des Honigs und bestärkten ihre Patienten auch, ihn zu essen, enthält er doch die heilende Wirkung von Blumen.

Der Glaube an die heilende Kraft von Blumen und speziellen Pflanzen geht weit zurück, noch vor die Zeit des würdigen Paracelsus, der meinte, man könne bei alten Frauen und fahrendem Volk mehr lernen als an der Universität. Sein Wissen von den Pflanzen hatte er von den kleinen Leuten. Paracelsus war daher zu seiner Zeit, er starb 1545, bei den damaligen Ärzten wenig angesehen. Man bezeichnete ihn als Marktschreier und Säufer.

Der Glaube an die Heilkraft von Pflanzen hat sich jedenfalls lange erhalten und lebt immer wieder auf. Für die alten Ärzte war es offensichtlich, daß Pflanzen für die Gesundheit von großer Wichtigkeit waren. Daher hatten sie auch nichts dagegen, daß Bauern Heilpflanzen, wie Arnika und Kamille, mit Obstschnaps ansetzten. Solche Schnäpse waren nicht nur bei Magenschmerzen nach einem Festtagsessen heilsam, sondern sie galten auch als vortreffliche Einreibungen bei Gelenkschmerzen, ja sogar bei Herzbeschwerden. So hat der alte Doktor bei gewissen Herzproblemen empfohlen, den Bereich über dem Herzen mit Schnaps einzureiben. Und schließlich verordnete er einmal, wie wir bereits geschildert haben, auch einem Patienten, der an Depressionen litt, regelmäßig ein Glas Wein oder ein Stamperl Schnaps als natürliches Heilmittel gegen psychische Probleme zu trinken (s. o.).

## DER KRANKENBESUCH – DIE »GUTE STUBE« UND ALTE GASTFREUNDLICHKEIT

Die heute längst untergegangene alte bäuerliche Kultur war weitgehend eine Kultur der Armut. Für gewöhnlich lag bei den Bauern der Kranke in der sogenannten »guten Stube« oder im Winter in der Küche, da es dort warm war. In das Schlafgemach selbst wollte man gerade bei ärmeren Bauern den Doktor nicht bitten, war es doch ein recht ärmlicher und kalter Raum, den man dem Besucher nicht zumuten wollte.

In der »guten Stube«, die meist mit der Küche verbunden war und von dort aus geheizt werden konnte, spielte sich das tägliche Leben ab. Gespräche, die ich mit alten Bauern und vor allem mit meiner Mutter geführt habe, zeigen plastisch jenen traditionellen bäuerlichen Alltag auf, in welchem auch die Vorgänger meines Vaters wirkten. Gerade Kleinbauern waren es, die unter der Last der Armut zu leiden hatten. Für sie war es nicht leicht, den Arzt bei einem Krankenbesuch gebührend zu empfangen. Die »gute Stube« hatte dabei eine wichtige Funktion. Ein Sohn früherer Kleinbauern beschreibt humorvoll diese Problematik:

»Man muß sich unsere Lebensweise vorstellen: Wir sieben Personen haben drei Betten gehabt . . . Wir haben noch ein viertes Bett gehabt, das war draußen in unserem schönen Zimmer, in der ›guten Stube‹, das war die Gebäranstalt, wenn es soweit war. In dem Zimmer war ein Kachelofen. Auch wenn jemand gestorben ist, ist er dort gelegen. Und wenn jemand krank war, auch. Das war unser bestes Zimmer . . . Im Gegensatz zu anderen Leuten hatten wir kein Zimmer, in das wir den Doktor hineinlassen konnten. Sonst hätte man ja ihn behandeln müssen. Wenn er in unser Schlafzimmer gegangen wäre, hätte er eine Spezialbehandlung gebraucht . . .«

Die »gute Stube« hingegen konnte man dem Arzt zutrauen. Schließlich war sie geradezu von symbolischer Bedeutung für das bäuerliche Leben; hier empfing man die Gäste, hier nahmen die Bauersleute samt ihren Dienstboten die Mittagsmahlzeit ein, hier wärmte man sich im Winter am Kachelofen.

Die alten Bauernstuben, in denen sich die Familie aufhielt, waren im Winter oft überheizt und strömten, weil während der kalten Monate kaum gelüftet wurde, einen eigenartigen Geruch aus.

Meine Eltern, vor allem meine Mutter, versuchten daher, die Bauersleute über die Wichtigkeit von frischer Luft und ausreichendem Lüften aufzuklären. Meine Mutter war eine ausgesprochene Frischluftfanatikerin, was sich darin äußerte, daß sie im Winter in der Früh, noch bevor sie den Kachelofen anheizte, jeden Tag die Fenster unseres Wohnzimmers im Arzthaus weit aufriß, um gute, aber kalte Luft hereinzulassen. Ich protestierte, weil ich fror, bisweilen gegen die Durchlüftungsmethoden meiner Mutter. Aber sie handelte im Sinne der Gesundheit richtig und wirkte entsprechend auf die bäuerliche Welt mit deren ungelüfteten Stuben ein.

Mit der »guten Stube« hing auch ein alter traditioneller Wert zusammen, nämlich der der Gastfreundschaft, die gerade der Arzt oder die Ärztin genießen durften. Diese Gastfreundschaft äußerte sich nicht nur darin, daß die ärztliche Leistung mit Naturalien, wie Eiern, Fleisch, Geselchtem, Honig oder ähnlichem, honoriert wurde, sondern auch in einer entsprechenden Einladung. Darüber erzählte meine Mutter:

»Die Bauern waren damals viel gastfreundlicher als unsere anderen Patienten im Ort. Nach der Behandlung beim Krankenbesuch wurde für uns stets schön aufgedeckt. Früher gab es viel Geräuchertes, als die Bauern noch keine Tiefkühltruhen hatten. Man mußte damals das Fleisch räuchern, sonst hätte man es nicht aufheben können. Oft haben wir also eine schöne Speckjause bekommen, dazu gutes selbstgebackenes Brot. Wenn wir uns beeilen mußten, um zu einem anderen Kranken zu kommen, haben wir gebeten: ›Packt uns den Speck oder das Brot ein.‹ Darüber hat sich dann die ganze Familie gefreut.

*5: Befreundete Bauernfamilie mit Arzttocher und Dackel »Doktor Schnipp«*

Einmal hat man mich in der Nacht zu einem Bauern geholt. Es war sehr kalt damals, wie überhaupt die Winter viel kälter waren als jetzt. Man hat mir gleich etwas Heißes gekocht, eine heiße Milch, dazu bekam ich heiße Krapfen.«

Diese Gastfreundlichkeit hört sich dann in den sechziger Jahren allmählich auf. Aber gerade in den Jahren nach dem Krieg waren die Ärzte froh, wenn die Bauern sie bewirteten. Auch eine andere Geschichte weiß die Ärztin zu erzählen: »Einmal war ich bei einer Bäuerin. Uns ist es damals sehr schlecht gegangen. Es war Herbst, man hat gerade Schnaps gebrannt. Während ich ein Rezept geschrieben habe, haben sie mir ein Stamperl Schnaps aufgewartet. Ich hatte aber großen Hunger und habe mich nicht getraut zu sagen: Gebt mir ein Stückerl Brot. In späteren Jahren wagte ich es schon, damals aber nicht. Ich saß auf der Bank beim Fenster, und da ich den Schnaps nicht wollte, habe ich ihn unbemerkt in die hinter mir stehende Blumenvase gegossen. Wie die Bäuerin sieht, daß kein

Schnaps mehr im Stamperl ist, hat sie wieder eingegossen. Ich habe dann den Schnaps wieder zu den Blumen gegossen. Sie hat das nicht gesehen. Noch ein drittes Stamperl habe ich so zu den Blumen geschüttet. Wie ich dann gegangen bin, habe ich gehört, wie die Bäuerin hinter meinem Rücken zur Magd gesagt hat: ›Schaun wir der Doktorin nach, wie sie geht!‹ Die dachten, ich sei betrunken. Beim nächsten Mal habe ich nicht gefragt, wie es den Blumen ergangen ist.«

Eine Bäuerin erinnert sich auch an diese Zeit, als es noch selbstverständlich war, daß man dem Arzt Naturalien verehrte, wenn er zum Krankenbesuch erschien: »Wie der Elmar ein Jahr alt war und Lungenentzündung hatte, ist die Frau Doktor jeden Tag gekommen. Ich habe ihr immer fünf bis sechs Eier mitgegeben. Zum Essen selbst hat sie ja nie Zeit gehabt.«

Mir selbst als Forschenden hat diese Frau nach unserem Gespräch ein paar Stück Kuchen und etwas Speck für meine Familie eingepackt. Sie tat dies in hochachtungsvoller Erinnerung an die Ärztin, meine Mutter.

## DIE VERSTÄNDIGUNG ZUM KRANKENBESUCH

Für gewöhnlich erfuhren die Ärzte während der Ordinationszeiten an den Vormittagen von der Notwendigkeit, jemanden im Dorf oder fernab davon zu besuchen. Da wohl die meisten Bauern erst sehr spät, Ende der fünfziger, Anfang der sechziger Jahre, ein Telefon eingeleitet bekamen, geschah die Verständigung zum Besuch eines Kranken mündlich. Die Ärzte hatten ein Telefon, an das ich mich beinahe wehmütig erinnere. Dieses Telefon war aus Holz und hing an der Wand in der Küche, vor dem Eingang zum Wohnzimmer. Es hatte also einen zentralen Platz in der Arztwohnung. Im oberen Teil des Telefons ragte eine chromblitzende, trichterförmige Sprechmuschel, die durch einen schwarzen Hartgummirand abgeschlossen war, dem Sprechenden entgegen. Der untere Teil dieses Prachttelefons bestand aus einem ungefähr dreißig Zentimeter hohen und zwanzig Zentimeter breiten Kasten. An dessen einer Seite war die Kurbel angebracht, mit der man das Amt anläuten konnte, an der anderen der Haken, an den man den Hörer einhängte. Auf der Oberseite dieses kleinen Telefonkastens war ein grünes Tuch gespannt, wie es oft Billard- und noble Schreibtische ziert. Darauf legte man das Papier zum Festhalten von Notizen. Irgendwie erinnerte dieses Telefon in seinem Gesamtaufbau an vornehme alte Stehpulte, wie sie von Dichtern und anderem Volk wohl einmal benützt worden sind, allerdings erweitert um die Sprechmuschel und den Hörer. In der Erinnerung erscheint mir dieses Telefon als ein höchst nobler Gegenstand, der sich in die Wohung einfügte und sich deutlich von den modernen, langweiligen handlichen Apparaten und von den noch langweiligeren sogenannten Handies abhob. Unser Telefon hatte also etwas mit Vornehmheit zu tun. Damals, am Beginn der fünfziger Jahre, gab es nur wenige Leute oder Institutionen im Dorf, die über ein Telefon verfügten, und sie galten als privilegiert. Es kam daher vor, daß irgendwelche Leute meine Eltern baten, von ihrem Telefon aus jemanden anrufen zu dürfen.

Besonders spannend für mich als Bub war es, daß ein Zeitungsreporter einmal unser Telefon benutzen durfte, um an die Redaktion seiner Zeitung in Linz die Ergebnisse einer Schisprungveranstaltung, wie sie in den fünfziger Jahren im Dorf noch üblich war, zu melden.

Zu den Privilegierten, die ein Telefon besaßen, gehörten neben dem Arzt noch der Gendarmerieposten, das Gemeindeamt, der Metallwarenfabrikant, der Sägewerksbesitzer und die Wirtsleute. Jedes Gespräch mußte beim Postamt angemeldet werden, wo eine Telefonistin die Verbindung herstellte, allerdings nur bis Dienstschluß. Danach, also während der Nachtzeit und der Feiertage, bestand ein anderes Prinzip der Kontaktaufnahme der miteinander das Gespräch Suchenden.

Wollte jemand von auswärts zum Beispiel den Arzt anrufen, so geschah dies über eine Telefonzentrale im Hauptort des Bezirkes, also in Kirchdorf an der Krems. Dabei war folgendes bemerkenswert, etwas, das das Telefonieren geradezu zu einem Abenteuer machte: Alle Teilnehmer im Dorf hingen an einer Leitung. Sprach einer, so konnten die anderen mithören. Um von der Zentrale aus die gewünschte Person zu verständigen, wurde sie mit einer bestimmten Anzahl von Klingeltönen angeläutet: zweimal Klingeln bezog sich auf die Gendarmerie, dreimal auf den Arzt, viermal auf den Sägewerksbesitzer Holzinger und so weiter. Läutete es also dreimal, so wußten meine Eltern, daß sie gemeint seien und vielleicht ein Krankenbesuch gewünscht werde. Jeder andere, der an derselben Leitung hing, konnte also beim Ertönen der Klingelzeichen den Hörer abheben und in Ruhe mitanhören, was dem Leitungskollegen erzählt wurde. Allerdings gab es so etwas wie eine stillschweigende ehrenvolle Vereinbarung, nach der die anderen Teilnehmer – im wahrsten Sinne des Wortes waren sie solche – nur dann zum Hörer griffen, wenn tatsächlich ihnen der Anruf galt.

Die meisten Hilfesuchenden mußten jedoch den Fußmarsch zum Arzt auf sich nehmen, wenn sie ärztliche Betreuung benötigten. Leichtfertig wurde der Arzt nie gerufen. Darüber, aber auch von der Mühe der Ärzte, erzählte mir eine alte Bäuerin: »Wenn jemand von uns krank gewesen ist, so war es ein Problem für uns, den Doktor oder die Doktorin schnell zu verständigen. Es hatte oft lange gedauert, bis jemand von den beiden zu uns gekommen ist. Wir haben den Arzt meist erst dann geholt, wenn es nicht anders gegangen ist, wenn also unsere Hausmittel nicht mehr geholfen haben. Wenn es mit dem Kranken jeden Moment aussein konnte, dann mußten wir den Arzt holen. Oft war es schon spät, bis wir zu ihm gingen. Vor und noch nach dem Krieg konnten wir uns den Arzt nicht leisten, denn eine Krankenkassa hatten wir noch nicht. Deshalb haben wir uns auch lange geweigert, in ein Krankenhaus eingeliefert zu werden, denn das kam teuer. Um dem Arzt die Nachricht zu geben, er soll zu uns herauf auf den Berg, nach Oberweng, kommen, ist einer von uns entweder zu ihm gegangen, oder wir sind mit Pferden zu ihm gefahren. Das hat alles Zeit gedauert.«

Für den Bauern war ein Krankenbesuch des Arztes früher also ein Problem, auch ein finanzielles, denn damals hieß es, sparsam zu sein, auch bei den Familienangehörigen, nicht nur bei Knechten und Mägden.

Die alte Ärztin erzählte dazu: »Bevor die Bauern eine Versicherung hatten, waren vor allem die alten Bauern, wenn sie den Hof übergeben haben, sehr arm dran. Sie mußten sich auf Almosen verlassen [s. u.]. Geändert hat es sich erst, als die Bauernkrankenkassa eingeführt wurde. Das war für uns Ärzte dann besser. Viel hat man nicht verdient dadurch, aber es ist getröpfelt. Vorher sind die Bauern daher kaum zu einem Arzt gegangen. Erst fünf Minuten vor dem Sterben haben sie ihn geholt. Nach dem Krieg ist es besser geworden.«

Dem Bauern bedeutete das Wohlergehen des Viehs oft mehr als das der Menschen am Hof, war der Mensch doch leicht ersetzbar, nicht jedoch Pferde und Kühe, die ihr Geld kosteten. Und Geld war Mangelware bei den alten Bauern. Nebenbei sei festgehalten, daß in der alten bäuerlichen Kultur das Vieh eine andere Bedeutung hatte als heute, da der Bauernhof zu einem Milch- und Fleischfabrikationsort wurde. In meinem Buch »Sommergetreide« (1996) bin ich näher auf diese Problematik eingegangen.

Jedenfalls spürten auch der Arzt und die Ärztin diese alte, besondere Einstellung des Bauern zum Tier. Für den Tierarzt war diese Haltung zweifellos von lukrativem Vorteil. Mir wurde aus einem Nachbarort erzählt, daß nach dem Krieg der dortige Tierarzt, wenn der Dorfarzt nicht sofort erreichbar war, oft von Bauern gebeten wurde, der Bäuerin bei der Geburt beizustehen oder sich sonstwie ärztlich zu betätigen. Aber auch das Umgekehrte war der Fall. So erinnere ich mich, daß der Arzt, als er gerade bei einem Bauern auf Krankenbesuch war, von diesem gebeten wurde, beim »Sauschneiden«, also beim Kastrieren eines männlichen Schweines, eines Ebers, behilflich zu sein. Und einmal, um 1950, lag sogar ein Ferkel am Operationstisch in der Ordination des Arztes. Dieses Ferkel war von der Muttersau derart getreten worden, daß es am Bauch eine gehörige Rißwunde erlitten hatte. Sorgfältig nähte der Arzt die Verletzung und übergab dieses von ihm gerettete Tier seinem Besitzer, dem Schmied, der damals noch eine Landwirtschaft besaß und der Nachbar des Arztes war.

Massentierhaltung, wie sie heute üblich ist, gab es damals noch nicht. Daraus folgte, daß man nur wenig Fleisch aß. Wohl gab es am Sonntag ein Stück Fleisch, meist ein Geselchtes oder klein geschnittene Speckwürfel, sparsam in einem Knödel verpackt. Während der Woche aß man hauptsächlich Speisen aus Korn wie Nudeln oder eben Knödeln.

Ordentlich langte man nur zweimal im Jahr beim Fleisch zu, nämlich dann, wenn ein Schwein oder ein Rind abgestochen wurde. Die Zeiten des Abstechens waren grundsätzlich Weihnachten und Ostern. An diesen Feiertagen wurde groß aufgekocht und manchmal ungehemmt gegessen, derart, daß mancher bäuerliche Mensch durch »Überfressen« Magenprobleme bekam oder ihm sonst »schlecht« wurde. Der Arzt und die Ärztin bekamen diese Feiertage durch vermehrte Bitten um Krankenbesuche zu spüren.

Womit wir wieder beim eigentlichen Thema sind, nämlich der

Art und Weise, wie der Arzt von einem nötigen Krankenbesuch verständigt wurde.

Bevor auch die Bauernhäuser über einen Telefonanschluß verfügten, mußten also die Bauersleute einen Fußmarsch auf sich nehmen, um den Arzt zur Nachtzeit zu einem Krankenbesuch zu holen – meist schickte man dazu einen Knecht auf den Weg. Im Winter fuhr der Knecht manchmal mit einem einfachen Pferdeschlitten zum Arzt ins Tal. Die Nächte meiner Eltern waren kurz. Oft, manchmal auch mehrmals während der Nacht, läutete die sogenannte Nachtglocke, die am alten Gemeindehaus gleich neben dem Arztschild angebracht war.

Das Läuten der Nachtglocke war für die gesamte Arztfamilie ein Ärgernis, denn es riß alle, auch uns Kinder, unbarmherzig aus dem Schlaf. Entweder meine Mutter oder mein Vater war nun gezwungen, zu dem zur Straße blickenden Fenster zu gehen – oder zu wanken –, um den Läutenden zu fragen, was denn los sei.

Später wurde eine Gegensprechanlage eingeleitet, um sich die Sorgen der Läutenden vom Bett aus anhören zu können.

Wenn es läutete, dann wußten wir, daß es um eine dringende Angelegenheit, um einen Unfall oder eine akute Krankheit ging, von der man meinte, sie wäre gefährlich. Für die Ärzte war es nicht immer leicht zu entscheiden, ob so ein Krankenbesuch, zu dem man mitten in der Nacht aufbrechen sollte, überhaupt notwendig sei. Im Zweifelsfall machte sich jedenfalls einer der beiden auf den Weg. Nicht immer war dem Herrn Doktor klar, was die Hilfesuchenden überhaupt meinten. So erzählte mir ein Bauernsohn: »Einmal in der Nacht hat mein Vater mich gerufen. Er kann nicht mehr soachen [urinieren], hat er gesagt. Ich soll zum Doktor, es war in der Nacht. Ich bin nun zum Doktor und habe ihn herausgeläutet. Der Doktor hat verschlafen gefragt, was los sei. Ich habe ihm gesagt, der Vater kann nicht ›soachen‹. Darauf hat der Doktor gefragt: ›Was kann er nicht?‹ Er hat nicht verstanden, was ›soachen‹ heißt. Ich habe ihm gesagt, es heißt ›Wasser lassen‹. Ich war sehr aufgeregt. Der Doktor hat gesehen, daß es dringend ist und ist gleich gekommen.«

*6: Krankenbesuch beim Förster, ca. 1960*

Ich erinnere mich, mit welcher Selbstverständlichkeit und Ruhe sich meine Eltern, auch wenn sie noch so müde waren oder wenn sie von einem Familienfest geholt wurden, für den Krankenbesuch fertig machten.

Später, als auch Bauern über einen Telefonanschluß verfügten, konnte man relativ schnell den Arzt oder die Ärztin an das Krankenbett holen, überhaupt, als der Arzt dann schon mit dem eigenen Auto kommen konnte. Dazu paßt, was mir eine alte Bäuerin, die hoch oben am Berg lebte, erzählte: »Mein Mann hat es mit dem Herz gehabt. Und wie es ihm wieder ganz schlecht ging und ich glaubte, daß er stirbt, habe ich den Arzt und den Pfarrer per Telefon gerufen, das war 1967. Beide waren im Nu da. Sie sind miteinander gekommen. Sie haben nicht länger als sieben Minuten gebraucht.« Und die Frau fügte hinzu: »Der Herr Doktor und die Frau Doktor haben oft nur ein paar Stunden schlafen können, dann wurden sie wieder geweckt und mußten aufstehen.« Die Patienten wußten also – oder wissen es zumindest in der Erinnerung –, daß Arzt und Ärztin für sie da waren, auch in der Nacht. Und daß es niemanden gab, der sie ärztlich vertreten konnte. Sie mußten selbst ihre Kranken aufsuchen, auch in der Nacht und auch bei Schnee, Regen und Sturm.

Und sie kümmerten sich tatsächlich um die Kranken, die ihnen Vertrauen entgegenbrachten. Dieselbe Bäuerin, die oben zu Wort gekommen ist, geht darauf besonders ein: »Einmal hat unser Willi Nasendiphtherie gehabt. Da ist die Frau Doktor jeden Tag zu uns heraufgekommen. Jeden Tag! Damals war der Willi gerade drei Wochen alt. Während der Nächte haben einmal ich und einmal mein Mann den kleinen Buben im Zimmer herumgetragen, um ihn zu beruhigen. Die Frau Doktor hatte nämlich gesagt, daß wir ihn so herumtragen müssen, damit er Luft bekommt, denn sonst hält er es vor Schmerz nicht aus. Auch der Herr Doktor ist gekommen, der hat dem Willi mit Instrumenten den Eiter aus der Nase gezogen. Jeden Tag bekam das Kind eine Spritze. Jeden Tag war einer von den Doktorsleuten da. Und jeden Tag werden sie sich, wenn sie zu uns heraufgekommen sind, gedacht haben, heute ist er bestimmt schon gestorben. Die beiden Doktorsleute haben sich viel angetan. Durch sie hat der Willi überlebt. Er blieb immer ein Zarterl [zartes Kind], er war immer ein schwaches Kind, zu schwach für die Landwirtschaft.«

Dieser Bub wurde daher später in ein Gymnasium geschickt, da man ihm körperlich die schwere Arbeit als Bauer nicht zutraute. Die Ärztin gab ihm, wie ich oben schon einmal erwähnt habe, Nachhilfestunden in Latein.

Auch eine andere Bäuerin erzählt von der Mühe, die sich vor allem die Ärztin machte: »Auf Neujahr habe ich damals Gelbsucht bekommen. Am Altjahrstag habe ich noch im Haus zusammengeräumt und geputzt. Aber am Neujahrstag ging es dann nicht mehr. Ich habe gehustet. Zu meinen Kindern habe ich gesagt, am Neujahrstag dürft ihr mir nicht den Doktor holen. Erst am Tag darauf war es mir recht. Ich hatte einen solchen Husten, daß mir jedes

Bein weh getan hat. Nun ist die Frau Doktor auf Krankenbesuch gekommen. Wie sie bei der Tür hereinkommt – ich bin im Bett gelegen –, schaut sie mich an und hat gesagt: ›Sie sind schwer krank!‹ Dann hat sie die Tuchent zurückgeschlagen und gesagt: ›Jetzt wissen wir es, Sie haben Gelbsucht!‹ Das war 1960. Ich bin daheim geblieben, und die Frau Doktor ist oft zu mir gekommen. Sie war sehr streng, ich durfte kein Fett essen, nur ein bisserl eine Butter, die Milch mußte gewässert werden. So ist es auch, wenn man ein Dadel [Ferkel] füttert, das bekommt dasselbe, was ich essen durfte. Erst nach vierzehn Tagen hat sie mir erlaubt, aufzustehen. Die Frau Doktor hat mir aufgeschrieben, was ich essen darf und was nicht. Gegessen habe ich zum Beispiel eine gebackene Hadersuppe. Die bestand aus einer Semmel, etwas Fett und einem Ei. Das wurde geröstet und mit heißem Wasser übergossen. Was ich gerne gegessen habe, nämlich Bratlfett und Erdäpfel, durfte ich nicht essen. Einen besonderen Tee hat mir die Frau Doktor verschrieben, die Schachtel davon habe ich heute noch. Medikamente, ein solches Klumpert, hat sie mir nicht verschrieben.« Hier verweist die Bäuerin auf das Bestreben der alten Ärztin, wenn möglich, eher durch Tees und andere Hausmittel zu heilen als durch die Verabreichung schwerer Medikamente.

Die alten Ärzte bemühten sich, wie hier gezeigt wird, offensichtlich redlich um das Wohlergehen der kranken Menschen. Noch Jahre später erinnert man sich des Eifers und der Umsicht, mit denen die Ärzte zu helfen versucht hatten.

Abschließend sei noch ein Problem geschildert, das wohl auf Landärzte und Briefträger gleichermaßen zutrifft: das Problem der Hofhunde. Dazu erzählt mir ein Gesprächspartner folgende Geschichte: »Einmal hat mein alter Vater den Doktor gebraucht. Ich bin zu ihm und habe ihm das gesagt. Das war im Winter 1966. Auf einmal höre ich draußen im Hof: ›Halloo, halloo, was ist denn los?‹ Ich habe sofort die Stimme des Doktors erkannt. Ich renne hinaus und sehe den Doktor, wie der Hund sich mit seiner langen Kette um ihn herumgewickelt hat. Der Doktor hat gar nicht geschimpft.

Wir haben ihn dann von der Kette befreit.« Und lächelnd fügt der Mann hinzu: »Heute noch höre ich das: ›Halloo, halloo, was ist denn los?‹ Der Doktor hat dem Vater geholfen, er hatte ein Prostataleiden. Der Doktor hat ihm einen Katheder gelegt. Dann war alles wieder in Ordnung. Der Doktor war sehr herzlich.«

Krankenbesuche konnten also ein richtiges Abenteuer für den Arzt und die Ärztin sein. Darüber wird in einem der nächsten Kapitel, das sich mit dem Fußmarsch befaßt, zu schreiben sein.

## DIE PERSÖNLICHE BETREUUNG

Der Sohn eines früheren Arbeiters in der kleinen Metallwarenfabrik des Ortes erzählte mir, wie der Arzt seinen Vater, der einen Herzinfarkt erlitten hatte, vor dem Tode rettete. Er war fünfundsechzig Jahre alt, als er zu Hause zusammenbrach. Seine Frau wollte es nicht zulassen, ihn ins Krankenhaus einzuliefern. Sie meinte, wenn er schon sterben müsse, so solle er dies wenigstens zu Hause tun. Es war nun die Aufgabe des Arztes, diesen Mann, der eine Woche im Koma liegen sollte, zu retten. Täglich suchte er ihn auf und kümmerte sich um seinen prekären Gesundheitszustand. Der Frau des Mannes trug er auf, ihm mehrere Male täglich die Herzgegend mit Bauernschnaps einzureiben. Sie tat dies, so lange und so fest, bis seine linke Brustseite beinahe wund war, wie sich der Sohn erinnert. Dem Manne tat diese Behandlung gut, er kam wieder zu Bewußtsein, und nach einigen Monaten hatte er sich soweit erholt, daß er wieder in den Ort gehen konnte. Dort postierte er sich mitten auf den Hauptplatz und war froh, dem Bett entronnen zu sein. Da kam auch der Herr Doktor des Weges und meinte erfreut zu ihm: »Das habe ich aber nicht für möglich gehalten, daß ich Sie wieder hier sehe.« Der Sohn des Mannes behauptete mir gegenüber, sein Vater habe dem Herrn Doktor sein Leben zu verdanken. An seiner Schilderung fällt nicht nur der Hinweis auf das Engagement des Arztes auf, sondern auch die Bedeutung des klassischen Hausmittels Bauernschnaps, der sowohl innerlich bei Magenproblemen als auch als Einreibung half.

In der Erzählung einer Bäuerin wird auch auf die persönliche Sorge eingegangen, die sich die Ärzte gerade hinsichtlich der Einlieferung in das Krankenhaus um ihre Patienten machten. Eine solche Maßnahme bedeutet immer, den Kranken aus seinem gewohnten Umfeld herauszureißen, was besonders für Kinder nicht leicht war: »Einmal, um 1969, haben unser Dirndl, die war acht Jahre alt, und unser Bub, er war vierzehn Jahre alt und in der letzten

Schulklasse, etwas auf den Nieren gehabt. Damals haben wir im Holz gearbeitet, die Kinder waren mit. Wie wir heimkommen, hat der Bub gesagt: ›Mama, mir tut es hinten am Rücken [bei den Nieren] so weh.‹ Sage ich: ›Es wird dich doch nicht bei den Nieren haben.‹ Nun sind wir zum Doktor gegangen. Der wollte, daß wir den Harn von unserem Buben bringen. Der Harn hat nicht gut ausgesehen. Auch vom Dirndl wollte er den Harn haben. Sie hat gegrippelt [hatte Fieber]. Da bin ich mit ihr zum Doktor gegangen. Der hat gefragt: ›Schaut sie immer so schlecht aus?‹ – ›Eigentlich nicht!‹ Am Harn hat er gesehen, daß sie auch etwas auf den Nieren gehabt hat. Die beiden mußten nun im Bett liegen. Dreimal ist der Herr Doktor zum Krankenbesuch gekommen, und erst dann hat er gesagt, daß die beiden ins Spital müssen. Er wollte eigentlich nicht, daß die Kinder von zu Hause wegkommen. Er wollte niemandem weh tun. Darin war er sehr feinfühlig. Aber in diesem Fall gibt es nichts anderes, hat er gesagt, als ab ins Krankenhaus. Weil zu Hause steht das Kind auf und geht herum, nascht da ein bisserl etwas und dort etwas.« Der Patient fühlte sich beim Krankenbesuch persönlich angesprochen. Diese Ansprache verband sich mit dem Interesse des Arztes am Menschen an sich und der Welt, in der er lebt. Dies deutet ein Mann aus dem Dorf so an: »Wenn der Herr Doktor auf Krankenbesuch gekommen ist, so ist ihm sofort, wenn er in das Zimmer eingetreten war, irgendein Gegenstand aufgefallen, der ihn interessiert hat. Er hat dann gefragt: ›Ist das neu? Was hat das gekostet? Von wo haben Sie das her?‹ Oder er hat sich nach den Familienmitgliedern erkundigt. So hat er meine Mutter gefragt: ›Ihr Sohn arbeitet in der VOEST, der war immer so brav, was macht er? Ihre Tochter, wo ist die?‹ Erst dann hat er sich einmal nach dem Befinden des oder der Kranken erkundigt. Vorher hat er aber nach dem persönlichen Umfeld gefragt. Das war ihm ein Anliegen. Solche Ärzte, die sich so um den ganzen Menschen kümmern, gibt es heute nicht mehr. Für die heutigen Ärzte ist man nur eine Krankenkassennummer. Man wird gefragt: ›Was haben Sie?‹ Und damit hat es sich. Der alte Doktor hatte auch mehr Verständnis für seine Patienten, weil er sich für das Umfeld interessiert hat. Dadurch wirkte er beruhigend.«

Der alte Arzt und die alte Ärztin sahen ihre Aufgabe also nicht in der bloßen medizinischen Behandlung, wie ich oben schon angedeutet habe, sondern sie suchten die Stimmung des Kranken zu heben. War dies einmal gelungen und hatte der Patient das Gefühl, es werde wieder »bergauf gehen«, so war dies bereits ein erster Schritt zu einer erfolgreichen oder zumindest einigermaßen zufriedenstellenden Behandlung.

Ähnliches erzählte mir eine Bäuerin, deren Kinder Patienten der Frau Doktor waren: »Wir haben die Frau Doktor um eine Visite gebeten, wenn eines der Kinder krank war. Wir hatten sie schon erwartet. Wenn sie zur Tür hereinkam, war uns allen schon leichter.« Sogar am Telefon strahlte die Ärztin Beruhigung aus, wie dieselbe Frau weiter erzählte: »Die Frau Doktor war eine seelengute Frau. Einmal hatte unsere Gerlinde eine Blinddarmreizung gehabt. Von sieben auf d' Nacht bis um elf Uhr ist die Frau Doktor deswegen bei uns gewesen und hat überlegt, ob man die Kleine ins Krankenhaus geben solle. Gott sei Dank ist ihr wieder besser geworden und sie mußte nicht ins Krankenhaus. Ein anderes Mal war wieder ein Kind von mir krank. Die beiden Doktorsleute waren gerade auf Urlaub. Zu einem anderen Arzt wollten wir auch nicht gehen. Damals war die Schwester der Frau Doktor da, damit sie sich um die Wohnung und die Kinder kümmere. Ihr, der Schwester, habe ich meine Sorgen erzählt. Sie hat mit der Frau Doktor deswegen telefoniert und ihr das kranke Kind geschildert. Die Frau Doktor verlangte dann, mit mir zu sprechen, und ich habe ihr geschildert, daß das Kind Fieber hat und so und so ausschaut. Darauf hat sie mir gesagt, was ich tun soll. Das hat mich beruhigt und dem Kind geholfen.«

Der Arzt und die Ärztin waren so etwas wie Vertraute der Kranken. Manchmal bestand zwischen ihnen so etwas wie ein Bündnis, das dem Kranken auf dem Weg zur Gesundheit helfen konnte, überhaupt, wenn dieser wußte, daß der Herr oder die Frau Doktor ihn persönlich aufsucht, wenn nötig auch mehrmals.

Die alten Ärzte vermochten also in den Kranken ein Gefühl der Beruhigung zu wecken. Eine alte Bäuerin drückte dies so aus: »Wenn die Frau Doktor zu uns auf Krankenbesuch gekommen ist, hat man schon ein gutes Gefühl gehabt. Wenn sie bei der Tür hereingekommen ist, hat sie gefragt: ›Wie geht es?‹ Das wirkte schon beruhigend. Der Herr Doktor hat immer gesagt: ›Das werden wir schon machen.‹ Die beiden sind oft gekommen, ohne daß man sie gerufen hat.«

Die alten Ärzte am Land hatten also eine enge Beziehung zu den ihnen anvertrauten Patienten, sie fühlten sich ihnen gegenüber verpflichtet, wenn sie krank waren, und suchten sie auf, auch wenn sie nicht um einen Krankenbesuch gebeten wurden.

Es mag wohl an dieser Einstellung gelegen haben, daß man die Kranken, wie vorhin bereits erwähnt, erst dann in Spitalspflege übergab, wenn eine andere Behandlung nicht mehr möglich war. Das Vertrauen in die Ärzte war oft derart groß, daß man davon überzeugt war, eine Einweisung in das Krankenhaus sei nicht nötig, war man doch im Ort ohnehin vorzüglich ärztlich versorgt. Davon kündet folgende Erzählung der Frau des Oberförsters: »Damals, 1958, hatte die Andrea, damals vier Jahre alt, akute Angina. Der Herr Doktor ist gekommen, hat sie angeschaut und gesagt: ›Frau Kiesenhofer, das ist Diphtherie. Wir müssen das Kind in das Krankenhaus geben.‹ Darauf ich: ›Warum? Das Kind ist jetzt schon vier Tage so krank. Wenn das wirklich so ansteckend wäre, hätten wir alle schon Diphtherie.‹ Der Herr Doktor hat das respektiert. Das gesunde Kind, den Bernhard, der gerade zwei Jahre alt war, habe ich zu meiner Mutter geben können. Der Doktor hat mich nun angewiesen, daß ich mich mit dem Kind in einen gesonderten Trakt unseres Forsthauses aufhalten solle, und der Werner, der ja viel mit Leuten zu tun hatte, im Wohntrakt. Und auch andere Dinge hat er mir gesagt, an die ich mich halten soll: So hat er mir aufgetragen, keine Besuche zu empfangen. Drei Wochen war ich in Quarantäne. Das war auch für mich aufreibend.«

Oft konnten freilich die beiden Ärzte nicht umhin, einen Patienten in das Krankenhaus einzuweisen, vor allem dann, wenn eine lebenserhaltende Operation nötig war. Darauf, aber auch auf die Gewissenhaftigkeit des Arztes verweist, was mir die Frau eines Eisenbahners erzählte: »Der Otmar war sechs Jahre alt, da hatte er große Schmerzen im Bauch. Wir haben den Doktor geholt. Er hat ihn sich angeschaut und nichts gefunden. Aber die Schmerzen haben den Otmar weiter geplagt. Ich wollte gerade ins Bett gehen, mein Mann war im Dienst, da klopft es am Fenster. War es der Doktor, der wieder gekommen ist. So gewissenhaft war er! Er hat sich den Buben noch einmal angeschaut und gesagt: ›Wenn das Bauchweh nicht aufhört, müssen wir ihn doch ins Spital geben. Sicher ist sicher.‹ Im Krankenhaus haben sie geglaubt, es ist eine Infektion, weil er auch hohes Fieber hatte. Der Doktor hatte aber gemeint, es ist der Blinddarm. Obwohl sie im Krankenhaus etwas anderes geglaubt haben, haben sie dennoch am Blinddarm operiert. Da hat sich herausgestellt, daß der Blinddarm knapp vor dem Durchbruch war. Der Doktor hat also recht gehabt.«

Die persönliche Betreuung, zu der ein gehöriges Verantwortungsgefühl kam, bestimmte also grundsätzlich das Handeln der Ärzte.

## DER KRANKENBESUCH ZU FUSS, ZU PFERD UND MIT DEM FAHRRAD

Bevor ich weiter auf Behandlungsmethoden, Geburten und ähnliches eingehe, möchte ich im folgenden näher schildern, wie die alten Ärzte überhaupt zu ihren Kranken gelangten.

In klassischer Weise geschah dies zu Fuß und zu Pferd, aber auch auf dem Fahrrad. Während der ersten Jahre ihrer Praxis in der unmittelbaren Nachkriegszeit waren die Landärzte vor allem zu Fuß unterwegs, um ihre Kranken aufsuchen zu können. Ich erinnere mich an weite Fußmärsche, die die beiden unternahmen und die hoch zu den Bauern hinaufführten. Meist schon am Vormittag während der Ordinationszeit vereinbarten die beiden, wer am Nachmittag welche Patienten zu besuchen habe.

Nach dem Mittagessen und einer Ruhepause von meist knapp einer Stunde begannen die beiden mit ihrer Visite. Daß diese Fußmärsche mit einiger Anstrengung verbunden waren, davon kündet die Erzählung einer rüstigen Bäuerin, die abseits des Dorfes am Berg wohnt und die nach dem Krieg noch ein junges Mädchen war: »Das erste Mal, daß ich den Herrn Doktor gesehen habe, war um 1947, ich war zwölf Jahre alt. Er ist zu Fuß zu uns heraufgewandert, er hatte eine Lederhose und einen karierten Schamper [Rock] an. In der Hand trug er eine Tasche. So ist er dahergekommen. Ich bin mit ihm den Berg hinaufgegangen und dabei etwas gelaufen. Er hat es nicht erschnaufen können, er konnte nicht so rennen. Jetzt ist ihm plötzlich die Luft ausgegangen, vorne und hinten auch. Wie ich das gehört habe, habe ich mir gedacht: Kann das dem Herrn Doktor auch passieren? Ich habe gemeint, daß kann nur unsereins passieren.«

Die alten Ärzte hatten einiges auf sich zu nehmen, sogar den leisen Spott dieser Bäuerin, die sich allerdings voller Wohlwollen an die fußgängerischen Leistungen des Herrn Doktors erinnert.

Solche Fußmärsche waren oft hart. Darüber erzählte mir ein

Gesprächspartner über einen in einem Nachbarort arbeitenden Kollegen des hier vorgestellten Landarztes: »Die schlimmste Erinnerung hatte ich an einem Herbsttag, an dem sich der Arzt auf dem Weg zum Krankenbesuch wegen des dichten Nebels verirrt hat. Der Arzt wurde von den Bewohnern mehrerer Berghöfe gesucht und später dann auch gefunden. Der Patient war inzwischen verstorben. Das werde ich mein ganzes Leben nicht vergessen.«

Für den Arzt gehörten Fußmärsche damals zum Alltag. Da die Bauern früher allerdings wirklich nur in dringenden Notfällen nach dem Arzt verlangten, konnten meine Eltern einigermaßen sicher sein, nicht unnötigerweise zu einem Krankenbesuch auf einem hoch oben liegenden Bauernhof gerufen zu werden. Ärgerlich war es, wenn die Visite doch nicht notwendig gewesen wäre. Über einen solchen Krankenbesuch erfuhr ich von einer Bäuerin dies: »Ich war noch ein junges Mädchen, da haben sie mich zum Doktor geschickt, er soll kommen, denn dem kleinen Buben meiner Tante, die bei uns wohnte, ist furchtbar schlecht; er hatte abgestandenes Wasser getrunken, in dem so ein Wasserkalbl war. So was bildet sich bei stehendem Wasser. Ich bin also zum Doktor. Mit meinem einzigen Kleid, das leider schmutzig war, bin ich zu ihm und hab' mich deswegen fürchterlich geschämt. Ich habe mir gedacht, hoffentlich schaut er mich nicht so genau an. Er hat aber nichts gesagt; am Nachmittag wird er zu uns kommen, hat er gemeint. Und wie der Doktor gekommen ist, war der Bub schon wieder gesund. Der Herr Doktor ist also den weiten Weg umsonst gegangen. Der Weg zu uns war damals, um 1950, sehr schlecht. Ein bisserl hat der Doktor geschimpft und gemeint, wegen einer solchen Kleinigkeit mußte er so weit gehen.«

Die alten Patienten erinnern sich heute noch voller Hochachtung und Wohlwollen an die zu Fuß marschierenden Ärzte. So meinte ein Sohn des Bauern, der heute um die 55 Jahre alt ist: »Ich weiß es noch gut, wie die Doktorsleute zu Fuß vom Ort bis zu uns ins Langfeld gegangen sind, das waren doch fast vier Kilometer. Einmal war die Frau Doktor im Pelzmantel und mit der Doktortasche unterwegs. Sie nahm den Weg gleich neben den Schienen, das war am schnellsten. Mein Vater hatte damals Angina. Fast jeden zweiten Tag ist einer der Doktorsleute zum Krankenbesuch gekommen. Sie haben Fieber gemessen und Fieberzäpfchen dagelassen.«

Der Fußmarsch barg trotz aller Beschwerlichkeit wohl auch einen gewissen Reiz, konnte sich der Arzt doch während des Gehens in Gedanken vertiefen, Überlegungen über die Art der Behandlung anstellen oder lediglich meditierend wandern. Dazu gehörte wohl auch der kurze Besuch der kleinen Kapellen oder das Verharren vor Wegkreuzen und Marterln am Wegesrand. So erinnerte sich eine Bäuerin, die an Sonntagen zu Fuß von Oberweng zur Kirche marschierte, wo sie, wie früher üblich, Eier und Butter zum Kauf feilbot: »Die erste Zeit, als die Doktorsleute hier mit ihrer Praxis begonnen haben, waren sie zu Fuß unterwegs. Oft, wenn ich von der Kirche heimgegangen bin, habe ich den Herrn Doktor aus der Gatterburgkapelle herauskommen sehen. Wir sind dann ein Stükkerl gemeinsam gegangen.«

Während des Winters gelangte man auf Schiern zu den Kranken. Ich erinnere mich, wie meine Eltern sich an schönen Wintertagen mit Schiern auf den Weg machten, ausgerüstet mit Rucksäkken und festen Winterjacken.

Einer meiner Schulfreunde, der mit seiner Familie in einer Alpenvereinshütte am Rande des Dorfes wohnte, erzählt mir, wie wichtig die Schier für den früheren Arzt waren: »Meine Frau lag einmal krank im Spital, und ich war nun mit den beiden Kindern, vierjährigen Zwillingen, allein. Plötzlich bekamen auch sie Fieber. Ich ging in das nahe Sägewerk und rief von dort den Herrn Doktor an: ›Was soll ich tun, jetzt sind auch meine beiden Kinder marod, ob Sie nicht kommen könnten?‹ – ›Ja‹, hat er gesagt, ›vielleicht ist es besser, wenn wir auch die Kinder in das Krankenhaus einliefern. Ich komme.‹ An diesem Tag war gerade ein furchtbarer Schneesturm. Da ich nicht wußte, was ich tun soll, und der Doktor lange nicht gekommen ist, habe ich die beiden Kinder schließlich eingepackt. Eines in den Rucksack und das andere in den Anorak. So fuhr ich mit den beiden auf den Schiern in den Ort und von dort zum Autobus. Der Chauffeur hat sie bis Steyerling mitgenommen, weil dort meine Schwiegermutter wohnte. Ich bin nun wieder mit den Schiern heim. Ich war sehr müde und bin eingeschlafen. Währenddessen ist der Herr Doktor seinerseits mit Schiern, auf denen er Felle hatte, zu unserer Hütte heraufgewandert. Aber ich habe ihn nicht gehört, wie er an die Tür gepumpert hat. So fest habe ich geschlafen, denn ich war wirklich erschöpft, auch wegen der Sorgen. Wie ich dann aufgestanden bin, habe ich gesehen, daß jemand hier gewesen sein mußte, und bin der Spur gefolgt, bis hin zum Gasthaus Ritzinger. Dort habe ich mich hineingesetzt. Auf einmal läutet das Telefon, und die Wirtin sagt zu mir, es ist für mich. Ich frage: ›Wer?‹ Darauf sie: ›Die Frau Doktor.‹ Nun ist es mir gekommen, warum sie anruft. Sie hat ordentlich geschimpft mit mir, weil der Herr Doktor sich bei diesem Sturm mit den Schiern so weit zu uns heraufgeplagt hat und ich ihm nicht geöffnet habe. Ich habe mich tausendmal entschuldigt.«

Auch später, als die beiden Ärzte bereits ein Auto ihr eigen nennen konnten, waren sie dennoch wegen des desolaten Zustandes mancher Bergbauernstraßen oder wegen Schneeverwehungen oft gezwungen, zu Fuß zu gehen, da damals Nebenstraßen noch nicht durch die Gemeinde geräumt wurden. Offensichtlich empfanden sie das aber nicht als Belastung, wie eine Bäuerin sich erinnert: »Früher hat die Ärztin, wenn sie zu uns wollte, ihr Auto wegen der schlechten Straße unten beim Gasthaus Grundner stehengelassen. Sie ist zu Fuß zu uns herauf. Oft hat sie gesagt: ›Es ist so schön, wenn man etwas spazieren kann.‹ Sie ist gerne zu uns gekommen.«

Eine besondere Attraktivität besaß für die alten Ärzte das Fahrrad als Fortbewegungsmittel. Dazu erzählt ein sehr alter Bauer: »Ich weiß noch, wie der Herr Doktor mit dem Radl herumgefahren ist. Die erste Zeit wohnte er mit der Familie in Windischgarsten. Damals gab es den Doktor Seidl noch. Den hat er oft vertreten, weil er schon alt war. Dazu fuhr er mit dem Rad von Windischgarsten nach Spital am Pyhrn. Sie waren sympathische Ärzte, die sich noch Zeit für die Patienten nahmen. Man hatte eine Ansprache. Mit ihnen konnte man noch reden.«

Allerdings waren die alten Bauernwege nicht sehr geeignet für Radfahrten, wie die alte Ärztin erzählte: »Früher, als noch Getreide im Gebirge angebaut wurde, haben die Bauern die Steine, die beim Ackern an die Oberfläche gelangten, auf die Wege geworfen, damit diese fester wurden. Infolgedessen konnte man mit dem Rad nicht so ohne weiteres darauf fahren. Auf diesen steinigen Wegen hatte man leicht einen Patschen. Wir mußten daher viel zu Fuß gehen, um zu den Leuten zu gelangen. So war es noch in den vierziger Jahren. Oft haben uns aber die Bauern mit dem Leiterwagen, vor den ein Pferd gespannt war, von zu Hause abgeholt, damit wir uns nicht so plagen müssen. Ansonsten bin ich mit dem Rad bis zur Straße nach Oberweng gefahren, dort habe ich dann das Rad in einem Gesträuch versteckt und bin mit meinem Rucksack, der meine Ärztetasche war, zu Fuß hinauf zu den Bauern.«

Wie die Ärztin hier erwähnt, wurden traditionellerweise auch Pferde für den Transport des Arztes weit hinauf zu den Bergbauern eingesetzt. Seinem Vorgänger, Dr. Seidl, soll sogar ein Pferdegespann mit Kutsche und Schlitten zur Verfügung gestanden sein, um das sich, wohl im Auftrag des Gemeindeamtes, ein benachbarter Bauer zu kümmern hatte.

Meine Eltern besaßen zwar kein eigenes Pferdegespann, wohl aber die Unterstützung der Bauern, wie die Ärztin weiter erzählt: »Die Bauern haben uns im Sommer oft mit ihren Pferdewägen abgeholt. Im Winter sind sie mit den Pferdeschlitten vorgefahren. Dein Vater hat sich oft vom Bacher, dem benachbarten Bauern, ein Pferd ausgeliehen, um damit zu den kranken Bauern zu reiten. Er konnte ja gut reiten, denn er war als Militärarzt in Rußland viele tausend Kilometer zu Pferd unterwegs gewesen. Es hat auch Zeiten gegeben, in denen die Knechte der Bauern mit einem Ackergaul heruntergeritten sind. Der Knecht hat sich dann meist ins Wirtshaus ›Zur Post‹ gesetzt, während dein Vater auf das Pferd gestiegen und nach Oberweng geritten ist. Er hat seinen Krankenbesuch absolviert und ist dann wieder zurückgeritten. Dem Knecht des Bauern hat er noch Medikamente für den Kranken mitgegeben. Und dann ist der Knecht auf dem Pferd wieder nach Hause geritten. Das kam oft vor. Das Pferd hat also viermal denselben Weg zurückgelegt. Oft hat sich dein Vater auch einen Schlitten samt Pferd ausgeborgt, entweder vom Bruckmüller, dem Bäcker, oder vom Schmied, dem Nachbarn. Manchmal hat er euch Kinder mitgenommen, damit ich einstweilen zu Hause in der Ordination in Ruhe arbeiten kann.«

Ich sprach auch mit dem Bauern Bacher, der gegenüber dem Arzthaus, auf der anderen Seite des Baches, seinen Hof hat, da ich wußte, daß der alte Arzt ab und zu auch von ihm für ein paar Stunden ein schönes Reitpferd geborgt bekam. Dieser Bauer hatte nach dem Krieg besonders schöne Rösser, ehemalige ungarische Militärpferde, die sich gegenüber den klassischen schweren Ackergäulen durch eine entsprechende Eleganz und militärische Dressur auszeichneten. Auf einem dieser Pferde ritt also auch der Landarzt. Darüber berichtete mir der Sohn des Bauern Bacher, der Just: »Mein Vater hat mir, so um 1947, gesagt, der Doktor braucht entweder eine Gelegenheit zum Reiten oder zum Einspannen. Im Sommer ist er ja eh mit dem Rad gefahren, aber im Winter brauchte er ein Pferd. Und ein solches borgten wir ihm. Der Herr Doktor konnte ja vom Krieg her gut reiten. Und mein Vater hat auch gemeint, wenn der Doktor in der Nacht einmal eine Fahrgelegenheit braucht, so spannen wir ein Roß ein und ich soll ihn fahren. Damals konnte man nach Oberweng im Winter nur mit dem Roß fahren. Das Roß hat gute Eisen gebraucht, denn durch die Schlitten, mit denen das Holz heruntergebracht wurde, war der Weg oft glatt und voller Rinnen. Um die Straße hat sich damals ja niemand gekümmert, und der Schnee wurde auch nicht geräumt.«

Solche Schlittenfahrten waren also oft schwierige Unternehmen, bei denen man sich auf das Roß verlassen mußte, gleichzeitig aber oft auch schöne Erlebnisse. An schönen Wintertagen nahm mein Vater uns drei Kinder gerne zu Krankenbesuchen mit Pferd und Schlitten mit.

Oft machten allerdings tief verschneite Wege und die Rösser Schwierigkeiten. Einmal, so um 1951, hatte mein Vater sich von unserem Nachbarn den Pferdeschlitten geliehen. Es ging hinauf nach Oberweng, doch auf der alten Straße war damals der Schnee noch nicht geräumt. Das brave Pferd kämpfte sich durch eine Schneewächte und kam auch durch, der Schlitten allerdings stürzte bei dem Manöver um. Mein Vater und mein Bruder kämpften sich aus dem tiefen Schnee. Auch ich war im Schnee versunken, konnte mich jedoch schnell befreien und rannte dem samt umgestürztem Schlitten davoneilenden Pferd nach, bis ich es schließlich einholte. Mit vereinten Kräften richteten wir den Schlitten wieder auf und setzten unsere Fahrt fort, allerdings ohne die Flasche Hustensaft, die mein Vater seiner Patientin mitbringen wollte – sie war in dem Durcheinander auf Nimmerwiedersehen im Schnee verschwunden.

Man kann sich vorstellen, daß solche Schlittenfahrten für uns Landarztkinder immer willkommene Abenteuer bedeuteten. Es existiert noch ein allerdings sehr verschwommenes Bild, das uns drei Kinder, also meinen Bruder, meine kleine Schwester und mich, in einem sehr gewöhnlichen Schlitten, der oberhalb der Kufen aus vier einfachen Bretterwänden bestand, zeigt. Dieser Schlitten gehörte dem Bäcker Bruckmüller, mit dem er sonst wohl seine Backerzeugnisse und vielleicht auch Holz ausgeführt haben mag.

Für uns Kinder war nach dem Krieg ein solcher Krankenbesuch, bei dem wir unsere Eltern begleiten durften, oft recht nahrhaft. Damals freuten wir uns über frische Bauernkrapfen, Polsterzipf – eine einem kleinen Kopfpolster ähnelnde Mehlspeise –, Ostereier oder auch über ein Stück Speck. Daran erinnert sich noch ein früherer Bauer, der weit oben eine Gaststätte neben dem alten, nun im Verfall begriffenen Bauernhaus betreibt: »Es war einmal zur Osterzeit, da ist dein Vater mit euch Buben im Pferdeschlitten heraufgekommen. Ihr habt von meiner Mutter je ein Osterei bekommen. Und dein Vater hat gesagt: ›Ja, ja, das sind meine Buben, die sind halt etwas lebendig.‹ An das erinnere ich mich genau.«

Vor allem ich dürfte ob meiner »Lebendigkeit« und meiner Lausbubereien nicht nur bei meinem Vater einigen Eindruck hinterlassen haben. Die Bauern registrierten also sehr wohl, daß wir als Doktorbuben gewisse Freiheiten genossen haben, die die Bauernbuben nicht hatten, weil sie schon sehr früh im Stall oder auf dem Feld mitarbeiten mußten. Aber irgendwie beneideten wir unsererseits die Bauernbuben, denn sie durften und konnten mit Pferden umgehen. Pferde waren den Bauern heilig, und auf Pferde war der Bauer stolz.

Oft kutschierte der Arzt nicht selbst den Schlitten, sondern ließ sich von einem Bauern oder Bauernburschen führen. Darauf und auf die mühevolle Arbeit der alten Landärzte geht ein früherer Bauer ein: »Zweimal habe ich den Doktor mit dem Roß herumgeführt. Und zwar mit dem Roß und dem Schlitten vom Lindermayr, dem Schmied, damit er zu meiner Schwiegermutter auf Krankenbesuch kommen konnte. Die beiden Doktorsleute waren überhaupt sehr brave Leute. Die Frau Doktor ist einmal im Winter vom Nachmittag bis spät am Abend bei meinem kleinen Buben, der damals drei Jahre alt war, geblieben und hat ihn behandelt. Mein Sohn wurde übrigens später ein guter Bergsteiger. Er war am Nanga Parbat, darum heißt auch die Fremdenpension, die er aufgemacht hat, heute ›Nanga Parbat‹. Er ist leider am K 2 im Himalaja umgekommen. Als Kind war er ganz schwach beisammen, er war sehr mager. Daher haben wir die Frau Doktor gebraucht. Da damals viel Schnee lag und man auch nicht mit dem Schlitten fahren konnte, ist sie zu uns im tiefen Schnee heraufgewatet. Der Herr Doktor hat sie dann abgeholt.«

Und bezugnehmend auf meine Forschungstätigkeit fügt er hinzu: »Die Frau und der Herr Doktor waren beide liebe Leute. Sie verdienen es, daß man über sie schreibt. Sie waren tüchtige Leute. Die haben es sich angelegen sein lassen um die Menschen.«

Pferde gehörten also zum Leben der alten Landärzte, und für diese war es nicht immer leicht, während der Wintermonate ihre Kranken aufzusuchen.

Kleinbauern, die keine Rösser, sondern höchstens Ochsen besaßen, waren da etwas im Nachteil, wie mir einer von ihnen, der als alter Mann hoch oben in Oberweng wohnt, erzählt: »Die Ärzte wurden mit dem Roß geholt, im Winter mit dem Holzschlitten. Wenn bei uns jemand krank geworden ist, sind wir zum Nachbarn gegangen, zum Singerskogel, weil wir selbst ja keine Pferde gehabt haben, und haben den Singerskogler gebeten, den Doktor mit dem Roß von unten zu holen.« Der alte Kleinbauer, der früher Faßbinder war, fügte noch hinzu: »Zu jeder Nachtzeit waren die Doktorsleute zu haben. Sie waren gewissenhaft und aufopfernd.«

Mit dem fortschreitenden Wandel der alten bäuerlichen Kultur wurden die Pferde allmählich entbehrlich. Traktoren, Motorräder und Autos traten an ihre Stelle. Manch alter Bauer denkt in Wehmut an den alten Freund des Menschen, das Pferd, zurück. Der Bauer Bacher, unser Nachbar, wehrte sich lange, sein letztes Pferd, an dem er mit seinem Herzen hing, wegzugeben.

In den fünfziger Jahren kann und muß schließlich auch der Landarzt auf die freundliche Hilfe des Pferdes verzichten, mit dessen Verschwinden sich eine ganze Kultur ändert.

## DER KRANKENBESUCH AUF DEM MOTORRAD, IM AUTO UND MIT DEM HUBSCHRAUBER

Der große Wandel in der Fortbewegung der Landärzte hin zu ihren Kranken setzte gegen Ende der vierziger Jahre und am Beginn der fünfziger Jahren ein, zu einer Zeit, als auch die alte bäuerliche Kultur sich durch Traktoren und Maschinen allmählich grundlegend änderte. Es bedeutete eine große Erleichterung, als der Arzt sich um 1948 ein Motorrad, eine Puch 125, anschaffen konnte. Er tat dies damals noch auf Kredit, denn viel Geld war in diesen Nachkriegsjahren nicht zu verdienen. Ich erinnere mich noch daran, wie die Bestandteile des Motorrades, Kotschützer, Räder und Rahmen, per Bahnpost vom Werk angeliefert wurden. Der Mechaniker des Ortes, Herr Haselberger und sein Mitarbeiter, Herr Thaddäus Podgorski – sein Sohn wurde später übrigens ein Mann beim Fernsehen –, dürften das Motorrad dann in gebrauchsfertigen Zustand versetzt haben. Zuvor jedoch galt es für meine Eltern noch, die Fahrprüfung zu bestehen, sowohl für das Motorrad als auch für das Auto.

Die Fahrschule, die sie besuchten, war ein äußerst bescheidenes Unternehmen, das, so glaube ich, lediglich einen kleinen Lastwagen, der auch für die Pkw-Einschulung gedacht war, und ein Motorrad sein eigen nannte. Viele Fahrstunden dürften die Ärzte auf dem Fahrschulfahrzeug nicht absolviert haben. Ich weiß von meiner Mutter, daß sie Privatstunden beim Mechaniker Podgorski nahm. Er soll ihr und dem Arzt jene Fähigkeiten beim Benützen des Pkw und des Motorrades beigebracht haben, die ihnen halfen, die Führerscheinprüfung mit Erfolg zu bestehen. Ob der gute Mann zu diesem Privatunterricht berechtigt war, das habe ich nicht erfahren.

Damals, um 1949, waren die autorisierten Fahrlehrer und die amtlichen Fahrprüfer, wie mir meine Mutter erzählte, sehr empfänglich für Naturalien als Geschenke bei der Prüfung. So soll der Fleischhauer des Dorfes die Führerscheinprüfung nur dadurch bestanden haben, daß er den Prüfern heimlich ein paar Kilo Fleisch zugesteckt hat. Gaben dieser Art erfreuten die Amtspersonen, denn in der Nachkriegszeit, einer sogenannten »schlechten Zeit«, war man froh über jedes Stück Speck und jedes Stück Brot, das man von den Bauern bekam. Es war die Zeit des »Hamsterns«, als Leute aus der Stadt zu den Bauern fuhren, um nahrhafte Dinge, an denen es in der Stadt fehlte, erwerben zu können. Aber auch die Herrn Fahrprüfer von der Bezirkshauptmannschaft waren froh, wenn einer der Fahrschüler, der von einem Bauernhof kam oder eben Fleischhauer war, sich für eine gnädige Behandlung bei der Prüfung mit Fleisch, Wurst, Speck, Eiern oder ähnlichem revanchierte.

Meine Eltern bestanden jedenfalls auch ohne derartige Geschenke die Führerscheinprüfung für Motorräder und Personenkraftwägen. Nun konnte zunächst einmal ein Motorrad erworben werden.

Über die Beziehung des Arztes zu seinem Motorrad erzählte mir ein früherer Bauer, der hoch oben am Berg, in der sogenannten Großhütte, lebte: »Die erste Zeit, wie der Herr Doktor im Ort war, hat ihn ein gewisser Reiter mit seinem Motorrad bis zum Zick gebracht. Von dort mußte er dann zu Fuß über einen Steig zu uns gehen. Einen Fahrweg gab es damals im Winter zu uns herauf noch nicht. Einmal, als der Doktor wieder zu einem Krankenbesuch bei uns war, hat er gesagt, er muß sich an die Bezirkshauptmannschaft in Kirchdorf wenden, damit er selbst auch einmal ein Motorrad bekommen kann. Er hat dann die 125er Puch bekommen. Mit dieser Maschine war er dann unterwegs. Es war schon eine große Hilfe für ihn als Arzt bei seinen Krankenbesuchen. Herauf zum Brandfeld gab es nur einen Karrenweg. Mit den Ochsen und mit den Rössern ist man darauf gefahren. Mit dem Motorrad konnte der Arzt ein Stück auf diesen Wegen fahren, alles nicht. Den Rest mußte er zu Fuß gehen. Trotzdem waren die beiden Doktorsleute immer zur Stelle, wenn man sie gebraucht hat, im Sommer und im Winter.«

*7: Die Motorradhaube des Arztes*

Das Motorrad brachte dem Arzt und der Ärztin große Vorteile. Auch meine Mutter war eine begeisterte Motorradfahrerin, was ihr bei den jungen Burschen des Dorfes, die ebenfalls leidenschaftlich dem Motorradfahren frönten, großen Respekt verschaffte.

Manchmal soll sie sogar mit einigen von ihnen um die Wette gefahren sein. Sie erzählte jedenfalls noch in späteren Jahren mit einigem Stolz davon.

Offensichtlich war das Motorrad mit einer finanziellen Unterstützung durch die Bezirkshauptmannschaft erworben worden, was für meine Eltern in der damaligen »schlechten Zeit« bitter notwendig war. Wenn es nicht im Einsatz war, stand es im Flur-Parterre des Arzthauses auf einem Pappkarton, um den Fußboden zu schonen – und wartete auf die nächste Ausfahrt. In der ersten Zeit hatte das Motorrad für die beiden Ärzte geradezu etwas Heiliges an sich.

Wie wichtig es ihnen war, konnte ich am eigenen Leib erleben. An einem Sonntagnachmittag, ca. im Sommer 1950, waren meine Eltern bei Bekannten eingeladen und wir Kinder allein zu Hause. Am selben Nachmittag fand auf dem Pyhrnpaß ein Motorradrennen statt, das die am Straßenrand harrende Bevölkerung des Dorfes hellauf begeisterte. Einer der Motorradrennfahrer hatte in der Dorfmitte das Pech, daß ihm der Motor abstarb und nicht mehr in Gang zu bringen war, weil die Batterie des Motorrades so gut wie leer war. Der Mann fragte die Umstehenden um Hilfe. Ich war damals ungefähr neun Jahre alt und kam mir sehr wichtig vor, als ich ihm erklärte, daß im Flur des Gemeindehauses, also im Arzthaus, das Motorrad meines Vaters stehe, das sicherlich eine gut funktionierende Batterie besäße. Da sich sonst niemand bereit fand, dem unglücklichen Rennfahrer zu helfen, bot ich diesem die Batterie aus dem Motorrad meines Vaters an. Der Mann begab sich daraufhin in den Flur des Gemeindehauses, und unter beifälligem Staunen von uns Buben montierte er die Batterie aus und in sein Motorrad ein. Ich war darob hoch geehrt und genoß es, von den anderen Buben, zumindest stillschweigend, wegen meiner Hilfsbereitschaft gegenüber dem Motorradkünstler gelobt zu werden. Dieser versprach, am nächsten Tag in der Früh die Batterie zurückzustellen.

Als meine Eltern am Abend nach Hause kamen, teilte ich ihnen mit, daß ein Motorradrennfahrer sich bis morgen früh die Batterie des Motorrades ausgeborgt habe. Statt sich wie ich geehrt zu fühlen, regten sie sich gewaltig auf und erklärten mir mit handfestem Nachdruck, sie würden das Motorrad jederzeit benötigen, wenn sie einen Kranken aufsuchen mußten – auch am Sonntag. Die Wichtigkeit des Motorrades wurde mir auch bewußt, als es einmal zum Mechaniker Haselberger, der seine Werkstatt am Rande des Dorfes hatte, gebracht werden sollte. Meine Eltern hatten keine Zeit, dies zu tun. So machte ich mich erbötig, das heilige Motorrad zum Mechaniker zu schieben – ich war damals zwölf Jahre alt und froh, Sommerferien zu haben. Da ich einigermaßen kräftig war, fanden meine Eltern auch nichts dabei, schließlich konnte ich auch keinen Unfug machen, da sie den Motorradschlüssel bei sich behielten. Ich schob also das Motorrad ein Stück, bis zu einer Baustelle, an der gerade das Feuerwehrhaus errichtet wurde. Hier lagen allerhand Hölzer, Nägel und ähnliche Dinge herum. Ich hob einen dieser Nägel auf und steckte ihn in das Zündschloß. Zu meiner Überraschung ließ sich damit das Motorrad starten, und ich konnte so ein Stück im ersten Gang fahren. Es war gerade Mittagszeit, daher war kaum jemand unterwegs, lediglich eine Frau mit einem Kind, die mich ungläubig anstarrte. Ich kam mir jedenfalls sehr heldenhaft vor. Meine Eltern erfuhren nichts von diesem Abenteuer, und ich schrieb im Klostergymnasium darüber einen Aufsatz, der dem Deutschlehrer so gut gefiel, daß er ihn für wert empfand, ihn der Klasse vorzulesen.

Der ehemalige Krankenkassenkontrollor schrieb mir folgende Zeilen über den Einsatz dieses Motorrades durch den Arzt, er verweist aber gleichzeitig auf das Auto, das unmittelbar nach 1950 angeschafft wurde: »Nach langer Zeit konnte sich der Herr Doktor aufgrund seiner Tüchtigkeit und unermüdlichen Arbeit als Arzt ein Motorrad der Marke Puch 125 kaufen. Dieses Motorrad wurde später für Visiten im Ort benützt, und der Pkw, eine Art VW, fand für Krankenbesuche außerhalb des Ortes Verwendung. Die Wege zu den Bauern waren damals noch nicht ausgebaut und sehr schwierig zu befahren. Der Arzt hatte es also auch mit dem Auto nicht leicht, aber er war vor Unwetterverhältnissen geschützt.«

Bei schlechtem Wetter oder im Winter waren die Motorradfahrten für den Arzt beschwerlich. Angetan war er bei solchen Gelegenheiten mit einem dunklen gummiartigen Mantel, der vor Schmutz und Regen gut schützte, stiefelähnlichem festen Schuhzeug, großen wärmenden Lederhandschuhen und einer Ledermütze, die über die Ohren bis zum Kinn ging. Sich dieser Kluft bei den Patienten zu entledigen, war fast ebenso beschwerlich wie die Fahrt selbst. Eine große Erleichterung bedeutete schließlich der Erwerb des Autos, welches der Mechaniker des Nachbarortes anscheinend selbst aus einem alten Steyr-Baby und einem Volkswagenmotor gebastelt hatte. Über dieses Auto erzählte mir meine Mutter: »Um 1950 haben wir unser Auto bekommen. Bis 1955 hatten wir noch das Motorrad. Im Sommer war es angenehm, damit zu fahren. Nach dem Motorrad haben wir daher 1955 einen Motorroller gekauft. Für Fahrten im Dorf war er bestens geeignet. Unser erstes Auto war ein sogenanntes Steyr-Baby, wir haben es im Jänner 1950 bekommen. Wir hatten es genau fünf Jahre, dann schafften wir uns den Volkswagen an. Es war ein grüner Volkswagen, er hatte 25 PS. Darauf waren wir besonders stolz. Wieder nach fünf Jahren haben wir einen bronzefarbenen VW bekommen, der hat nun 30 PS gehabt. So ist die PS-Zahl gestiegen. Ich war eine der ersten, die dann einen 50-PS-Volkswagen hatte. Das war toll! Der VW hat uns schon sehr geholfen, auch wenn wir nicht überall hinauf konnten, weil die Bauernwege schlecht waren. So bin ich zum Beispiel bis zum Edlbach-Grundner mit dem Auto gefahren und dann zu Fuß zum Grabenbauern gegangen. In den fünfziger Jahren haben die Bauern sich allmählich Autos gekauft. Nun begann man, Straßen auch nach Oberweng auszubauen. Schließlich konnten wir mit dem Auto überallhin auf den Berg fahren, bis hin zu den Hütten, zum Beispiel zur Bosruckhütte.«

Das Auto erleichterte dem Arzt die Krankenvisiten. So war es nun möglich, allerhand medizinisches Gerät und jede Menge an Medikamenten zu den Patienten mitzunehmen.

Das Arztehepaar gehörte in den fünfziger Jahren noch zu den wenigen Privilegierten, die über ein Auto verfügten. Das verschaffte ihnen ein gewisses Prestige, und die Patienten bekamen ihrerseits das Gefühl vermittelt, der Herr Doktor oder die Frau Doktor könnten nun schnell zu den Kranken gelangen. Vor allem als auch die Bauern schließlich fast alle an das Telefonnetz angeschlossen waren, meinte man, der Arzt wäre jederzeit erreichbar und würde jederzeit kommen. Eine solche Einstellung wurde jedoch auch zum Problem für die Ärzte, die oft angstvoll aufblickten, wenn das Telefon klingelte.

*8: Die Ärztin auf Krankenbesuch, ca. 1950*

Vor allem in den Wintermonaten waren meine Eltern nun sehr froh, nicht mehr auf den – sicherlich romantischen – Pferdeschlitten angewiesen zu sein, um zu weit abgelegenen Bauernhöfen zu gelangen. Allerdings waren damals, wenn tiefer Schnee lag, die Straßen nur zum Teil geräumt, so daß es schon vorkommen konnte, daß der Arzt oder die Ärztin mit dem Auto im Schnee steckenblieben. Krankenbesuche konnten so zu wahren Abenteuern werden, aber auch zu großen Belastungen, überhaupt, wenn man leichtfertig zu einem Krankenbesuch gerufen wurde. Darüber erzählte mir eine Bäuerin folgendes: »Einmal, an das kann ich mich gut erinnern, es war um 1955, mußte die Frau Doktor hinauf nach Oberweng zu einer Bäuerin, die von einem Hund gebissen worden war. Wie die Frau Doktor so hinauffuhr, blieb sie vor dem Bauernhaus, in das sie sollte, im Schnee stecken. Nun mußte das Auto ausgeschaufelt werden. Dabei halfen ihr die Leute vom Hof. Da fragte die Frau Doktor nach der Patientin. Und da stellte sich heraus, daß die angeblich gebissene Frau unter den Schneeschauflern war. Kaum

*9: Das Arztauto, 1955, mit Dackel »Doktor Schnipp«*

einen Kratzer sah man an ihr. Darüber ärgerte sich die Frau Doktor, denn sie hat viel Zeit für diesen Krankenbesuch, der gar keiner war, aufgebracht. Erst sehr spät, erst nach 8 Uhr abends, kam sie noch zu meinen Kindern, die alle krank waren. Als sie die Frau Doktor nun gesehen haben, sind sie gleich gesund geworden.«

Die alten Ärzte hatten es also bis in die sechziger Jahre hinein nicht leicht. Und die meisten Kranken wußten es auch zu schätzen, daß die beiden die Mühe auf sich nahmen, bei jedem Wetter, bei Sturm und Schnee, zu ihnen zu fahren.

Das Auto galt meinem Vater übrigens stets als reiner Gebrauchsgegenstand, um dessen Wartung er sich kaum je selbst kümmerte – das überließ er großzügigen Herzens dem Dorfmechaniker Hierzenberger, der die Vollmacht hatte, das Arztauto »in Schuß« zu halten.

Als im Laufe der Zeit die Straßen bis zum letzten Bauern hinauf asphaltiert und während des Winters auch regelmäßig geräumt wurden, war es dann auch für den Landarzt und die Landärztin ohne wesentliche Schwierigkeiten möglich, ihre Visiten zu absolvieren. Zu einem Abenteuer wurden gewisse Krankenbesuche schließlich, als in den sechziger und siebziger Jahren manchmal während der Schisaison ein Hubschrauber des österreichischen Bundesheeres auf einer Wiese in der Nähe des Dorfes landete und die Ärztin einsteigen ließ, um sie zu einem Verletzten oben auf dem Berg zu bringen. Aber davon wird im Kapitel über den Bergrettungsdienst noch Näheres zu berichten sein.

## OPERATIONEN UND UNFÄLLE

Die alten Ärzte mußten schnell und vor allem selbständig handeln, wenn es um Notsituationen ging. Heute sind die Rettung oder der Hubschrauber des nahen Bundesheerflugplatzes zur Stelle, wenn es gilt, einen akut Erkrankten oder Verletzten auf raschem Wege in das ungefähr 35 Kilometer entfernt gelegene Krankenhaus zu befördern. Früher jedoch war es nicht so einfach, da lag die gesamte Last auf dem Arzt, denn sogar eine Blinddarmentzündung konnte zu einer gefährlichen Angelegenheit werden, wenn man auf Privatfahrzeuge oder gar auf die Eisenbahn zum Transport angewiesen war.

Die alten Ärzte waren wahre Meister darin, bei schweren Verletzungen oder wenn bei einer Erkrankung Gefahr im Verzug war, auf entsprechende Weise zu reagieren und zu helfen.

Eine heikle Situation ergab sich für meinen Vater etwa, als um 1948 die Frau des Gemeindesekretärs an einer schweren Angina erkrankte. Die Mandeln waren dick angeschwollen und die Patientin hatte Schwierigkeiten beim Atmen. Mein Vater, der Arzt, wurde gerufen. Er stellte fest, daß Lebensgefahr für die Patientin bestünde, wenn sie nicht sofort operiert würde. Damals, gegen Ende der vierziger Jahre, war ein Krankentransport in das nächste Krankenhaus in Kirchdorf noch ein umständliches Unternehmen auf schlechten Straßen in einem privaten Pkw oder mit der Eisenbahn.

Mein Vater bat daher den bereits erwähnten ungarischen Flüchtlingsarzt Dr. Ipoly, mit ihm eine Notoperation an der Frau des Gemeindesekretärs durchzuführen. Während des Eingriffs schluckte die Patientin jedoch eine der Mandeln. Ich fragte meinen Vater später, ob ihr das geschadet habe. Er meinte darauf, so eine Mandel sei ähnlich wie ein Stück Gulaschfleisch und daher unschädlich.

Sicherlich ist meinem Vater in solchen Situationen auch die

Kriegserfahrung als Arzt an der Front zugute gekommen. Dazu erzählte mir eine frühere Rot-Kreuz-Helferin: »Bei Unfällen war der Herr Doktor ganz groß. Er war ein richtiger Feldscher. Ich bin mir sicher, daß er Wesentliches dazu aus dem Krieg mitgebracht hat. Immerhin war er Militärarzt. Er war ein ganz feiner Mensch.«

Daß der alte Arzt in dieser Richtung volles Vertrauen genoß, schildert der Sohn eines Bauern, der heute Gendarm ist: »Der Doktor hat mich bei einer schweren Dickdarmentzündung, bei der man heute ins Spital eingeliefert wird, gut behandelt. Mir ist es so schlecht gegangen, daß man mich sogar durch den Pfarrer versehen ließ. Ich hatte hohes Fieber und war sehr abgemagert. Aber es ist gut geworden. Der Herr Doktor hat sich sehr um mich gekümmert. Er war überhaupt ein anerkannter Arzt, ein guter ›Zusammennäher‹.«

Bei Unfällen erwarb sich der Doktor daher einiges Ansehen. Dies geht auch aus der Geschichte einer Bäuerin hervor, deren Sohn im Alter von zehn Jahren schwer verletzt wurde, als er beim Bau des zum Bauernhof gehörenden Stadels unter die Betonmischmaschine geriet. Die Frau packte den Buben in eine Decke und eilte schnell zum Doktor, wie sie erzählt: »Das gibt es heute nicht mehr. Heute werden solche Fälle sofort in das Krankenhaus geschickt. Als der Herr Doktor den verletzten Buben gesehen hat, hat er nur gesagt: ›Das haben wir gleich!‹ Er hat die Wunde sorgfältig genäht. Er war ein guter Arzt.« Weiters erzählt sie: »Die alten Doktorsleute haben noch viel selbst gemacht. Das Rettungsauto wurde erst verständigt, wenn nichts anderes mehr möglich war.« Das illustriert ihre Schilderung: »Einmal hatte mein anderer Sohn, der Konrad, einen Unfall beim Schifahren. Daraufhin war ihm übel, und man hat den Herrn Doktor gerufen. Der konnte allerdings keine Verletzungen feststellen, obwohl er ihn sorgfältig untersucht hat. Er hat ihm ein Pulver gegeben und sich verabschiedet. Wie er aus dem Haus gegangen ist, hat er den Kopf geschüttelt. Kurz danach ist er wieder zurückgekommen. Nun hat er gesagt:

›Laßt mich den Harn sehen!‹ Und im Harn war Blut. Jetzt wußte er, daß sich mein Sohn an der Niere verletzt hat. Nun mußte er die Rettung anrufen, und der Bub wurde ins Spital gebracht. Das hat ihm wahrscheinlich das Leben gerettet.«

Kleinere Operationen und ihre Behandlung gehörten freilich zum Alltag der Ärzte.

Eine Bäuerin von einem hoch gelegenen Hof schildert mir, wie ihr Sohn beim Holzführen verletzt wurde und wie die Ärzte darauf reagiert haben: »Es war 1953 im Winter, da haben sie Holz geführt. Damals hatten wir ein junges Roß. Mit der Mutterstute sind sie in der Früh ins Holz gefahren. Zum Herbert, dem Sohn, hat der Vater gesagt, er soll währenddessen das junge Roß halten. Wie dieses jedoch die Mutter wegfahren sieht, wollte es sich losreißen und hat dabei den Herbert mit einem Huf am Fuß getroffen. Der Bub hat einen Schock gehabt und ist durch den tiefen Schnee zum Haus gelaufen. Er hat sich am Knie gehalten und gejammert: ›Mutter, der Darm schaut heraus.‹ Zuerst haben wir noch gelacht, aber die Wunde am Knie war wirklich schiarch [häßlich]. Nun haben wir den Doktor geholt. Beide sind gekommen, der Herr und die Frau Doktor. Wir haben den Buben zur Behandlung auf den Tisch gelegt, und der Doktor hat ihm eine lokale Betäubung gespritzt. Zum Nähen haben sie meine Schwester geholt, damit sie den Buben hält. Ich konnte das nicht, weil ich hochschwanger war und auch mit den Nerven völlig fertig. Ich hätte dann die ganze Nacht bei dem Buben sitzen sollen, um ihn zu halten. Aber wenn man hochschwanger ist, ist das nicht leicht. Der Bub sollte sich ja nicht rühren, damit die Wunde nicht wieder aufbricht. Und prompt bin ich eingeschlafen. Nun habe ich meine Schwester aufgeweckt. Sie mußte dann aufpassen.«

Arzt und Bauersleute übernahmen also gemeinsam Behandlung und Pflege des Verletzten, Funktionen, die sonst in den Bereich des Krankenhauses fallen.

Dieselbe Bäuerin erzählt noch eine andere Geschichte, die in diesem Zusammenhang interessant ist: »Meine Schwester, die nach dem Krieg bei uns gewohnt hat, hatte auch einen kleinen Buben. Mit dem war es einmal furchtbar. Er hat eine ganze Woche Tag und Nacht geschrien. Er hatte im Hals einen ›Sögl‹, das ist eine lange Geschwulst. Das war im Juli 1947. In der Nacht haben wir dann den Herrn und die Frau Doktor rufen lassen, die beide gekommen sind, weil es dem Buben so schlecht ging. Der Bäcker Redler, der im Ort ein Fuhrwerk hatte, hat die beiden mit seiner Kutsche heraufgebracht. Gemeinsam haben sie nun den Buben operiert. Die Frau Doktor hat ihn narkotisiert. Wenn sie ihn nicht operiert hätten, hätte er die Nacht nicht überlebt, er wäre erstickt. Aus der Geschwulst kam Eiter heraus. Der Doktor hat den Buben auf das Bett gelegt. Und bei Petroleumlicht – elektrisches Licht hatten wir noch nicht – operierte er ihn. Was die beiden da geleistet haben! Sie haben dem Buben das Leben gerettet. Es war eine entsetzliche Operation. Wir sind herumgestanden und haben gewacht.« Nachdenklich fügt die Bäuerin hinzu: »Wenn man heute so zurückdenkt, kann man sich nicht vorstellen, daß die beiden bei Petroleumlicht eine solche Operation durchgeführt haben.«

Die alten Landärzte mußten also in vielerlei Hinsicht Aufgaben des Chirurgen übernehmen. Wohl handelte es sich dabei vorrangig um die sogenannte »kleine Chirurgie«, aber für die Ärzte war die Verantwortung groß, da es gerade in der Nachkriegszeit für alle schwierig war, auf schnellem Weg in ein gut ausgestattetes Krankenhaus zu gelangen. Und selbst auf Spitäler war damals nicht immer Verlaß, was eine entsprechende Behandlung anbelangt. Darüber erzählte mir ein früherer Tischlergeselle, der während der Arbeit mit dem Finger in eine Maschine geraten war – ein für Tischler geradezu typischer Unfall: »Um 1952 hat mir die Fräse den Finger weggerissen. Durch den Schock hatte ich keine Schmerzen. Der Herr Doktor verarztete mich, schickte mich aber zur stationären Behandlung ins Spital. Dort lag ich eine Zeit. Den Primar, der auf Visite kam, den interessierte meine Verletzung überhaupt nicht. Ich wurde operiert, dabei haben sie mich ganz schön verhaut. Nach zwei Wochen bekam ich wieder Schmerzen.

Zur Krankenschwester habe ich gesagt, daß mir die Hand so weh tut. Sie hat mir ein Schmerzpulver gegeben, das aber nichts genützt hat. Es ist nicht besser geworden. Noch immer hatte ich den gleichen Verband auf der Hand. Der Oberarzt hat dann gesagt, man soll mir den Verband abnehmen. Da hat sich herausgestellt, daß die Wunde schon ganz schwarz und verfault war. Nun mußten sie mich wieder operieren. Acht Wochen bin ich insgesamt wegen des Fingers im Spital geblieben. Dann erst begann die harte Zeit für mich, denn ich konnte nicht einmal die Säge halten. Der Chefarzt hatte einfach gesagt, ich sei wieder arbeitsfähig.«

Das Vertrauen in das Krankenhaus schien damals nicht sehr groß gewesen zu sein, wie aus dieser Geschichte hervorgeht. Da vertraute man schon lieber beiden Landärzten. Dies zeigt sich auch in der folgenden Geschichte eines früheren Bauernknechtes: »Auf der Stiftsreith lebte die Frau Berger als Bäuerin. Einmal hatte sie eine Kuh in den Heuwagen eingespannt und stand gerade vor ihr. Da macht die Kuh einen Beutler [eine schnelle Bewegung] mit dem Kopf und trennt der Frau Berger mit dem Horn den Mund bis zum Ohrwaschel [Ohrmuschel] auf. Ihr Mann, ein zaundürrer Bursche, hat das gesehen und hat sie sofort mit einem Tuch verbunden. So ist er mit ihr zum Herrn Doktor. Der hat sie dann gleich gemeinsam mit der Frau Doktor operiert, also örtlich betäubt und genäht. Es ist gut verheilt.«

Das Nähen von Wunden hat der alte Landarzt beherrscht, er war darin geradezu ein Spezialist. Lokale Betäubungen dürfte er, wie ich eingangs schon erwähnt habe, nur selten angewendet haben. Die klassische Betäubungsart, die ihm vom Militär her vertraut war, war das sogenannte »Vereisen«, bei dem beide Ärzte großes Können zeigten.

Auf das spezielle Können des Landarztes beim Versorgen von Wunden verweist auch die Frau eines Eisenbahners: »Wie mein Bub, der Otmar, fünf oder sechs Jahre alt war, sitzt er wieder einmal beim Jausnen auf meinem Schoß vor dem Tisch. Auf diesem lag ein scharfes Brotmesser, das der Bub geschnappt hat. Statt ihm das

Messer langsam und vorsichtig wegzunehmen, habe ich den Blödsinn gemacht, es schnell wegzuziehen. Und dabei habe ich ihm tief in den Finger geschnitten. Er hat ordentlich geblutet. Ich bin nun sofort zum Herrn Doktor gelaufen. Es war fünf Uhr am Abend. Der Doktor war Gott sei Dank da. Er hat gesagt: ›Das haben wir gleich! Den Bub müssen Sie auf den Schoß nehmen.‹ Das habe ich gemacht, und der Doktor hat zu nähen begonnen. Wie ich die Wunde am Finger und den Doktor nähen sehe, ist mir schwarz vor den Augen geworden. Der Schweiß ist mir heruntergeronnen. Aber der Doktor hat den Buben fesch zusammengenäht. Ich glaube, er hat ihm eine Spritze gegeben, daß er nicht viel spürt. Ruck, zuck hat er die Wunde genäht und sie verbunden. Es war alles in Ordnung. Der Herr Doktor hat sehr beruhigend gewirkt. Er war bei solchen Behandlungen die Ruhe in Person. Er war auch Chirurg, wahrscheinlich durch das Militär.«

Der Arzt, aber auch die Ärztin wirkten bei solchen kleineren Operationen in angenehmer Weise auf die Menschen ein und verschafften ihnen das Gefühl einer sicheren Heilung. Sie versuchten also, die in sie gesetzten Hoffnungen zu rechtfertigen. Auch in der Geschichte einer Bäuerin wird dies offenbar: »Einmal ist der Lois, wie er vier Jahre alt war, auf eine Mistgabel gefallen und hat sich dabei am Hintern verletzt. Zunächst haben wir nichts dagegen gemacht. Aber als die Wunde dann eitrig und schmerzhaft wurde, haben wir den Herrn Doktor geholt. Auf seinen Wunsch hin spannten wir ein Leintuch über den Tisch in der Stube und legten den Buben darauf. Ich habe ihn festgehalten, und der Herr Doktor hat ihn aufgeschnitten. Und alles ist gut geworden.« Sie fügt noch hinzu: »Die Doktorsleute waren gute Leute, man hat sie Tag und Nacht haben können.«

Solche Verletzungen konnten mitunter recht dramatisch sein, und der Landarzt mußte sich wirkungsvoll um sie kümmern, denn, wie schon gesagt, der Weg zum Krankenhaus war früher weit.

Wild klingt auch die Erzählung eines Bauernsohnes, der heute Bergführer ist: »Vor über dreißig Jahren, um 1963, ich war ungefähr zwölf, ist eine Betonmischmaschine, die hundertachtzig Kilo schwer war, auf mich gefallen. Geblutet habe ich wie eine Sau. Sommergäste, die bei uns gewohnt haben, brachten mich zum Doktor in den Ort. Der Doktor hat mich dann zusammengeflickt. Ich muß wild ausgeschaut haben. Ein Augenlid ist heruntergehängt, und ich war voller Blut. Der Doktor hat es gut gemacht. Ich mußte nicht ins Spital.«

In der eigenen Ordination mußte auch die Landärztin einmal bei einem verletzten Mann eine Wunde nähen. Darüber erzählte mir der alte Dorfgendarm: »Einmal war der Trettenheim-Otto niedergeführt worden. Er war schwer verletzt und hatte eine große Fleischwunde. Die Frau Doktor konnte sie nicht alleine nähen, sondern brauchte Assistenz und rief bei uns am Gendarmerieposten an, ob ihr jemand helfen könne. Ich bin gleich zu ihr hinüber ins Doktorhaus und habe ihr assistiert. Das heißt, ich drückte die Wunde zusammen und sie, die Frau Doktor, hat genäht. Sie hat lange Zeit nähen müssen. Ich habe nachher ausgesehen wie ein Fleischhacker. Während des Nähens hat der Trettenheim ständig vor sich hin gesungen: ›Ich bin der Trettenheim-Otto, ich möchte von mir ein Foto!‹ Der Mann hat gesungen, und die Frau Doktor hat genäht!«

Auch der Gendarm fügt Bemerkenswertes hinzu: »Heute schickt man die Leute wegen solcher Wunden gleich ins Krankenhaus.«

Damit unterstreicht der Gendarm meine obigen Überlegungen, wonach die alten Landärzte bei diversen Verletzungen weitgehend selbständig agierten und so unabhängig vom Krankenhaus waren.

Zu dieser Selbständigkeit des alten Landarztes gehörte es auch, daß er gegen Ende der fünfziger Jahre einen Röntgenapparat erwarb. Allerdings dürfte er damals noch nichts von der Gefährlichkeit der Röntgenstrahlen geahnt haben, denn er fand nichts dabei, auch spielerisch unsere Füße und Beine zu durchleuchten, damit wir uns gegenseitig eine Vorstellung von den Knochen und vom Skelett des anderen machen konnten. Das war für uns durchaus lehrreich und machte obendrein Spaß.

Ich erinnere mich allerdings lediglich an zwei solcher Aktionen, weshalb wir auch keinen Schaden davongetragen haben dürften. Jedenfalls war der Landarzt durch diesen Röntgenapparat in der Lage, vor allem Beinbrüche, wie sie bei schwerer bäuerlicher Arbeit und beim Schifahren auftraten, selbst einzurichten und zu gipsen.

Davon handelt die Geschichte eines Bauern, der mit anderen Holzknechten, darunter seinem Bruder, um das Jahr 1955 Waldarbeiten durchführte: »Mein Bruder war etwas derrisch [taub]. Wir schnitten gerade einen schon abgewipfelten Baum um, als mein Bruder gerade dort vorbeiging, wo der Baum hinfallen sollte. Wie der Baum fällt, schreie ich ihm noch zu: ›Sepp, weg da!‹ Aber er hat nichts gehört. Ich habe dann noch einmal laut geschrien. Jetzt hat er mich endlich gehört, er wollte noch zurück, aber es war schon zu spät. Der Baum fiel ihm genau auf das Schienbein. Wir haben rasch den Doktor geholt, und der hat gemeint: ›Josef, eigentlich müßte ich Sie nun ins Spital einliefern.‹ Darauf mein Bruder: ›In das Spital will ich nicht, überhaupt nicht!‹

Nun hat sich der Doktor entschlossen, ihn selbst zu gipsen. Mit dem Auto hat er meinen Bruder zu seinem Haus geführt. Dort haben ich und ein anderer Holzknecht, der Schmeissl-Peter, ihn die Stiegen hinauf zur Ordination getragen, wo der Herr Doktor dann das Bein geröntgt hat. Gott sei Dank haben die Knochen genau zusammengepaßt, es war ein gerader Bruch. Dann hat er das Bein eingegipst, er machte ihm einen Gehgips, so daß mein Bruder damit sogar Bäume ausgraben konnte. Nach einer Zeit hat der Doktor den Gips in der Ordination wieder abgenommen. Der Sepp ist aufgestanden und ohne Probleme gleich gegangen. So gut hat der Doktor gearbeitet!«

Die alten Landärzte sahen sich also verpflichtet und auch in der Lage, kleinere Operationen und gewisse Behandlungen, wie zum Beispiel das Gipsen eines Beines, selbst durchzuführen. Zu solchen Behandlungen gehörte übrigens auch das Einrenken von ausgekegelten Armen, dem Ergebnis mancher schweren Stürze beim Schifahren. Der Landarzt war geradezu ein Spezialist bei diesen Einrenkmanövern, wobei er den oder die Betreffende auf einem Sessel Platz nehmen ließ und von hinten durch einen beherzten Griff das Gelenk des Oberarmes wieder in seine ursprüngliche Lage brachte. In späteren Jahren war der Arzt aber durchaus damit einverstanden, daß auch Therapien dieser Art in den Krankenhäusern durchgeführt werden, zumal der Transport durch Rettungsautos oder auch Hubschrauber immer schneller möglich wurde.

Es gehörte jedenfalls als Selbstverständlichkeit zum Leben der alten Landärzte, Verletzungen und Krankheiten in geeigneter Weise zu behandeln, die man heute längst den Spezialisten in den Spitälern überläßt.

## DIE GEBURTEN

Die alten Landärzte waren nicht nur treffliche Chirurgen, sondern auch großartige Geburtshelfer, denn noch bis weit in die fünfziger und sechziger Jahre hinein standen sie den Bäuerinnen und Dorfbewohnerinnen bei unzähligen Entbindungen bei. Heute erblicken die Nachkommen der bäuerlichen und dörflichen Menschen das Licht der Welt in den diversen Krankenhäusern der Umgebung.

Eine wichtige Funktion kam natürlich seit jeher der Hebamme zu, die aber mit den Ärzten gut zusammenzuarbeiten mußte. Wie es bei einer Entbindung einer Bäuerin zuging und wie die Beziehung von Hebamme und Arzt aussah, darüber hatte mir die alte Ärztin, meine Mutter, folgendes erzählt: »Stand die Bäuerin vor der Geburt, hat man zunächst einmal die Hebamme geholt. Wenn die Geburt normal verlief, gab es ja keine Probleme. Wußte die Hebamme aber nicht mehr weiter, so hat man den Arzt geholt. Das war eigentlich sehr oft, denn die damaligen Geburten waren oft Zangengeburten. Und da die Hebamme nicht alleine die Verantwortung übernehmen wollte, ließ sie auch uns rufen. Die schweren Zangengeburten hat dein Vater alleine durchgeführt. Manchmal hat er auch mich holen lassen. Nämlich dann, wenn es zum Nähen war. Da mußte ich die Instrumente reichen und auch sonst helfen. Bei manchen schweren Geburten war ich auch alleine. Einmal mußte ich nähen. Diese Frau hat das später einmal dem Frauenarzt im Krankenhaus Steyr erzählt. Der soll darauf gesagt haben: ›Das gibt es nicht, da ist überhaupt nichts zu sehen!‹ So schön habe ich die Frau genäht. Sie hat mich extra deswegen angerufen und mir erzählt, was der Frauenarzt gemeint hat.«

Zum Thema »schwierige Geburt« schildert die alte Ärztin weiter: »Es gab auch kompliziertere Geburten. Ein gutes Beispiel dafür war die Frau des »Kleinen Schusters«, eines Liliputaners. Die Kinder hatten alle den großen Kopf des Vaters. Das waren schwierige Zangengeburten! Die Frau war normal, klein und zierlich, und jede

Entbindung bedeutete Schwerarbeit. Wir mußten ihr immer eine richtige Narkose geben, sonst wären die Schmerzen zu stark für sie gewesen.«

Und über Hausgeburten, bei denen die alte Ärztin allein war, erzählt sie weiter: »Ein paar Entbindungen habe ich alleine durchgeführt. Einmal ist ein Kind im Sommer um vier Uhr in der Früh, als es schon hell wurde, auf die Welt gekommen. Ich bin die ganze Nacht bei der Frau geblieben. Als das Kind kam, haben alle geschlafen. Zur Frau habe ich gesagt: ›Wir wecken niemanden auf!‹ Nach der Geburt habe ich die gesamte blutige Wäsche gewaschen, und zwar vor dem Haus im Grander [Brunnen], denn damals in den fünfziger Jahren hatten die meisten Bauern noch kein fließendes Wasser im Haus. Die gewaschene Wäsche habe ich dann aufgehängt. Und auch sonst reinigte ich alles und machte Ordnung. Als ich wegging, hat keiner mehr gesehen, daß da eine Geburt war. Ich bin dann vergnügt den Berg hinuntermarschiert und habe mir gedacht: Jetzt haben wir wieder ein neues Leben, etwas Gesundes, hoffentlich bleibt es auch so. Das wäre das Schönste.«

Und weiter erzählte die Ärztin: »Wenn die Geburt schwer war, bin ich noch einige Zeit bei der Frau geblieben, vor allem wegen des Kreislaufes. Dazwischen habe ich von den Bauern etwas zu essen bekommen. Ich habe mich gefreut, wenn alles gutgegangen ist.«

Eine Bäuerin erzählte mir über die Geburt ihres dritten Kindes etwas, das die obigen Schilderungen der Ärztin ergänzt: »Damals, 1947, als der Willi auf die Welt gekommen ist, haben wir die Hebamme geholt. Ich hatte schon dreizehn Stunden gelitten, da meinte die Hebamme, es geht nicht weiter, wir müssen den Arzt holen. Irgend etwas hat sich verspießt bei mir im Bauch. Viele Stunden habe ich gewartet, und der Bub hat nicht herausgekonnt. Jetzt sind der Herr und die Frau Doktor gekommen und haben die Geburt durchgeführt. Nachher hat der Doktor gesagt, wenn sie nicht gekommen wären und [mit der Zange] geholfen hätten, der Bub hätte es nicht überlebt.«

Ähnliches schilderte mir auch der Sohn eines Bauern, der mit seiner vielköpfigen Familie weit über dem Tal in einem kleinen Gehöft wohnte: »1948, als meine letzte Schwester zur Welt gekommen ist, hat sich die Hebamme nicht mehr herausgesehen. Also wurde ich hinuntergeschickt, um den Doktor zu holen. Es war in der Nacht, und ich mußte ihn herausläuten. Beide Doktorsleute sind dann herauf zu uns, um bei der Geburt zu helfen. Die Frau Doktor, bei der ich mich entschuldigt habe, weil ich sie in der Nacht störe, meinte noch, sie weiß schon, daß ich das nicht aus Gaudi mache, sondern daß es schon etwas Dringendes sein wird. Und es war auch dringend.«

Über die gemeinsame Aktivität der beiden Ärzte erzählte mir auch die Frau eines Bauern: »Als das Greterl zur Welt gekommen ist, haben wir beide Doktorsleute gebraucht. Wir hatten den ganzen Tag geheut. Am Abend beim Melken hat es mich im Bauch etwas gezwickt. Ich habe mir gesagt, das können doch nicht die Wehen sein, das wäre um drei Wochen zu früh. Ich habe aber einen solchen Zwang [Wehen] bekommen, daß mich jemand vom Stall in das Haus weisen mußte. Gleich ist jemand zum Doktor gelaufen. Ein Telefon hatten wir ja nicht. Der Herr Doktor ist sofort gekommen, auch seine Frau war dabei. Es ging dann schnell. Um sechs Uhr war ich im Stall, und um sieben Uhr war das Kind schon da.« Ihr Mann, der Bauer, fügte noch hinzu: »Der Doktor hat mir über die Stiege heruntergerufen: ›Gratuliere, eine Tochter!‹ – ›Habe ich nun schon wieder ein Dirndl‹, habe ich mir gedacht, ›Hauptsache, es ist gesund.‹ Aber das Dirndl war sehr schwach, sehr mager. Heute ist sie Krankenschwester.« Die beiden finden dann noch lobende Worte für die Doktorsleute, denn auf sie »war Verlaß«. Als ich mich nach unserem Gespräch verabschiede, gibt mir die Bäuerin noch sieben Eier mit auf den Weg, ganz in der Art, wie sie dies auch meinen Eltern, den Ärzten, gegenüber getan haben mag.

Auf die gute Arbeit der Ärztin bei einer Geburt geht auch ein ehemaliger Gemeindebeamter ein: »Deine Mutter hat dem Harald, meinem älteren Sohn, das Leben gerettet. Er war eine Steißlage. Die Hebamme hat sich nicht mehr herausgesehen. Daher ist die Frau Doktor geholt worden. Die hat den Buben gut herausgeholt und ihn sofort in einen Kübel mit kaltem Wasser getaucht. Erst dann hat der Bub einen Schrei getan. Das Kind hat keine Luft bekommen, weil die Nabelschnur um den Hals gewickelt war. Die Frau Doktor hat es gut gemacht. Sie hat dem Buben so das Leben gerettet.«

Die Leute im Dorf und auf den Höfen waren also stets froh, wenn beide Ärzte, oder zumindest einer von beiden, bei der Geburt anwesend sein konnte.

Diese Beliebtheit der Ärzte führte aber auch dazu, daß die Hebamme sich manchmal zurückgedrängt sah und so etwas wie Eifersucht zeigte. Das illustriert die folgende Geschichte der Frau des Oberförsters: »Die Hebamme scheint einmal auf dem Standpunkt gestanden zu sein, sie brauche und wolle nicht mit den Doktorsleuten zusammenarbeiten. Hätte sie mir das als Entbindende gesagt, ich hätte mich sehr aufgeregt. Meine zweite Geburt war nämlich eine Hausgeburt, es war die Geburt vom Bernhard. Ich wollte damals nicht ins Krankenhaus, wegen meines ersten Kindes, der Andrea. Die war so auf mich eingespielt, daß ich mir gedacht habe, sie erleidet einen Schaden, wenn ich eine Woche weg bin. Meinem Mann, dem Werner, war es ganz recht, daß ich zu Hause entbinde. Ich sprach also mit der Hebamme, und die hat gemeint, es ist schon in Ordnung. Keiner hat mir gesagt, daß die Hebamme nichts mit der Frau Doktor zu tun haben wollte. Als Wöchnerin habe ich deswegen draufgezahlt. Als die Wehen eingesetzt haben, ist die Nachbarin, die Marianne, eine Bäuerin, gekommen. Sie ist mir beigestanden und hat die Hebamme geholt. Die Hebamme hat die Geburt also durchgeführt; ich erlitt dabei einen Dammriß. Gewöhnlich wäre in so einem Fall nun der Herr oder die Frau Doktor geholt worden, die hätten mich geschnitten und genäht, und die Sache wäre erledigt gewesen. Man muß es ja sofort nach der Geburt nähen, das ist doch eine Selbstverständlichkeit. Aber die Hebamme hat kein Wort gesagt. Sie hat alles fertig gemacht, das Kind gebadet und die Wäsche gewechselt, was halt so dazugehört. Erst dann ist sie zum Doktor gefahren. Da war es bereits fünf Uhr in der Früh; um drei Uhr ist mein Sohn auf die Welt gekommen. Die Hebamme hat den Doktor herausgeläutet und ihm gesagt: ›Die Frau K. ist zum Nähen.‹ Nun ist der Doktor zu mir gekommen und hat gefragt: ›Wo ist die Hebamme?‹ Darauf sagt mein Mann: ›Die ist nach Hause gefahren!‹ – ›Wie kann sie nach Hause fahren‹, meinte der Doktor, ›das ist doch eine Frechheit! Es muß mir doch jemand beim Nähen leuchten und assistieren. Ich kann das doch nicht alleine machen!‹ Schließlich hat mich der Herr Doktor dann ohne jede Betäubung genäht, was furchtbar weh getan hat. Mein Mann hat geleuchtet, aber es ist ihm ziemlich bald schlecht geworden, also mußte meine Schwester, die selbst schwanger war, einspringen.«

Die Geburten waren risikoreich, Hebamme und Arzt oder Ärztin hatten oft gewaltige Arbeit zu leisten, um ein Kind gesund zur Welt zu bringen. Allerdings waren die alten Hausgeburten vor allem bei den Bauern mit zahlreichen Ritualen und gesellschaftlichen Beziehungen während des Geburtsaktes selbst verknüpft.

Darüber sprach ich mit meiner Mutter, die mir folgendes erzählte: »Zur Geburt sind für gewöhnlich auch die Nachbarinnen gekommen und haben sich in der Stube bei der Gebärenden versammelt. Einige haben Mehlspeisen oder sonstwas mitgebracht, damit man etwas zum Essen hat, wenn die Geburt länger gedauert hat. Die Männer wurden von der Hebamme meistens hinausgejagt. Ich selbst habe sie nicht verjagt. Ich dachte mir, die Männer sollen ruhig sehen, was eine Frau bei der Geburt so leidet.

Gleich nach der Entbindung hat die Hebamme ein Hemd des Mannes verlangt, das schon vorbereitet war. In dieses Hemd wurde das Kind dann eingewickelt. Dieser Brauch hatte den Sinn, zwischen Vater und Kind eine Beziehung herzustellen. Es sollte damit symbolisiert werden, daß der Vater das Kind und das Kind den Vater in der Zukunft gern haben solle.«

Die Ärztin ergänzt: »Heute gibt es dies alles nicht mehr, weil niemand mehr zu Hause entbindet.«

Mit der alten Hausgeburt war also gleichzeitig eine tiefe Symbolik verbunden: Sie brachte die Menschen zueinander und machte so den Geburtsakt zu einem gesellschaftlichen Ereignis, an dem vor allem die Bekannten und Freundinnen der Gebärenden teilnahmen. Durch die Einbringung des Hemdes aus dem Besitz des Mannes wurde darüber hinaus symbolisch deutlich gemacht, daß das Kind nicht nur zur Mutter, sondern auch zum Vater eine starke Bindung haben müsse. Daß also zur Geburt auch der Vater gehöre und dieser gewisse Pflichten gegenüber Mutter und Kind habe.

Heute haben die Hausgeburten längst an Bedeutung verloren. Hie und da mögen sogenannte alternative Zeitgenossen (noch oder wieder) auf Hausgeburten bestehen, doch grundsätzlich werden in den Häusern der Bauern und Dorfbewohner keine Kinder mehr geboren. Man will keine gesundheitlichen Risiken mehr eingehen und vertraut den Spezialisten des Krankenhauses, die angeblich Geburten zu problemlosen medizinischen Angelegenheiten machen.

Dazu meinte die alte Ärztin: »In den sechziger Jahren hat sich alles allmählich geändert. Durch den Einsatz der Rettungswagen wurde es möglich, die gebärenden Frauen auf schnellem Wege ins Krankenhaus zu bringen. Die Hebamme ist schon vorher in Pension gegangen, sie hätte verhungern müssen.«

Es hat sich also viel geändert. Ich erinnere mich noch, wie meine Mutter in späteren Jahren mich, wenn wir so durch das Dorf marschierten, oft auf junge Leute aufmerksam machte, von denen sie erzählte, diese hätte sie »zur Welt gebracht«.

Jedenfalls können diese jungen Leute durch ihre Geburtsurkunde stolz darauf hinweisen, daß sie im Dorf selbst geboren worden sind, während für die später Geborenen jener Ort als ihr Geburtsort gilt, in dem sich das Krankenhaus befindet. Und der liegt ca. vierzig Kilometer weit weg, eine Entfernung, die heutzutage keine Rolle mehr spielt, die jedoch für die alten Ärzte, gerade im Winter, oft zu einer halben Weltreise werden konnte. Der Krankenhausgeburt fehlt – trotz aller Vorteile modernster medizinischer Versorgung – jene Intimität und rituelle, gesellschaftliche Einbeziehung von Nachbarinnen und Freundinnen, wie sie für frühere Hausgeburten typisch waren und an die sich gerade die alte Ärztin mit Wohlgefallen erinnert hat.

# DIE ÄRZTIN UND DIE KINDER – DAS PRINZIP LEBEN

Dieses Kapitel widme ich meiner Mutter und ihrer besonderen Beziehung zu Kindern. Als Ärztin hatte sie gewisse Vorteile in der Behandlung von Kindern, schließlich genoß sie in einer Zeit, in der Frauen in diesem Beruf noch eher selten waren, hohes Ansehen.

Das führte dazu, daß die Bäuerinnen und Dorfbewohnerinnen es oft vorzogen, mit ihren Kindern zur Behandlung eher zur Frau Doktor zu gehen als zum Herrn Doktor oder zu sonst einem Arzt.

So erzählte mir die Frau eines alten Schulfreundes, des Kuni Rablbauer, mit dem ich als Bub so manches Mal gerauft habe: »Unser Bub, der kleine Kuni, hat einmal, als er neun Wochen alt war, furchtbar gebrochen. Damals wohnten wir vorübergehend in Liezen. Ich habe den Arzt angerufen und ihm gesagt, wie schlecht es dem Buben geht. Er möge doch bitte kommen. Der Arzt hat aber gemeint, der Bub ist noch ein Säugling, und mit Säuglingen kennt er sich ohnehin nicht aus. Darauf hat mein Mann, der große Kuni, gesagt: ›Packen wir den Buben zusammen und fahren zur Frau Doktor nach Spital am Pyhrn.‹ Wir haben den kleinen Kuni in einen Wäschekorb gegeben und sind so, obwohl es in Liezen genügend Ärzte gibt, zur Frau Doktor über den Paß gefahren. Sie hat sich den Buben angeschaut und gesagt: ›Um Gottes willen! Der Bub ist schwer krank, wir müssen ihn in das Kinderkrankenhaus nach Linz einliefern!‹ Das ist auch geschehen. Und der Kuni ist gesund geworden. Die Frau Doktor hat ihm das Leben gerettet. Genauso wie seinem Vater, als er als kleiner Bub Typhus hatte.«

Die besondere Beziehung der Ärztin zu Kindern ist wohl auch vor dem Hintergrund ihrer Rolle als Frau und Mutter zu erklären. Uns Kindern war sie eine gute Mutter, die sich allerdings ärgern konnte, wenn wir ihre Gebote, wie etwa regelmäßig zum Mittag- und Abendessen zu erscheinen, nicht befolgten. Die Teilnahme an den Mahlzeiten war wichtig, denn so war sie sich sicher, daß wir unsere Zeit danach richteten. Wenig Kontrolle übten sie und mein Vater hingegen an den Nachmittagen über uns aus, die wir, nach der Heimkehr aus der Schule, beim Spiel auf Bauernhöfen verbrachten. Besonders angetan hatte es uns der Bauer am Haberskogel, wo wir uns fast täglich mit den beiden Kindern des Bauern im Heu balgten und unsere Freude hatten. Damals gab es noch richtige Heuböden. Heute sind sie verschwunden, denn das Heu wird in Silos oder in großen, nicht gerade erfreulich anmutenden, mit Plastik überzogenen Ballen gelagert. Auch die Kinder im Dorf leben heute in einer anderen Welt, die nichts mit der alten bäuerlichen und dörflichen Kultur zu tun hat, zu der eben das Spiel im Heu und in den Wäldern gehörte. Unsere Spiele waren also abenteuerliche Unternehmungen, die uns weit hinauf in die Berge führten und bei denen wir uns auch oft verletzten. Zu meinen Kindheitserinnerungen gehört auch das Hüten von Kühen, eine Beschäftigung, der ich gerne nachkam, zumal mir dafür von der Bäuerin mitunter ein paar Eier oder ein Stück Speck überreicht wurden. Vor diesem Hintergrund ist meine Kindheit, aber auch die Einstellung meiner Mutter zu uns Kindern zu verstehen. Denn am Abend, gleich nach dem Abendessen, wurden wir, die wir vom Spiel verschmutzt waren, zunächst in die Badewanne gesteckt. Dann begann meine Mutter mit der ärztlichen Versorgung unserer kleinen Wunden und Abschürfungen. Zu diesem Behufe saßen mein Bruder und ich am Ordinationstisch und ließen die Verpflasterung vor allem unserer Beine über uns ergehen.

Die Ärztin war eine liebevolle Mutter, die sich redlich um uns sorgte und die auch darauf achtete, daß wir vor und nach den Mahlzeiten Tischgebete sprachen. Sie war eine fromme Frau, für die es selbstverständlich war, für ihre Patienten und vor allem für die Kinder, ihre kleinen Freunde, in der Kirche zu beten. Oft stieß sie Stoßgebete aus, wenn sie es mit einem Schwerkranken zu tun hatte.

Obwohl meine Mutter sich in vielerlei Hinsicht um uns sorgte, war sie eher großzügig, was unsere schulischen Erfolge anbelangte.

Besonders ich war alles andere als ein guter und fleißiger Schüler. Nach der Schule warf ich die Schultasche einfach durch das offene Fenster in unsere Wohnung und verflüchtigte mich zum oft wilden Spiel der Buben. Die Schulaufgaben litten darunter. Meiner Mutter war es gleichgültig, welche Noten ich heimbrachte. Wichtig war ihr, daß ich einigermaßen durch die Schule kam, bis hin zur Matura im Klostergymnasium.

Sie war gütig, die Frau Doktor, fand aber andererseits nichts dabei, uns ab und zu, wenn wir es besonders arg trieben, aus einem gerechten Zorn heraus eine Ohrfeige zu verabreichen. Wir nahmen ihr solche Handlungen nicht übel, da sie nicht mit einer Erniedrigung unserer Person verbunden waren. Schließlich waren wir von vielen Raufereien her diverse Schläge ohnehin gewöhnt. Dazu paßt die folgende Geschichte: Der Dorfpfarrer hatte einmal einem Buben, der frech zu ihm gewesen war, eine Ohrfeige gegeben. Der Vater dieses Buben ging daraufhin zu meiner Mutter und bat sie um ein ärztliches Attest hinsichtlich der Auswirkungen der »Watsche«. Meine Mutter schrieb auch ein solches Zeugnis, in dem sie die durch die Ohrfeige verursachte »Rötung« einigermaßen genau beschrieb. Mit diesem Attest ging der Vater des Buben dann zu Gericht und brachte eine Klage gegen den Pfarrer ein. Bei der Gerichtsverhandlung, zu der meine Mutter als Zeugin geladen war, fragte der Richter sie zur Gefährlichkeit der Ohrfeige. Meine Mutter meinte: »Wenn ich meinem Sohn eine Ohrfeige gebe, so sieht man mehr!« Aufgrund dieser ehrlichen Aussage meiner Mutter wurde der Pfarrer freigesprochen.

Meine Mutter war also nicht zimperlich mit uns Kindern, wofür ich ihr rückblickend dankbar bin. So verteidigte sie mich grundsätzlich nicht, wenn sich irgend jemand wegen einer meiner Lausbübereien über mich beklagte. Ich erinnere mich, daß sie dem Lehrer sogar sagte, er könne, wenn er es für richtig halte, mir ab und zu eine gemäßigte Ohrfeige geben.

Wohl ärgerte ich mich oft über derartige Erziehungsvorschläge, aber ich war mir sicher, daß sie letztlich doch stets meine Partei ergreifen würde. Ähnliches ist auch über meinen Vater zu sagen, der mit einem meiner Professoren im Gymnasium wegen mir sogar Ärger auf sich nahm.

Zu den unorthodoxen Erziehungsmethoden, die auch von hohem medizinischem Wert gewesen zu sein scheinen, gehörte es auch, daß meine Mutter uns Kinder im größten Dreck spielen ließ. Sie förderte das Spielen im Schmutz der Straße und auf den Bauernhöfen sogar, da sie der festen Überzeugung war, daß wir auf diese Weise gegen diverse Krankheiten immun würden. Und sie behielt recht, denn tatsächlich waren wir nur selten krank. Und im Winter trugen wir unter den Hosen niemals lange Unterhosen, denn erst so würden wir richtig abgehärtet werden. Wir kannten Verkühlungen daher kaum.

Mit diesen Hinweisen auf die Beziehung der Ärztin zu uns Kindern will ich verdeutlichen, daß gerade diese innige und ehrliche Liebe, die von mir allerdings oft auch als etwas rüde empfunden wurde, sich ebenso auf andere Kinder übertragen hat. Zwar hat sie niemals einem fremden Kind eine Ohrfeige gegeben, aber ansonsten riet sie Eltern zu einer ähnlichen Behandlung ihrer Kinder, wie sie sie bei uns für richtig erachtete. So erzählte mir die Frau des Oberförsters: »Zu mir hat die Frau Doktor gesagt, ich soll beim Spielen nicht allzu viel auf die Kinder aufpassen. Durch den Dreck werden sie immun. Sie werden ja wieder gebadet und saubergemacht. Die Kinder können also ruhig mit dem Dreck in Berührung kommen. Einmal hat sie sogar gesagt: ›Schauen Sie, die Kinder der Zottert-Lois, die haben keine Krankheiten. Sie sind gesund, obwohl sie dreckig sind und bis in den November barfuß laufen.‹«

Die hier zitierte Zottert-Lois hatte vierzehn Kinder und war berühmt als arme Frau, die auch bettelnd für die Ihren sorgte. Reinlichkeit kannte sie kaum. Aber dennoch waren ihre Kinder gesund. Man kannte sie als ein »gutes Leutl«, die sogar einmal, wie ich es in meinem Buch »Aschenlauge« erwähnt habe, eine Magd daran hinderte, sich mit ihrem Kind durch einen Sprung in die Steyr zu töten. Die Zottert-Lois nahm das Kind, und die Magd ließ von ihrem Vorhaben ab. Die Zottert-Lois, der hier in Ehren gedacht werden soll, fand für das Kind, einen Buben, einen Platz bei einem Kleinbauern. Dort wuchs der Bub heran.

Leute wie die Zottert-Lois hatten die Sympathien der Ärztin, gerade was deren Beziehung zu ihren Kindern anbelangte.

Ihre Einstellung zu den Kindern, die keine kleinliche, sondern eine sehr sorgsame war, machte die Frau Doktor bei den Müttern beliebt. In diesem Sinn meinte wohl eine Bäuerin: »Die Frau Doktor hat genau gewußt, daß es bei speziellen Kinderkrankheiten besser ist, wenn sie sich darum kümmert und nicht der Herr Doktor. Sie hat die Kinder auch richtig behandelt. Das war ihre Tätigkeit. Ab und zu hat die Frau Doktor zu mir gesagt, ich soll in die Ordination kommen, wenn der Herr Doktor nicht da ist, damit er nicht eifersüchtig wird.«

Zu den speziellen Aufgaben der Frau Doktor gehörte die regelmäßige Mütterberatung, die für gewöhnlich einmal im Monat an einem Montagnachmittag stattfand. Zu diesen Mütterberatungen kamen die Bäuerinnen und Dorfbewohnerinnen von weit her, nicht bloß, um ihre Kinder behandeln zu lassen, sondern vor allem, um sich Rat von der Frau Doktor zu holen. Dabei erfuhren sie, wie die Säuglinge richtig gestillt werden, welche Mahlzeiten ihnen zu verabreichen, wie kleinere Abschürfungen zu behandeln seien, ob das Wachstum des Kindes zufriedenstellend und auch sonst alles in Ordnung sei. Bei diesen Mütterberatungen wurden die Säuglinge auf einer Babywaage gewogen und in einem speziellen Holzgestell gemessen.

Auf dieses Holzgestell war meine Mutter besonders stolz. Es handelte sich dabei um eine eigenartige Konstruktion, bei der das Kleinkind in einem Holzrahmen, der mit einer Meßskala und einem verschiebbaren Holzstück versehen war, gemessen wurde.

Die Mütterberatungen machten der Ärztin Freude, und sie war stolz darauf, den jungen Müttern auf ihren Weg mit ihren Kindern selbst Freude mitgegeben zu haben.

Besonders wichtig war der Ärztin die Aufklärungsarbeit mit den

Bäuerinnen, hatten sich doch eigenartige Methoden erhalten, um Kinder zu beruhigen und zum Schlafen zu bringen. Darüber erzählte mir ein alter Bauer dies: »Früher gab es Fetzenzuzler für die kleinen Kinder. Diese Fetzenzuzler waren Schnuller, die aus einem Fetzen bestanden, in den man geriebene Brösel und gemahlenen Kandiszucker gegeben hat. Solche Zuzler waren so groß wie zwei Daumen, wie kleine Knödel, und wurden unten zugebunden. Wenn Kinder viel geschrien haben, hat man solche Zuzler in Most oder Schnaps getaucht. Dadurch sind die Kinder besoffen worden und haben gut geschlafen. Die Eltern wurden daher nicht gestört und konnten in Ruhe arbeiten.«

Solche Mostzuzler – in anderen Gegenden verwendete man Mohn zum Einschläfern der Kinder – wirkten sich mitunter vor allem auf den geistigen Zustand des neuen Erdenbürgers negativ aus, aber auch auf den körperlichen. Daher galt das Bestreben der Frau Doktor, den bäuerlichen Menschen eindringlich vor Augen zu führen, wie schädlich solche Mostzuzler für die Kinder seien. Mit ihrer Aufklärungsarbeit hatte sie schließlich auch Erfolg.

Durch all diese Aktivitäten, wie ich sie angeführt habe, gelang es der alten Ärztin, sich auch in den Nachbargemeinden den Ruf einer guten Kinderärztin aufzubauen. Davon kündet die Erwähnung einer Bäuerin: »Als unser Bub ein Jahr alt war, das war 1971, kam die Fanni aus Oberweng zu uns zu Besuch. Unser Bub hat damals gebrochen, ihm war sehr schlecht. Als die Fanni das gemerkt hat, hat sie gesagt: ›Jetzt holst du aber die Frau Doktor, weil die gut für die Kinder ist.‹ Von da an war sie unsere Kinderärztin, obwohl wir es zum Arzt im Nachbarort näher haben. Ich verdanke der Frau Doktor sehr viel, weil sie sich so um meine Kinder bemüht hat. Ich denke in Dankbarkeit an sie.«

Und sie, die Frau Doktor, wußte mit Kindern gut umzugehen, wie eine Frau aus dem Dorf erzählte: »Die Kinder haben die Frau Doktor sehr gern gehabt. Bei ihr haben sie sich nicht so geschreckt wie bei einem anderen Arzt. Wenn sie die Kinder mit dem Stethoskop abgehört hat, hat sie zum Beispiel vorher den Gummi am

Gerät warm gemacht, damit die Kinder es nicht als unangenehm empfinden. Und die Frau Doktor hat mit den Kindern geredet, das hat ihnen gutgetan. Früher haben die Landärzte die ganze Familie gut gekannt, daher hatten sie es auch leichter mit einer Diagnose, wenn jemand im Haus krank war. Die Frau Doktor hat die Kinder ihrer Patienten genau gekannt und gewußt, was sie haben.«

Die alte Ärztin tat allerdings auch alles Menschenmögliche, wenn es galt, ein schwer erkranktes Kind zu heilen. Ihre Anstrengungen konnten aber auch erfolglos bleiben. Darauf verweist eine alte Bäuerin, die in aller Hochachtung vor der Ärztin meint: »Die Frau Doktor war einmal drei Nächte beim H., um dem kranken neugeborenen Kind zu helfen. Leider starb das Kind. Viel hat sie geleistet, die Frau Doktor!«

Und die Bauern wußten die Arbeit der Ärztin auch zu schätzen. Die Jahre, in der sie ihre Tätigkeit begann, waren für die Bauern und deren Dienstboten noch eine harte Zeit, vor allem was die Hygiene anbelangte, auf die die Ärztin günstig einzuwirken suchte. Sie erzählte: »Damals hatten die Bauern ja noch kein fließendes Wasser im Haus. Die Knechte haben sich draußen am Grander gewaschen, im Winter in einem Schaff. Bei den Öfen gab es ein Schifferl, in dem Wasser warm gemacht wurde. An Samstagen kam warmes Wasser aus dem Schiff in ein Schaff, in dem dann die Bauersleute nacheinander badeten. Auch die Kinder haben so gebadet. Das Wasser wird wohl gewechselt worden sein. Reinlich waren die Bauern schon. Das hat man an den Sonntagen gesehen, wenn sie alle schön angezogen und sauber zur Kirche gegangen sind.«

Und wie es den Kindern am Bauernhof ergangen ist, erzählt die alte Ärztin weiter: »Um die Kleinkinder hat sich die Großmutter gekümmert. Mit ihren Enkerln ist sie gerne im Sommer auf der Bank vor dem Bauernhaus gesessen. So eine Großmutter war froh, daß sie etwas tun konnte. Auch der Großvater war froh, wenn er zum Beispiel das Pferdegeschirr flicken durfte. Damals waren die alten Leute noch eine Last für die Jungen. Sie haben oft über die Jungen gejammert, wenn diese zu hart zu ihnen waren. Ihr Auszugsstüberl war meist gleich neben der Küche, vielleicht weil es das wärmste Zimmer im Haus war. Sind die Kinder größer geworden, so hat man sie zur Arbeit eingespannt. Mir ist aufgefallen, daß die Kinder, die zu Hause fest zur Arbeit angehalten wurden, später tüchtige Leute geworden sind.«

Für die Bauernkinder war es selbstverständlich, bei der Arbeit am Hof zu helfen, sie waren also schon sehr früh in den Arbeitsprozeß eingegliedert. Und das merkten die Ärzte auch.

Eine Bäuerin erzählte mir dazu aus ihrer Kindheit: »Einmal waren wieder die Doktorsleute bei uns, ich war da noch ein sehr junges Mädchen. Mit 13 Jahren hat man mich schon aus der Schule genommen, damit ich recht am Hof arbeiten kann, denn meine Eltern waren schon älter und kränklich. Ich war ein Nachzügler, das jüngste Kind. Wie die Doktorsleute da waren, um meine Mutter zu behandeln, war ich gerade dabei, für die Ochsen Wasser zu holen. Es war nicht leicht für mich. Da hat mich die Frau Doktor gefragt: ›Du bist ja ganz alleine da, hast du denn keine Hilfe?‹ Ich war ein richtiges Zwetschkerl.«

Die Ärztin verstand es, gerade solchen Kindern, die ihren Respekt genossen, Mut zu machen. Sie sprach, wie ich mich erinnere, voll Hochachtung von ihnen – und stellte sie uns, was mich nicht sehr erfreute, als Vorbilder hin. Schließlich gab es unter den bäuerlichen Kindern so gut wie keine Kritik an der Generation der Eltern. Man fügte sich und war mit dem wenigen zufrieden.

Und gerade diese Kinder, die heute selbst Bauern und Bäuerinnen sind, erinnern sich gerne an die Frau Doktor und erzählen, diese wäre jederzeit für sie dagewesen. Es mag sein, daß diese Achtung vor der Ärztin daher rührt, daß ihre Freundlichkeit gegenüber den damaligen Kindern als Gegenpol zu dem harten Leben am bäuerlichen Hof empfunden wurde. In der Frau Doktor sah man offensichtlich eine Person, die ihnen als Kinder mit Sympathie begegnete und ihnen Trost spendete, wenn sie einmal krank waren. Sie wirkte beruhigend, wenn sie kam, und oft pflegte sie zu sagen: »Das werden wir gleich haben.«

Dazu paßt, was mir eine Bäuerin schilderte: »Als meine Mutter das letzte Kind bekommen hat, ist die Frau Doktor jeden Tag bei uns gewesen und hat sich um das Kind gekümmert, um den Franzi; er ist heute ein tüchtiger Wirt, aber damals war er sehr schwach. Wir Dirndln, meine Schwester und ich, haben uns damals gestritten, wer mit dem Franzi im Wagerl fahren darf. Die Frau Doktor hat so viel Freude in das Ganze gelegt. Das hat sich auch auf mich übertragen. Auch ich bin mit meinen Kindern zur Frau Doktor gegangen. Sie war eine Seele von einem Menschen.«

Aus diesen und ähnlichen Erzählungen folgt, wie ich oben schon ausgeführt habe, daß die Ärztin einen persönlichen Kontakt zu den Kindern aufzubauen vermochte, der weit über medizinische Belange hinausging. Dem heutigen Postmeister des Dorfes, einem Bauernsohn, hatte sie bei einer langwierigen Kinderkrankheit gesagt, er solle sich gedulden, es werde schon recht werden, denn »steter Tropfen höhlt den Stein«. Dieser Spruch habe ihn später bis in das Gymnasium begleitet, erzählte der Mann und fügte hinzu: »Als Kinder haben wir uns gefreut, wenn die Frau Doktor gekommen ist.« Es gehörte übrigens zu den Angewohnheiten der Ärztin, mit diversen Sprüchen, oft sogar mit lateinischen Zitaten, aufzumuntern. Hierin dürfte eine alte humanistische Tradition liegen, der sie sich als jemand, der im Gymnasium Latein und Altgriechisch gelernt hat, verbunden fühlte.

Eine tiefe Menschlichkeit und Menschenliebe bestimmten diese Frau, für die es stets wichtig war, nicht nur den kranken Kindern Mut zu machen, sondern jedem Patienten. Bei schweren oder unheilbaren Krankheiten konfrontierte sie den Leidenden niemals mit der grausamen Wahrheit, sondern machte ihm stets Hoffnung auf Besserung seines Zustandes. Sie hielt es mit ihrer ärztlichen Ethik für unvereinbar, Menschen, die keine Chance auf Heilung hatten, auf ihren wirklichen Zustand hinzuweisen, womit sie in krassem Gegensatz zu ihren modernen Kollegen und Kolleginnen stand, die glauben, Todkranken ihre traurige Situation verdeutlichen zu müssen.

Ihr Leitspruch war dabei: »Cum spiro spero!« – »Solange ich atme, hoffe ich!« Und diese Hoffnung wollte sie niemandem nehmen. Es liegt also wohl besondere Tragik darin, daß der Arzt, der sie in ihren letzten Lebenstagen betreute, ihr eröffnete, sie müsse bald sterben. Ich bin überzeugt, sie hätte das nicht wissen wollen. (Über die Roheit dieses Arztes in einem Linzer Krankenhaus ärgere ich mich heute noch.)

Die alte Ärztin hatte also eine sehr freudvolle Beziehung zum Leben, die sie ihren Patienten, und vor allem den Kindern darunter, auch mitteilen konnte.

Ihrer Beziehung zum Leben entsprechend war sie eine überzeugte Abtreibungsgegnerin. Das Wachsen des Kindes im Mutterleib empfand sie als Wunder, das sie als Ärztin zu behüten habe. Und sie tat es auch. Wenn schwangere Frauen mit dem Wunsch zu ihr kamen (ein Wunsch, hinter dem meist der Schwängerer stand), ihr Kind abtreiben zu lassen, so wußte sie ihnen die Schönheit, ein Kind zu gebären, auszumalen und konnte auch ihre Bedenken zerstreuen, dem Kind aufgrund der ärmlichen Verhältnisse keine sichere Existenz bieten zu können. Und tatsächlich war gerade auf den Bauernhöfen immer Platz für ein solches Kind, auch wenn es unehelich gezeugt war. Und mit unehelich geborenen Leuten hatten meine Eltern in ihrem Beruf als Ärzte viel zu tun.

Uneheliche Kinder gab es in der Nachkriegszeit noch reichlich und viele ehrwürdige ältere Bürger verwiesen gegenüber den Ärzten darauf, daß sie »Ledige« seien. Sie hatten zwar als Kind ihre Probleme mit der katholischen Kirche der Vorkriegszeit, die uneheliche Kinder und deren Mütter geradezu als sündig abstempelte, aber sie fanden auch Plätze, in denen man sie zu lieben und zu schätzen wußte.

Die alte Ärztin, der dieses Kapitel gewidmet ist, bejahte das Leben in seiner Vielfalt, und sie wendete viel Mühe auf, gerade den Kindern eine gute Ärztin und Fürsprecherin zu sein.

# ALTER, STERBEN UND AUFBAHRUNG

Die besondere Aufmerksamkeit der früheren Ärzte galt den alten Leuten, jenen, die durch das Alter gebeugt und dem Tode nahe waren.

Auch diesen galt es, wie im vorigen Kapitel schon angedeutet, Mut zu machen. Und das verstanden die beiden Ärzte.

So suchte vor allem der Arzt regelmäßig die alten und bettlägerigen Bauersleute auf. Er nahm hier eine Rolle ein, die, wie ich anfangs schon ausgeführt habe, der des Priesters ähnelte, denn auch dieser marschierte in früheren Zeiten zu den Kranken, betete mit ihnen, aß eine Jause und ging zum nächsten, der sich über einen Besuch von ihm freute. Später fehlte dem Pfarrer offensichtlich die Zeit zu solchen Besuchen, aber mein Vater, der Arzt, nahm sie sich.

Grundsätzlich weigerten sich die früheren Bauersleute, in ein Krankenhaus gebracht zu werden, wenn sie alt und krank waren. Wohl auch darum, weil sie sich eine kostspielige Behandlung durch Spitalsärzte gar nicht leisten konnten. Die Bauersleute blieben also in ihrem Haus, in dem sie gelebt und gearbeitet hatten. Hier verbrachten sie ihre letzten Tage, und hier starben sie auch.

Die Alten am Bauernhof hatten es, als es noch keine Pensionsversicherung für Bauern gab, nicht leicht, denn in früheren Zeiten wurde der Mensch am Hof an der Arbeit gemessen, die er zu leisten imstande war. Konnten die Leute keine Dienste mehr verrichten, wie das Aufpassen auf die kleinen Kinder der jungen Bauern oder das Reparieren des Pferdegeschirrs, so standen sie den Jungen im Wege. Denn für den hart arbeitenden jungen Bauern bedeutete es eine Belastung, sich um die im sogenannten Auszugsstüberl wohnenden Eltern kümmern zu müssen. Der alte Bauer, der seinen Hof einmal den Jungen übergeben hatte, war arm dran, er hatte keine Macht mehr. Und die Jungen waren froh, wenn er und die alte Bäuerin niemandem mehr zur Last fielen, brutal gesagt, wenn sie also starben. Es galt der Spruch »Übergeben nimmer leben«. Die heutigen alten Bauern sind froh, eine Pension beziehen zu können. So sind sie unabhängig von der Gnade der Jungen und können damit rechnen, einigermaßen geachtet zu werden. Zu mir meinte daher ein alter Bauer, die alte Zeit könne ihm gestohlen werden, jetzt in der »Rente« gehe es ihm erst wirklich gut. Er habe keine finanziellen Sorgen, und alle wären freundlich zu ihm.

Allerdings waren die Alten früher nicht bei allen Bauern schlecht dran. Manchmal ließ man ihnen sehr wohl Liebe und Pflege bis zum Tode angedeihen.

Besonders schlecht erging es den alten Dienstboten, die in der Vorkriegszeit von der Willkür der Bauersleute abhängig waren, wenn sie einmal nicht mehr arbeiten konnten. Vor Einrichtung der Sozialversicherung auch für die bäuerliche Bevölkerung im Jahre 1938 wurden die alten, arbeitsunfähigen Dienstboten durch das Gemeindeamt als sogenannte Einleger von Hof zu Hof geschickt. Sie blieben jeweils eine Zeit bei einem Bauern, der ihnen etwas zu essen gab und sie im Stall schlafen ließ. Dann zogen sie zu einem anderen Bauern. Starben sie, so machte man nicht viel Aufhebens um sie. In ein Leintuch gehüllt, brachte man sie vielleicht in die Friedhofskammer und spendete ihnen ein Armenbegräbnis.

Es gab aber auch Bauern, die ihre alten Dienstboten achteten und sich auch im Alter um sie kümmerten. Darüber erzählte mir die alte Ärztin: »Es war nicht gleich mit den alten Dienstboten. Es gab Bauern, die sie bis zum Tode bei sich ließen. Und wenn sie krank waren, haben sie sie wie die eigenen Kinder gepflegt. Es gab im Dorf auch ein Armenhaus, das von der Gemeinde betrieben wurde und in das die alten Dirnen und Knechte kamen, wenn sie nicht mehr beim Bauern bleiben konnten. Das Armenhaus hatte die Hausnummer Spital am Pyhrn Nummer 12; heute sind normale Wohnungen drinnen, früher lebten hier die Armen.« Dieses Armenhaus spielte eine große Rolle für die alten pflegebedürftigen Dienstboten. Solange sie einigermaßen gesund waren, sind wohl die meisten von ihnen als Einleger herumgezogen. Die Hausnummer 12 deutet darauf hin, daß dieses Haus uralt ist, vielleicht reicht es in das Mittelalter zurück. Generationen von Armen, alte Knechte und Mägde, dürften in diesem – oder in dem ihm vorangehenden Haus mit derselben Nummer – ihre letzten Tage verbracht haben und hier gestorben sein. Das Armenhaus war stets eine Sache der Dorfgemeinschaft, die sich auf diese Weise um ihre armen Alten kümmerte. In den Jahren nach dem Krieg leitete eine Frau Buder dieses Armenhaus. Über sie erzählte die alte Ärztin weiter: »Die Frau Buder hat alles gemacht, sie hat die alten Leute gebadet und gepflegt und hat für sie gekocht. In den Zimmern im Armenhaus gab es keine Kästen, in denen die Leute ihre Sachen hätten verstauen können. Ihre wenigen Habseligkeiten hatten sie in Schachteln unter ihren Betten. Vier bis sechs waren in einem Zimmer, Männer und Frauen getrennt.« Starb einer der Insassen des Armenhauses, so kam die Schachtel mit seinem Hab und Gut auf den Dachboden des Gemeindehauses, in dem auch die Arztfamilie wohnte. Wir Kinder spielten gerne auf diesem Dachboden, denn er war voll der Geheimnisse. Dazu gehörten auch die Schachteln aus dem Armenhaus, die von einem Gemeindebeamten mehr oder weniger sorgfältig irgendwo in eine Ecke abgelegt worden waren. In diesen Schachteln fanden sich kleine Andenken, altes Besteck, aber auch schöne bäuerliche Häferln mit irgendeinem Motiv, wie eines, das eine fesche Sennerin mit einem Wildschützen zeigte. Drei dieser Häferln eignete ich mir an. Ich habe sie heute noch. Und wenn ich daraus trinke, so tue ich dies auch in Achtung vor mir unbekannten alten Dienstboten, die im Armenhaus ihre letzten Jahre verbracht und aus einem solchen Häferl ihren billigen Kaffee getrunken haben.

Die alte Ärztin betonte mir gegenüber noch einmal, daß nicht alle Bauern ihre alten Dienstboten abgeschoben haben, und erzählte mir von einer Bäuerin – einer ehemaligen Patientin –, die ihre alte Magd und ihren alten Knecht im Kreise der Familie so aufopferungsvoll pflegte, wie manche anderen Leute nicht einmal ihre Eltern. Hier zeigt sich das Bauernhaus noch im besten alten Sinn, als alle jene, die im Haus arbeiteten, zur Familie gehörten und von dieser auch versorgt wurden, wenn es ihnen einmal schlecht ging. Solche Bauern, die eine enge, geradezu familiäre Bindung zu einem Dienstboten hatten, waren jedoch eine Seltenheit. Bei der Mehrzahl der Bauern dürften alte Dienstboten ein eher trauriges Schicksal erfahren haben. Man kümmerte sich einfach nicht um sie und war froh, daß sie nun der Gemeinde zur Last fielen.

Die alten Bauersleute waren grundsätzlich besser dran als die Dienstboten, sie wurden nicht vom Hof verjagt, wenn sie nichts mehr zu leisten imstande waren. Was geschah, wenn nun ein alter Bauer krank wurde, schilderte mir die alte Ärztin: »War früher der Bauer krank, so ist er nicht ins Krankenhaus abgeschoben worden. War er wirklich schwer krank, so ist jemand vom Hof zuerst zum Pfarrhof gelaufen und hat den Pfarrer verständigt, damit er zum Versehen des Kranken kommt. Früher war es so, daß der Pfarrer zu Fuß mit dem Allerheiligsten, das er in der Hand vor sich hergetragen hat, oft weit bis hinauf nach Oberweng oder zum Pyhrnpaß marschiert ist. Vor ihm ist ein Ministrant oder auch der Mesner gegangen und hat mit einer Glocke geläutet. So wußten die Leute, daß nun jemand schwer krank ist und dieser vielleicht sterben wird. So ein Pfarrer hat es früher auch schwer gehabt. Er mußte nicht nur gut bei Fuß sein, er mußte auch ein guter Handwerker sein, denn gewisse Arbeiten, wie das Reparieren der Kirchenuhr, machte er selbst.« Der Pfarrer hatte also für die Alten und Sterbenden eine wichtige Funktion, denn wenn alle ärztliche Kunst versagt hat, kam er an die Reihe. Seine Aufgabe war es nun, den Kranken auf ein besseres Jenseits vorzubereiten. Auf diese seine Aufgabe machte er die Menschen im Dorf durch den Versehgang mit dem läutenden Mesner aufmerksam. Die Dorfgemeinschaft wurde so vom nahen oder drohenden Ende eines der Ihren informiert. Und auch der Kranke war sich klar, daß er zumindest für kurze Zeit im Mittelpunkt des Interesses stand.

In den sechziger Jahren hörten sich diese öffentlichen Versehgänge allmählich auf. Nun nutzte der Pfarrer auch das Auto des Arztes, wenn dieser gleichfalls zum Kranken gerufen wurde. Die alte Ärztin erzählte weiter: »Oft habe ich den Pfarrer mit dem Allerheiligsten im Auto mitgenommen, damit er einem Kranken die ›Letzte Ölung‹ geben konnte. Ich habe dem Kranken aber gesagt, daß das, was der Pfarrer mache, eigentlich eine Krankensalbung sei, die helfe, wieder gesund zu werden. Ich wollte den Leuten ja den Mut nicht nehmen.«

Pfarrer und Arzt wurden also oft gleichzeitig davon verständigt, wenn man meinte, dem alten Bauer oder der alten Bäuerin würde es besonders schlecht gehen. Davon handelt auch die Geschichte einer alten Bäuerin: »Nach dem zweiten Herzinfarkt ist mein Mann hinunter zum Doktor gegangen, weil er nicht mehr wußte, wie das Mittel heißt, das man ihm im Krankenhaus verschrieben hatte. Wie er so beim Doktor sitzt, hat mit ihm ein alter Jäger gewartet, sein Vetter. Der hat ihn angeschaut, hat aber nichts gesagt. Mir hat er später erzählt, daß mein Mann bis zum Hals hinauf weiß war. Der Jäger hat bei sich gedacht: der wird auch nicht mehr [gesund]. Wie mein Mann vom Arzt dann heimgekommen ist, hat er gefragt, was er tun könne. Ich war so blöd und habe ihm gesagt, er könne die Sense dengeln. Das hat er getan, und wie er dann ins Haus gekommen ist, hat er gesagt: ›Ich gehe jetzt liegen.‹ Es war ihm nicht gut, das konnte man sehen. Er ist dann immer von einem Fenster zum anderen gelaufen, er hat keine Luft bekommen. In der Früh schaut er zum Fenster hinaus und sagt: ›Heute kann ich keine Steine führen.‹ Damals baute man gerade die Straße zu uns herauf. Ich habe ihm gesagt: ›Du weißt, daß der Primar gemeint hat, es ist dir streng verboten, solche Arbeiten zu tun.‹ Dann wollte er sich niederlegen. Er ist dabei auf mich gefallen und hat einen tiefen Schnaufer gemacht. Ich habe ihn angeschaut und gesagt: ›Vater!‹ Er hat nichts geantwortet. Ich dachte mir, jetzt ist der Schlag gekommen. Noch habe ich nicht daran gedacht, daß er schon tot ist. Es war ein Sekundentod. Für ihn war es schön, aber für mich war es furchtbar. Meine Schwiegertochter ist gleich hinunter in den Ort, zum Postamt, um den Arzt zu rufen und den Pfarrer zu verständigen. Sie sind beide im Nu dagewesen.«

Der Arzt untersuchte den Bauern, stellte den Tod fest, und der Pfarrer verabreichte ihm die »Letzte Ölung«.

Arzt und Pfarrer überraschte eine solche Nachricht nicht, denn beide hatten schon über Monate engen Kontakt zum kranken Bauern. Sie begleiteten ihn in seinem Sterben. Der Arzt, indem er die Beschwerden linderte, und der Pfarrer, der mit ihm betete, um ihm das Kranksein seelisch zu erleichtern.

Jedenfalls bemühten sich Arzt und Ärztin, den schon von der Medizin aufgegebenen Menschen das Sterben zu erleichtern. Im vorigen Kapitel habe ich schon darauf hingewiesen, daß es ein wichtiges Gebot der Ärztin war, dem Kranken nicht die Hoffnung auf Genesung zu nehmen. Diesem Prinzip blieben die beiden Ärzte treu. Anders als es moderne Ärzte zu tun pflegen, erzählten sie den Kranken nichts von deren nahendem Ende. Ich erinnere mich, daß meine Mutter einmal erzählte, ein Bauer wäre friedlich entschlafen, weil sie ihm klarzumachen versucht hat, daß er bald wieder werde spazierengehen können. Es tat vor allem der Ärztin gut, wenn sie wußte, daß ihre Tröstungen bei den alten Kranken Erfolg hatten. Die beiden Ärzte wollten die Leute beruhigen und sie nicht in Aufregung versetzen. Hiezu paßt auch, was ein Bauer mir erzählte:

»Meine Mutter ist im August 1975 gestorben, sie war gerade 69 Jahre alt. Der Tod meiner Mutter war für mich, obwohl ich damals schon meine eigene Familie hatte, verlustreicher als der vom Vater. Ich hing sehr an meiner Mutter. Sie war oft krank, und wenn sie krank war, hat sie der Doktor sehr gut betreut. Sie war eine ungemein gute Frau. Sie war nicht so robust wie der Vater, der, wenn irgend etwas nicht gestimmt hat, gleich seinen Zorn ausgelassen hat, vor allem an der Mutter. Der Herr Doktor hat das gemerkt und daher einmal zu meinem Vater gesagt: ›Herr H., Sie müssen Ihrer Frau beistehen und eine Stütze sein. Sie dürfen sie seelisch nicht belasten. Sie fürchtet Ihre Härte. Dadurch verzögert sich die Genesung Ihrer Frau.‹ Der Herr Doktor hat sich wirklich um meine Mutter gekümmert. Bis sie gestorben ist. Sie ist bei uns zu Hause gestorben. Er hat es ihr leichter gemacht, das Sterben.«

Man starb früher grundsätzlich zu Hause, das war auch im Sinne der Familie, die bis zum Schluß noch mit dem Sterbenden beten konnte. Der Sterbende blieb also in seine alte Gemeinschaft eingebunden, und der alte Arzt und die alte Ärztin respektierten dies, wenn sie ihn im Haus beließen und keine Einlieferung in die Sterilität des Krankenhauses anordneten.

Dieses Eingebundensein des Sterbenden zeigte sich in einem alten Bauernhaus, das ich aufgesucht habe und das ein eigenes Sterbezimmer besitzt. »Wenn einer gar nicht mehr getan hat«, so erzählte mir ein Bauernsohn des Hauses, »ist er dort hineingekommen, in dieses Zimmer. Von diesem Zimmer aus gab es einen Seilzug in die Kuchl und in die Stube. Wenn der Kranke etwas gebraucht hat, hat er an dem Seil gezogen, und ein Glöckerl hat geläutet. So wußte man, daß der Kranke etwas braucht. Damals vor dem Krieg mußte man sich selbst um seine Kranken kümmern.« Dieses Kranken- und Sterbezimmer, wie es in dem geschilderten Bauernhaus eingerichtet war, hatte also eine wichtige Funktion. Schließlich erinnert es in gewisser Weise an moderne Krankenzimmer in den Spitälern, von denen aus man das Personal und den Arzt ebenfalls durch Klingelzeichen verständigen kann, wenn man etwas benötigt. Der Seilzug mit der Glocke im Krankenzimmer des Bauern ist demnach eine Art archaische Vorform der elektrischen Klingeln der Krankenhäuser.

Es war im Sinne der Familienangehörigen, wenn Arzt und Pfarrer regelmäßig beim Sterbenden erschienen, um ihm Trost zu spenden oder um mit ihm zum Beispiel ein »Satzerl« Rosenkranz zu beten.

Bemerkenswert ist, was mir die Ärztin über eine alte Bäuerin, die sich offensichtlich nicht viel um den Zustand ihres kranken Mannes gekümmert hatte, erzählt hat: »1947 ist eine alte Bäuerin zu uns gekommen und hat gesagt: ›Kommen Sie schnell, mein Mann stirbt. Kommen Sie, damit ich sagen kann, daß bei seinem Tod der Doktor dabei war.‹« Der Bäuerin ging es also nicht darum, ihrem sterbenden Mann noch die letzten Minuten zu erleichtern. Sie wollte vielmehr den Besuch des Arztes, damit die anderen sehen konnten, daß sie genügend Gefühl für ihren Mann aufgebracht hätte, um ihm sogar noch den Doktor geholt zu haben.

Starb nun ein Kranker am Bauernhof, so mußte der Gemeindearzt, also der amtlich befugte Arzt, verständigt werden, damit dieser die Totenbeschau durchführe und den eingetretenen Tod festhalte. Aber auch die Ärztin wurde zu Totenbeschauen gerufen, allerdings nur in Vertretung des Arztes.

Über die Totenbeschau als solche erzählte sie: »Die Totenbeschauen waren mir nicht angenehm. Ich habe sie nicht gerne gemacht. Früher war die Totenbeschau nicht an eine bestimmte Zeit gebunden. Später mußte sie dann innerhalb von 24 Stunden gemacht werden. Damals, in den fünfziger Jahren, als es noch kein Telefon gab, hat der Arzt oft erst nach ein oder zwei Tagen erfahren, daß da bei einem Bauern jemand gestorben sei. Ein paarmal war ich bei der Totenbeschau gleichzeitig mit dem Pfarrer, der mit mir mitgefahren ist. Ich machte schnell die Totenbeschau, er hat den Toten eingesegnet. Im Totenbeschaubuch mußten wir genau die Zeit angeben, wann die Totenbeschau gemacht worden ist.

Mein Mann hat die Toten immer ganz nackt ausziehen lassen. Dies mußte sein, damit man sieht, ob einer nicht ermordet worden ist. Wenn jemand nach einer schweren Krankheit gestorben ist, waren wir mit dem Ausziehen nicht mehr so genau. Ich habe den Toten oft nur zum Teil ausziehen lassen. Ich habe ihn angegriffen und geschaut, ob er schon kalt ist.«

Bei den alten Bauern wurde der Tote noch drei Tage im Haus in der »guten Stube« aufgebahrt, bevor man ihn zum Friedhof geleitete. Nach modernen Sanitätsgesetzen ist dies jedoch verboten.

Heute ist auch niemand oder kaum jemand mehr daran interessiert, daß der Tote drei Tage zu Hause liegt. Man scheint froh zu sein, wenn er unmittelbar nach dem Eintritt des Todes vom Leichenbestatter abgeholt wird. Der Tod soll also verdrängt werden. Der heutige Leichenbestatter will da allerdings nicht mittun und versucht, noch an alte Traditionen anzuknüpfen, indem er den Toten noch kurz bei den Lebenden beläßt und diese auffordert, vor ihm zu beten. Die alte Aufbahrung mit ihrer intensiven Beziehung zu dem Toten hatte aber einen tiefen Sinn, wie auch die alte Ärztin meint: »Es ist traurig, wenn ein Mensch mit einem Schlag weg ist. Ich finde es schöner, wenn man mit dem Toten noch eine seelische Aussprache hat, noch drei Tage lang. Früher sind die Leute in das Haus des Toten gegangen, um dort mit den Angehörigen zu ›wachen‹, das heißt zu beten. Das war auch gut so. Heute macht man das nicht mehr. Heute betet man die drei Tage vor dem Begräbnis am Abend in der Friedhofskapelle für den Toten. Das ist ein Rest von dem alten Brauch.«

Die alte, dreitägige Aufbahrung, bei der der Tote in der »guten Stube« in schönem Gewande lag, die Hände auf der Brust gefaltet, hatte für die Hinterbliebenen eine tiefe Bedeutung. Am Abend kamen die Nachbarn und Freunde, um gemeinsam für den Toten zu beten. Nach dem Beten gab es Most und Brot. Es wird allerdings erzählt, daß in schlechten Zeiten manche Leute nur wegen des Brotes und des Mostes zur Aufbahrung gekommen sein sollen. Und manche seien schon in leicht angetrunkenem Zustand erschienen. Und andere wieder, die jungen Burschen, erfaßten die Gelegenheit der Aufbahrung, um mit den jungen Mädchen beim Weggehen »anzubandeln«.

Es handelte sich also auch um ein gesellschaftliches Ereignis, das aufzeigte, wie geachtet der Tote war und wie die Gemeinschaft von ihm Abschied nahm: Totenlieder singend, betend und schließlich auch Most trinkend.

Vom Begräbnis und auch von den drei Tagen des Betens wird die Gemeinschaft in traditioneller Weise durch die Ansager benachrichtigt. Ein solcher Ansager erhält dazu den Auftrag von der Trauerfamilie, den Dorfbewohnern ungefähr folgendes mitzuteilen: »Die Angehörigen bitten ums Mitbeten und Mitgehen.« Für diese Information erhält der Ansager ein Geldstück, »damit«, wie man glaubt, »der Tod einen nicht holt«. Man kauft sich damit also vom Tod frei. Es hat sich viel geändert, was die Beziehung zum Toten in der bäuerlichen Kultur anbelangt. Auch die Leichenbestattung, wie sie sich heute als eine Art »Gesamtpaket« mit allen möglichen Serviceleistungen anbietet, gab es früher nicht. Da hatten sich die Angehörigen und die Nachbarn, wie in Siebenbürgen heute noch üblich, um den Toten zu kümmern. »Ist heute einer noch warm«, meinte dazu die alte Ärztin, »steht schon der Leichenbestatter da.«

In meinem Buch »Sommergetreide« habe ich den heute fast zur Gänze verlorengegangenen bäuerlichen Totenkult ausführlicher beschrieben.

Geblieben ist von alledem bestenfalls der Leichenschmaus nach dem Begräbnis.

# ARZT, ÄRZTIN UND DIE BERGRETTUNG

Der Landarzt und die Landärztin übten ihre Tätigkeit in einem Gebirgsort aus, in einem Ort, der spätestens seit dem vorigen Jahrhundert Touristen und Bergsteiger anlockte. Die Berge verlangten ihre Opfer. Und mit diesen Opfern hatten die beiden viel zu tun – im Gegensatz zu den heutigen Landärzten, denen die Hubschraubereinsätze samt Notärzten viel Arbeit abnehmen.

Früher bestand ein enges Verhältnis zwischen den Ärzten und jenen Leuten, die es sich zur Aufgabe gestellt haben, Menschen in Bergnot zu retten. Bevor ich mich jedoch näher mit dem Bergrettungsdienst beschäftige, gestatte ich mir, einen Einblick in die Geschichte der Touristik des Dorfes zu geben.

## Zur Touristik der Gegend

Die Geschichte des Wanderns und Kletterns auf den Bergen des Dorfes, die die Schaffung des Bergrettungsdienstes überhaupt erst nötig machte, ist aufregend und reizvoll.

Ob es in früherer Zeit bereits Leute gab, die sich aus bloßer Freude an der Einsamkeit und Schönheit der Berge als Bergsteiger betätigten, läßt sich kaum direkt belegen. Sicherlich werden sich schon sehr früh junge Bauernburschen als Wildschützen in den Karen und Wäldern dieser Berge herumgetrieben und ihre Freude am Irreführen des herrschaftlichen Jagdherrn gehabt haben.

Vom ausgehenden Mittelalter ist uns bekannt, daß der Bamberger Bischof Friedrich von Aufseß in Spital am Pyhrn einen Alterssitz hatte und ein begeisterter Wanderer war. Spital am Pyhrn hatte es ihm angetan. Es heißt, daß er mit den anderen Chorherren gemeinsam gegessen und vornehme Speisen und Getränke verschmäht habe. Sein Vergnügen soll, wenn er vom Gottesdienst frei war, die handwerkliche Tätigkeit zur Errichtung des Ortes und zur

Bewässerung des Ackerbaues gewesen sein. Zur Erholung wanderte er mit Lust durch Wälder und Äcker (!), nicht im bischöflichen, sondern im gemeinen, fast bäuerlichen Anzuge. Er starb am 26. Februar 1440, am Tag nach Matthäus.[16]

Auch später dürften Kanoniker des Ortes Gefallen daran gefunden haben, auf den Bergen um Spital am Pyhrn herumzustreifen. Allerdings war es vorrangig die Jagd, die die vornehmen Herren bewogen hat, in die Latschenregionen hinaufzuziehen. Reitwege, die es bis in unser Jahrhundert noch gab, führten die berittenen geistlichen und auch weltlichen Jagdherren auf den Schwarzenberg und in andere Gebirgsregionen, wo sie der Gams nachstellen konnten.

Zu den ersten Sommergästen, die nach Spital am Pyhrn gekommen und von dem, was sie hier sahen, beeindruckt waren, gehört die Wiener Schriftstellerin Caroline Pichler. In einem kleinen Aufsatz, den sie 1821 geschrieben hat, schildert sie trefflich ihre Eindrücke.[17]

Spannend ist eine andere Erzählung, die von einer Besteigung des Großen Pyhrgas handelt und von einem Botaniker stammt. Dieser Aufsatz fasziniert, weil er zeigt, wie sich der Hochtourist damals dem Berg stellte und verpflegte – im Vergleich zu modernen Formen der Ernährung bei Touren eine bemerkenswerte Sache.

Der Autor, Christian Brittinger, kommt aus Steyr und berichtet in höchst reizvoller Weise über das Bergabenteuer eines feinen und gebildeten Mannes um die Mitte des vorigen Jahrhunderts. Für den an der Geschichte des Tourismus Interessierten sind seine Ausführungen, die ich zum Teil hier wiedergeben will, lesenswert und obendrein auch amüsant:

»Es war den 12. Juli 1841 an einem heitern Sommertage, als ich in der Frühe, begleitet von einem Träger [!], der etwas kalte Speise

---

16 Johann Looshorn, Die Geschichte des Bisthums Bamberg, Bd. IV., Bamberg 1900.

17 Caroline Pichler, Reise von Kremsmünster nach Spital am Pyhrn, in: Album aus Oesterreich ob der Enns, Linz 1843, S. 12 ff.

samt einer Flasche Wein [!] trug, mit meiner Kräuterbüchse auf dem Rücken den Gebirgsstock ergriff, um meine Reise anzutreten. Schon waren die Gipfel der Gebirge hell beleuchtet, während noch im Thale der Morgen graute, und vom Morgenthau angehaucht, perlten die Kinder Flora's, die erst zu erwachen schienen ... Der Weg durch den Wald dauert nicht sehr lange und man kommt, nachdem man zwei Stunden zurückgelegt hat, auf einen freieren, mit Gras bewachsenen Platz, wo sich ein ganzer Garten der gefranzten Alpenrose befindet. Die Alpenbewohner nennen die Alpenrose ›Pechkraut‹ ... Man gelangt nun bald an die Alphütte, ein gemauertes Gebäude, welches von der ehemaligen Propstei erbaut wurde, geräumig und bequem, und mit hinreichenden Ställen versehen [es dürfte sich um die sogenannte Hofalm handeln, R. G.]. Um die Hütte blühen an einem Felsblock der traubenblühige Steinbrech ... Von der Alphütte geht man über eine große Wiese bergan; dort trifft man den ungarischen Enzian, aus dessen Wurzeln die Tyroler und Steyermärker den sogenannten Enzian-Branntwein brennen, der von den Gebirgsbewohnern als ein schätzbares Magenmittel geachtet wird ... Der Weg wird nun immer steiler und beschwerlicher ... allein alle Mühe wird durch die Spenden der Blumengöttin reichlich vergolten.

Man findet hier die bittere Schafgarbe, von den Älplern ›weißer Speick‹ genannt, ... hier rother, edler oder echter Speick genannt; er wurde einst, und noch jetzt, als ein geschätztes Mittel gegen die Pest [!], im Handel nach dem Orient versendet ... Endlich gelangt man, 7000 Fuß über der Meeresfläche auf den Gipfel, und ein wunderbar schönes Panorama liegt vor dem entzückten Auge! ...«[18]

Diese Schilderung deutet an, daß der Pyhrgas bereits im vorigen Jahrhundert ein beliebtes Wanderziel gewesen sein muß. Immerhin stand unser Botaniker bereits vierzehnmal auf dem Gipfel. Daß er bei seiner Unternehmung eine Flasche Wein mitführte, dürfte in

18 Christian Brittinger, Ein Alpenausflug auf den Pyhrgas bei Spital am Pyhrn, in: Album aus Oesterreich ob der Enns, 1843, S. 37 ff.

der damaligen Vorstellung vom hohen Wert des Weines, der auch an anderen Stellen als Regenerationsmittel bei Bergtouren gepriesen wird, begründet sein.

Eine wunderbare Beschreibung der Bergwelt des Dorfes nebst einer Besteigung des Warschenecks im Toten Gebirge findet sich im 2. Band des »Jahrbuches des österreichischen Alpen-Vereins«, herausgegeben 1866. In diesem Alpenvereinsartikel schildert sein Autor Johann Hauenschild – er war Ordenspriester, Bergsteiger, Höhlenforscher und Fabrikant – in geradezu schwärmerischen Worten Spital am Pyhrn und seine Berge. Er erzählt, wie er einen »vornehmen und fremden Mann« zum Gleinkersee führte und dieser in »heisser Begeisterung« über diese Landschaft ausrief:

»Ich bin schon weit herumgekommen in der Welt. Spanien habe ich durchwandert und die Schweiz: aber das ist doch der herrlichste Fleck Erde, den ich je gesehen!«[19]

Und über die Besteigung des Warschenecks und über altes Almleben, das es schon lange nicht mehr gibt, schreibt Hauenschild höchst schwärmerisch.

Bei der »Rossleitneralm«, so heißt es in dem Aufsatz, wird eine Rast eingelegt. Die Sennerin bringt Milch und will dafür kein Geld. Das wundert Hauenschild: »Die Schwaigerinnen aus der ›alten Schule‹ glauben überhaupt alle hier herum, sie hätten kein Glück mit ihrem Vieh, wenn sie für die Milch Geld nähmen.« Seit damals hat sich auf diesem Gebiet wohl ein grundlegender Wandel ereignet. Statt der Almen mit ihren freigebigen Sennerinnen begrüßen den Bergwanderer heute Berggasthäuser, in denen er sein Geld lassen soll. In der Tommerlalm, so ist weiter zu lesen, übernachtet der Autor mit seiner Begleitung im Heu.

Am nächsten Tag in der Früh geht es weiter zum Warscheneck. Dabei beschreibt der Autor einen Berg, der heute den Namen »Ramesch« trägt. Damals trug er die etwas despektierliche Be-

---

19 G. Hauenschild, Erinnerungen an das Warscheneck und seine Umgebung, in: Jahrbuch des österreichischen Alpen-Vereines, 2. Band, Wien 1866, S. 182.

zeichnung »Kühfotze«. »Auch ich schlug die Hände über dem Kopf zusammen, als der abscheuliche Name zum ersten Male mir in's Ohr schlug«, meinte Hauenschild.

Bei einer seiner früheren Besteigungen war es ihm gelungen, den Berg mit dem abscheulichen Namen »Kühfotze« in »Echostein« umzubenennen. Auf die Idee dazu kam er, als er mit Musikern und Sängern von der »Laferalm« über den Brunnsteinersee hinauf auf die Speikwiese marschiert war und sie dort das »Tedeum« sangen. Das großartige Echo, das sich dabei ergab, veranlaßte ihn schließlich zur Umbenennung in »Echostein«. Auch diese Bezeichnung hielt sich nicht. Allerdings entspricht vom Thema her die »Kühfotze« dem westlich vom Warscheneck gelegenen »Roßarsch«, der heute noch so heißt.

Erwähnenswert ist noch, was Hauenschild über das Gebiet der heutigen Wurzeralm und speziell über die »Laferalm« in der »Wurza« schreibt. Auch hier wird der Unterschied zu heute und den damals bereits prominenten Fremdenverkehrsgegenden deutlich:

»Zwei Almweiler liegen am Rande des Moor's: Die Wurza am Südostende und die Filzen am Nordende. Die Laferalm in der Wurza bietet unstreitig die beste Unterkunft im ganzen Bergrevier herum und unterscheidet sich von dem Gasthause der Oberalp auf dem Schafberg nur durch Mangel an Wein, Weißbrot, Engländern – und Übertheuerung.«

Für den an der Geschichte des Bergsteigens Interessierten ist vielleicht noch feststellenswert, daß auch Alois Rohrauer, der mit Karl Renner den Bergsteigerverein »Die Naturfreunde« gegründet hat, aus diesem Dorf stammt. Über ihn schreibt Karl Renner:

»Seine Person, sein Leben, sein Wirken verkörperte geradezu den Aufstieg, den das industrielle Proletariat bis zur Jahrhundertwende in Österreich genommen hat, alle intellektuellen und moralischen Triebkräfte dieses Aufstiegs haben in diesem seltsamen Manne Gestalt und Wirksamkeit . . . Alois Rohrauer kam von der vorkapitalistischen Industrie Österreichs her, von der Sensenindustrie, die schon durch Jahrhunderte in den österreichischen Alpentälern geblüht hatte ... So ward da oben ein stählernes Geschlecht (!) großgezogen – durch Jahrhunderte! –, ein Geschlecht, das den Stahl nur mit einem Kiesel zu ritzen, mit einem Hammerschlag erklingen zu machen brauchte, um zu wissen, was das Stück taugte ...« Und zum Bergsteigen ergänzt Renner: »Gottes freie Natur bestaunt und betet man nicht an, man liebt sie und zwingt sie als Bergsteiger unter die eigenen Füße ...«[20]

An Alois Rohrauer erinnert heute neben einer Gedenktafel, die zu seinem 60. Todestag feierlich am Hauptplatz in Spital am Pyhrn enthüllt wurde, die Schutzhütte der »Naturfreunde« am Pyhrgasgatterl, die heute seinen Namen trägt. Diese Hütte wurde in den Jahren 1923 bis 1925 erbaut. Sie bleibt ein dauerndes Andenken an Alois Rohrauer, den Sensenschmied und Naturfreund aus Spital am Pyhrn.

Das Gebirgsdorf, in dem die beiden Ärzte tätig waren, hat also eine weit zurückreichende bergsteigerische Tradition, mit der auch eine alte Kultur des Rettens von in den Bergen verunglückten Menschen verbunden ist.

## Unfälle und Bergrettung

Zum alltäglichen Leben der alten Landärzte gehörte also die Behandlung von Unfallopfern und vor allem von jenen Leuten, die sich am Berg als Jäger, Wildschütze, Bergsteiger oder Schitouristen Verletzungen zugezogen haben. Der alte Landarzt in seiner Funktion als Gemeindearzt war daher für das Rote Kreuz im Ort und dessen Rettungsfahrten zuständig und stand in einer engen Beziehung zu den Männern des Bergrettungsdienstes, dessen Mitglied er war.

Der Umgang mit Verletzten und auch Toten war Teil des Alltags des Arztes.

---

20 Karl Renner, An der Wende zweier Zeiten – Lebenserinnerungen, Wien 1946.

Meine Mutter erzählte mir einmal, eines Tages hätten Burschen – vielleicht Rettungsmänner – einen Toten in die Ordination gebracht. Dieser Tote wurde nicht auf einer Tragbahre transportiert, sondern auf Tannenästen. Er hatte keine Schuhe an. Dies alles gab der Ärztin zu denken. Erst nach und nach erfuhr sie, daß dieser Bursche als Wildschütz bei der Jagd nach einer Gams in den Felsen geklettert und dann abgestürzt sei. Daß er bloß Socken anhatte, deutete offensichtlich darauf hin, daß er unbeschuht wohl besser klettern konnte. Oder er war ohne Schuhe unterwegs, um im Stile eines echten Wildschützen keine Spuren zu hinterlassen.

Die Ärztin stellte jedenfalls den Tod des unglücklichen Wildschützen fest, so daß er in die Totenkammer gebracht werden konnte. Ihre Erzählung stimmt mit dem Bericht aus der Chronik des Bergrettungsdienstes vom Jahre 1954 überein, wo es bloß heißt: »Franz Gößweiner, Oberweng, stürzte beim Wildern vom Kleinen Pyhrgas tödlich ab.«

Der Umgang mit Unfallopfern konnte allerdings auch zum Problem werden. Und dies wußten die Ärzte.

Dazu paßt die Erzählung eines früheren Rotkreuzmannes:

»1956 wurde ich ehrenamtlicher Mitarbeiter des Roten Kreuzes in Windischgarsten. Dies brachte mich als Sanitäter mit dem Ärzteehepaar Dr. Girtler in Verbindung. Sehr gut habe ich aus dieser Zeit folgende Geschichte in Erinnerung. Es war ein Wintertag spät am Abend, als wir von Herrn Dr. Girtler zu einem Einsatz mit dem Rettungsauto gerufen wurden. Er schilderte uns den Unfall, bei dem es sich um einen sehr kräftigen Holzknecht handelte. Dieser Mann war mit dem Motorrad gestürzt und dabei mit seinem Schädel an einer Heustadelwand gelandet. Der Herr Doktor meinte, wir sollten Vorsicht walten lassen, denn der Holzknecht wirke durch seine Kopfverletzung äußerst aggressiv. Für meine Rotkreuzhelferin, die ich zur Einschulung mitgenommen hatte, war es der erste Einsatz. Sie und ich transportierten den Verletzten, den der Herr Doktor schon vorher behandelt und verbunden hatte, zum Krankenwagen. Sicherheitshalber hatten wir ihn auf der Trage angegurtet und schoben ihn so in den Krankenwagen. Die Helferin überprüfte im Wagen noch die Sicherung. Da zerriß der bärenstarke Patient seinen Gurt und gab der Rotkreuzhelferin eine schallende Ohrfeige. Als ich das hörte, stürzte ich sofort in den Krankenwagen und nahm eine weitere Sicherung vor. So konnten wir sehen, daß der Herr Doktor mit seiner Warnung recht gehabt hatte.«

## Zur Geschichte des Bergrettungsdienstes

Es war vor allem der Bergrettungsdienst, der im Leben des Landarztes und der Landärztin im Gebirge eine wichtige Rolle spielte. Daher gestatte ich mir an dieser Stelle einen kurzen Einblick in die Geschichte des Bergrettungsdienstes und seine Beziehung zum Arzt, zumal dieser sich auch um ein gediegenes medizinisches Wissen der Bergrettungsmänner zu kümmern hatte und häufig Vorträge hielt.

Bergunfälle sind schon vor der Jahrhundertwende dokumentiert. So schildert zum Beispiel der frühere Wildschütz und Poet Emmerich Grillmayer in seinen »Heimatbildern« zahlreiche solcher Unglücksfälle. Er erzählt unter anderem, daß 1906 der Jäger Josef Kittinger einen am Bosruck tödlich Verunglückten »aus der Wand holte«.

Früher dürften es also Jäger gewesen sein, die am Berg Verunglückte herunterholten. Der heutige, nach dem letzten Krieg gegründete unpolitische »Bergrettungsdienst« des Dorfes geht auf die »Alpine Rettungsstelle« zurück, welche von dem um 1905 gegründeten D. u. ö. Alpenverein eingerichtet worden war.

»Diese übernahm«, wie Herr Rädler in seiner Chronik des Bergrettungsdienstes von Spital am Pyhrn schreibt, »alle Rettungsaktionen und Hilfsmaßnahmen rings um Spital am Pyhrn, und war mit ihren freiwilligen Helfern immer und überall zur Stelle, wo es zu helfen und zu retten galt.«

Diese »Alpine Rettungsstelle« wurde 1940 in die »Bergwacht«

umgewandelt. Nach dem Krieg löste man diese wohl aus politischen Gründen auf und gründete 1946 den »Bergrettungsdienst«. Dessen Gründungsversammlung fand im Gasthof Rohrauer statt, den es heute nicht mehr gibt.

Der Bergrettungsdienst war in das Leben des Dorfes eingebunden. Für die meisten Dorfbewohner galten die Bergrettungsleute als heldenhafte Burschen. Kränzchen im Sommer und Faschingsbälle im Winter waren Veranstaltungen, an denen der ganze Ort teilnahm. Die Chronik des Bergrettungsdienstes ist spannend, sie ist voll von wilden, aber auch schaurigen Geschichten, in denen immer wieder der Arzt eine Rolle spielt.

Zu den wilden Geschichten gehört der Hinweis auf einen Bäkkergehilfen, der im politisch wirren Jahr 1934 am Bosruck als vermißt gemeldet wurde. Da zu dieser Zeit des Standrechtes ein Ausgehverbot bestand, nimmt Herr Rädler in der Chronik an, daß der Mann beim Abstieg vom Bosruck von der Heimwehr erschossen und anschließend verscharrt wurde.

Die Einsätze waren mannigfaltig. Sie machten Freude, brachten aber manchmal auch Ärger ein, wie folgende Geschichte aus der Chronik des Herrn Rädler zeigt. Sie verweist zunächst auf die Mühen der alten Rettungsmänner bei Bergungen, als man sich noch mit Pferdefuhrwerken über die Bergstraßen plagen mußte. Ihre späteren Kollegen hatten es leichter, denn bald nach dem Krieg verfügte man über Autos, die einen schnelleren Einsatz möglich machten.

Herr Rädler hielt fest: »Im Sommer 1942 wurde der Leiter der Alpinen Rettungsstelle, Herr Grundner, durch einen Holzknecht davon verständigt, daß unweit der Kernhütte ein Tourist abgestürzt sei. Herr Grundner beauftragte die Rettungsmänner Sepp Radlingmeier, Hans Neubauer, Sepp Imnitzer und Hirzenberger den Verunglückten zu bergen. Es regnete in Strömen, als der Bergungstrupp gegen 22 Uhr mit dem Pferdegespann vom Gasthof Grundner wegfuhr. Beim Kalkofen wurde haltgemacht und die Pferde versorgt. Nun ging es ausgerüstet mit einer Tragbahre, Fackeln und

Seilen u. a. m. zum Aufstieg auf die Kernhütte. Gegen 2 Uhr früh langten die Männer bei der Kernhütte an. Nach langem Klopfen öffnete schließlich die Sennerin und war sichtlich überrascht, als sie die Rettungsmänner sah. Es stellte sich nämlich heraus, daß kein Tourist abgestürzt war, sondern bloß der Rucksack eines im Nebenraum der Hütte friedlich schlafenden Pfarrers. Dieser geistliche Herr wurde nun unsanft geweckt, er wurde geschimpft und beauftragt, sich am nächsten Tag bei Herrn Grundner zu melden. Er erzählte, daß er in der Nähe der Hütte in den Felsen herumgeklettert sei. Bei Einnahme der Jause sei der Rucksack plötzlich von selbst ins Rollen gekommen und abgestürzt. Er beinhaltet einen wertvollen Fotoapparat, Bergschuhe, eine Windbluse u. a. m. Schließlich bat der Pfarrer die Männer, sie mögen hier auf der Hütte bleiben und in der Früh bei Tageslicht nach dem Rucksack suchen helfen. Dieses Ansinnen wurde abgelehnt, da alle vier schon ganz durchnäßt waren. Man versprach aber, bei schönerem Wetter, vielleicht am Sonntag, einen Suchtrupp hierher zu entsenden. Dieses Versprechen wurde auch eingehalten. Sechs Mann der Rettungsstelle suchten den ganzen Sonntag die Wände und Latschenfelder ab. Der Rucksack konnte aber nicht gefunden werden. Erst zwei Jahre später wurde er vermodert von dem Holzknecht Alois Emminger in einem Latschenfeld aufgefunden. Der Inhalt war gleichfalls unbrauchbar.

Am Tag nach dem Einsatz hatte sich der geistliche Herr aus Braunau am Inn bei Herrn Grundner gemeldet und sich entschuldigt. Es wurden ihm 70 Reichsmark an Bergungskosten auferlegt. So viel Geld hatte der Herr Pfarrer nicht bei sich und bezahlte vorläufig nur 35 RM mit dem Versprechen, den Rest mit der Post zu senden. Es verging ein halbes Jahr und trotz Mahnungen kam kein Geld. Schließlich wurde es Herrn Grundner zu bunt und er übergab die ganze Angelegenheit einem Rechtsanwalt. Sofort traf das Bergungsgeld ein.«

Die Rettungsmänner hatten harte Arbeit zu leisten. Technische Hilfen wie Hubschrauber und Funkgeräte standen ihnen noch nicht zur Verfügung. Erst 1958 wird in der Chronik von einem Hubschraubereinsatz samt Funkgesprächen berichtet (s. u.). Wie schwierig die früheren Einsätze sein konnten, zeigt auch folgender Bericht: »Ewald Milichovsky, Wagnergehilfe, und Rudolf Ecker, Forstadjunkt, unternahmen in den Morgenstunden des 5. 7. 1947 eine Bergtour: die Durchsteigung der Hallermauern. Eine genaue Route gaben sie nicht bekannt. Beide waren gute Felsgeher und Kletterer. Als sie am Abend nicht von dieser Tour zurückkehrten und es an diesem Tag mehrere schwere Gewitter gab, wurde ein Unfall angenommen. Eine Gruppe von vier Mann stieg in den frühen Morgenstunden auf den Pyhrgas. Eine zweite Gruppe erstieg den Scheiblingstein. Der Rest erstieg den Kleinen Pyhrgas und suchte das Winklerkar ab. Am Abend kehrten alle Suchtrupps ergebnislos zurück. Nun ordnete der Landesleiter des Bergrettungsdienstes Ignaz Treuschütz Großalarm an. Es wurden die Ortsstellen Linz, Windischgarsten, Bad Hall und Spital am Pyhrn aufgerufen. Im Gasthof Rohrauer wurde das Hauptquartier errichtet und täglich waren mehrere Suchtrupps unterwegs. Nach fünf Tagen wurde diese Aktion ergebnislos abgebrochen.

Schließlich gelang es dem Spitaler Bergrettungsmann Franz Hackl, die beiden Vermißten in der Ostwand des Monsberges tot auf einem Felsplateau zu sichten. Sie wurden nach mühseliger Kletterei und Abseilarbeit geborgen und mit einem amerikanischen Armeewagen [!] in die Totenkammer von Spital am Pyhrn überführt. Als Todesursache wurde vom Arzt Dr. Girtler [!] Tod durch Blitzschlag festgestellt.«

Bemerkenswert ist ein Nachsatz zu diesem Bericht: »Die Nachwehen dieses Großeinsatzes war eine Bergungskostenrechnung einschließlich des Versicherungssterbegeldes von annähernd 3000 Schilling. Hiebei gab es mit dem Alpenverein als Versicherungsträger viel Schreiberei, da bei diesen Kosten eine Rechnung von 60 Krügel Bier aufschien. Schließlich wurde alles bezahlt.«

Aber nicht beim Klettern nur am Berg Verunglückte wurden von den Bergrettungsleuten geborgen. Darauf bezieht sich folgender

Hinweis aus der Chronik: »Albine Breiteneder aus Linz erlitt am Pyhrgasgatterl einen Beckenbruch durch Sturz in den Abort [!]. Die Bergung wurde durchgeführt durch: Rädler, Eibl, Kayr und Rohrmoser.« Das frühere offene Plumpsklo hatte sichtlich seine Tücken und konnte einen regelrechten Absturz verursachen, der den Bergrettungsdienst in Marsch setzte.

Auch um solche Absturzopfer mußte der Landarzt sich kümmern. Genauso wie um jene, über die nun berichtet wird. Dabei handelt es sich um drei Touristinnen, die im Juli 1956 auf den Großen Pyhrgas gehen wollten und sich dabei im Nebel verirrten. Eines der Mädchen rutschte aus und »stürzte ca. 300 Meter in das hintere Holzerkar ab, wo sie tödlich verletzt liegen blieb«. Eine ihrer Begleiterinnen verletzte sich beim Abstieg schwer. Weiter heißt es darüber in der Chronik: »Um 19h30 stiegen Männer des Bergrettungsdienstes und der Gendarmerie zur Unfallstelle auf. Sie konnten wegen starkem Nebel und der bereits eingetretenen Finsternis Rosa Irrmann nicht auffinden und waren gezwungen, im Freien zu biwakieren. Bei Morgengrauen setzten sie die Suche fort und erreichten die Abgestürzte um 4 Uhr früh. Sie war bereits tot. Unter äußerst schwierigen Geländeverhältnissen wurde die Tote zur Holzeralm transportiert. Von dort fuhr sie der Hüttenwirt der Gowilalm mittels Pferdegespann [!] in die Totenkammer nach Spital am Pyhrn. Die andere Touristin Herta Gebeshuber wurde von der Einsatzgruppe zum Arzt [!] nach Spital am Pyhrn gebracht.«

## Die Ehre des Bergrettungsmannes

Wie es die Chronik zeigt und wie ich aus eigener Erfahrung weiß, waren und sind die Bergrettungsleute bei ihren Rettungseinsätzen stets durch hohes Pflichtgefühl bestimmt.

Einmal lehnten sie sich, da es um ihre Ehre ging, sogar gegen ihren eigenen Ortsstellenleiter R. auf. Dieser war 1952 anläßlich eines Unfalls der Meinung, für Holzknechte, die in Ausübung ihres

Dienstes verunglücken, sei der Bergrettungsdienst nicht zuständig. Tatsächlich hatte sich der Ortsstellenleiter geweigert, Bergrettungsleute zu einem Holzknecht zu schicken, der beim Fällen eines Baumes schwerste Kopfverletzungen erlitten hatte. Er meinte, der Sägewerksbesitzer, für den der Holzknecht tätig war, solle selbst mit seinen Arbeitern den Verunglückten holen, schließlich verdiene er Millionen. Da keine Bergrettungsleute sich zu dem Verletzten aufmachten, rief ein alter Holzknecht aus eigenem Antrieb einige Kollegen zusammen und organisierte die Rettung.

Mit seiner Weigerung entsprach R. zwar den Bergungsvorschriften des Bergrettungsdienstes, jedoch nicht den Vorstellungen der meisten Bergrettungsleute, die von dem Unglück nichts erfahren hatten, und der Bevölkerung des Dorfes, die die Bergrettungsleute anschließend »beflegelte«, wie Rädler in der Chronik schreibt. Rädler hält dabei noch fest: »In ein Gasthaus durften wir BRD-Männer überhaupt nicht mehr gehen. Unsere Unwissenheit über diesen Unfall glaubte uns niemand. Es kam nun deswegen zu ersten Auseinandersetzungen mit R. Er stand nach wie vor auf dem Standpunkt, daß uns solche Unfälle nichts angehen ... Diese Einstellung von R. gab immer wieder Anlaß zu Streitigkeiten ... Ich (der Chronist) vertrat immer wieder den Standpunkt, wenn die Gemeinde Spital am Pyhrn den BRD jährlich mit Geld unterstützt, so haben wir die moralische Verpflichtung, jeden Spitaler, ganz gleich, wer er ist, wenn er im Berg schwer verunglückt, beizustehen. Meine Ansicht wurde von den meisten BRD-Männern gutgeheißen, von R. aber abgelehnt. Der Großteil der BRD-Männer sind eben Idealisten – so wurden wir mit R. nicht einig.« Der Arzt jedenfalls stand, wie aus dem Bericht hervorgeht, auf der Seite der Bergrettungsleute. Das Verhalten des R. verärgerte die Leute im Dorf, vor allem aber den Herrn Rädler, den Chronisten, der wegen des Herrn R. zu leiden hatte. So schreibt Rädler in der Chronik 1955: »Vor einiger Zeit hat sich eine Frau am Steig von der Hofalm nach Spital am Pyhrn den Fuß gebrochen. Diese Bergung wurde von R. aus eigenem Ermessen wieder abgelehnt. Der Bauer Johann Stoderegger fuhr diese Frau mit dem Pferdefuhrwerk [!] zum Arzt [!]. Auf dem Rückweg hielt er vor meiner Wohnung und schimpfte mich mächtig zusammen. Jetzt war das Maß bei mir voll.«

In der Folge kam es zu einem Bruch zwischen den Bergrettungsleuten und ihrem Ortsstellenleiter R., der schließlich zurücktrat. Jedenfalls zeigt diese Geschichte, daß es den Bergrettungsleuten um eine hohe Ethik geht und daß ihnen der Mensch mehr bedeutet als kleinliches Geplänkel. Herr Rädler selbst betont: »Ich habe seit meinem Beitritt zum BRD (bis 1955) ca. 30 Personen geborgen. Oft ganz allein mit meinem Pferdefuhrwerk. Sämtliche geldliche Entschädigungen hierfür habe ich und auch die meisten anderen BRD-Kameraden zu Gunsten der Kameradschaftskassa abgeliefert.«

Daß sich BRD-Leute bei jeder Art von Unglück einsetzten, darauf deutet auch die folgende Meldung in der Chronik des Herrn Rädler hin: »Hochwasser in Spital am Pyhrn – Hiebei zeichnete sich der BRD-Mann Franz Großauer besonders aus. Er befreite den bis zur Brust im Wasser stehenden Hausmeister des Stiftes Hermann Pittricher und seine Familie aus der überfluteten Wohnung durch Herausreißen des Fenstergitters.«

Herr Rädler, der Chronist, verband mit seiner Mitgliedschaft zum Bergrettungsdienst eine hohe Aufgabe. Dies zeigt zumindest die von ihm geführte Chronik. Er litt auch mit den Menschen, die am Berg ihr Leben ließen. Davon kündet diese Notiz: »Am 30. Mai 1954 wurde der Schustermeister Georg Tyrna aus Windischgarsten vermißt gemeldet. Alle in den darauf folgenden Tagen durchgeführten Suchaktionen des BRD blieben erfolglos. Er wurde erst nach vier Jahren am 7. 5. 1958 als Skelett im Gebiete des Dicking aufgefunden. Als Todesursache konnte einwandfrei eine Vergiftung durch das Pflanzenschutzmittel E 605 festgestellt werden. T. war Volksdeutscher und dürfte aus Schwermut wegen des Verlustes seiner Heimat und seines Besitzes Selbstmord verübt haben.« Ich erinnere mich an den Transport dieses Skelettes durch Bergrettungsmänner auf einem Karren.

Der Chronist, Herr Rädler, war stolz auf die Leistung der Bergrettungsmänner. Darauf verweist ein Zeitungsausschnitt, den Herr Rädler liebevoll in der Chronik 1958 wiedergibt (allerdings ohne Angabe der Zeitung). In diesem heißt es: »Ehrung verdienstvoller BRD-Männer – Der Bundespräsident hat drei Spitaler BRD-Männer Peter Rohrmoser, Siegfried Patzl und Hubert Trojer die silberne Medaille am roten Band für Verdienste um die Republik Österreich verliehen.«

Besonderes Ansehen als Bergrettungsmann hatte sich Siegfried Patzl erworben, den seine Freunde »Patzl-Siegerl« nannten. Ein Blick auf sein Leben ist auch ein Blick auf die Geschichte der Bergrettung. Daher sei Patzl-Siegerls Leben hier abrißhaft erzählt, verweist es doch auf ein altes Leben in kleinbäuerlicher Armut, aber auch auf alte Techniken des Kletterns und Rettens.

Patzl-Siegerl wurde 1925 in Spital am Pyhrn in einem kleinen Bahnwärterhaus beim Bosrucktunnel geboren.

Sein Leben ist bestimmt durch die Berge. Es ist eine spezifische Bergsteigertradition, der Siegerl angehört. Seine Beziehung zu den Bergen ist universell: er wird Bergrettungsmann, im Krieg dient er als Gebirgsjäger, und als Berg- und Schiführer lernt er später die Westalpen näher kennen.

Sein Vater war Eisenbahner und ein »fanatischer Naturmensch«, wie Siegerl ihn beschreibt. Er kannte alle Käfer, Blumen und Bäume. Oft nahm er seinen Sohn mit hinaus in die Wälder und auf die Berge, um ihm den blühenden Almenrausch, den Frauenschuh und die Gams mit ihren Jungen zu zeigen. Der Vater, Franz Patzl, war ein fleißiger Mann, der viel mitgemacht hat. Beim Bau des Bosrucktunnels war er dabei. Am 22. November 1905 war der Tunnel durchgebrochen. Dann ging man daran, die Schienen zu legen. Dabei hatte der Vater Pech: Es kam zu einem Unfall, bei dem er sich ein Bein brach. Da die Familie sich keinen Arzt leisten konnte, versuchte man zunächst selbst, das Bein durch Schienen zu heilen, doch es wuchs schlecht zusammen. Daher suchte man die Moarpichlerin [!] auf. Diese brach das Bein wieder und klemmte es aufs neue in eine Holzschiene. Sie hatte Erfolg, doch noch jahrelang hatte der Vater Beschwerden.

Eine kleine Landwirtschaft mit einigen Geißen, einer Kuh und ein paar Schweinen hatten Siegerls Eltern. Seine Kindheit war hart. Die Eltern hatten kaum Geld.

Für ein paar Stunden, die ihnen ein Bauer ein Roß lieh, mußten der kleine Siegerl und seine Eltern hart arbeiten. Im Alter von zehn Jahren beherrschte er bereits die Kunst des Mähens. Nach der Schule mit 14 Jahren fand Siegerl Arbeit im Sensenwerk.

Zum Bergsteigen hatte er schon seit seiner frühen Kindheit eine tiefe Beziehung. Mit fünf Jahren stand er schon auf dem Großen Pyhrgas. Barfuß marschierte er hinauf, denn für Kinder gab es im Sommer keine Schuhe. Ein Freund der Familie, der Herr Radlmayr, hatte ihn und noch einen anderen Buben mitgenommen auf den Spitaler Hausberg. Am Vorabend war man bis zur Brandneralm gegangen und hatte im Heustadl übernachtet. In aller Früh, bei der ersten Dämmerung, zogen die wackeren Bergsteiger los und erlebten oben am Pyhrgas einen wundervollen Sonnenaufgang. An den erinnert sich Siegerl heute noch mit Begeisterung.

Bereits im Alter von 17 Jahren fragte er den beliebten Gastwirt Grundner, den Obmann der Spitaler Bergwacht, ob er dieser beitreten könne. Grundner wollte wissen, bis zu welchem Schwierigkeitsgrad im Klettern er sich traue. Seine Freunde riefen: bis zum »Sechser«! Das war 1942. Gleich darauf wurden er und seine Spitaler Freunde, ebenso gute Bergsteiger, nach St. Johann in den Wilden Kaiser geschickt, wo man sie als Gebirgsjäger einkleidete. Nun machte man sie intensiv mit der Klettertechnik vertraut und bildete sie zum Heeresbergführer aus. Bei der Bergwacht in Spital am Pyhrn wird Siegerl – es ist Krieg – bald zum Einsatzleiter, und immer wieder muß er auf die Berge und in die Felswände, um Abgestürzte, Verirrte und Hilflose in das Tal zu bringen. Eine schwierige Bergung führte er 1943 durch, als am Bosruck ein Obergefreiter der Flak beim Klettern in einem Riß hängengeblieben war. Damals gab es noch keine speziellen Kletterschuhe, so kletterten

Siegerl und die anderen Retter in ihren Socken. Gefährlich war diese Bergung noch zusätzlich, weil zu dieser Zeit wegen eventueller Feindflugzeuge in der Dunkelheit keine Lampen verwendet werden durften. Nur eine alte Stallaterne, deren Zylinder schwarz angestrichen war, hatte Siegerl bei sich. Erst um 5 Uhr früh konnte man den Kletterer aus der Wand bergen.

1944 rückt Siegerl zu den Gebirgsjägern ein. Zuerst ist er in Italien, dann an der russischen Front. Im September 1945 entlassen ihn die Russen, er marschiert von Brünn nach Wien. Bald ist er wieder in Spital am Pyhrn. Es heißt, eine Bergrettungsmannschaft ist notwendig. Die alten Freunde von der Bergwacht tun sich zusammen. Sie besitzen kaum geeignetes Rettungszeug. Nur zwei Seile: eines mit 30 und eines mit 25 Meter. In diesen Nachkriegsjahren häufen sich die Bergunfälle, denn viele Menschen suchen nach dem Krieg in den Bergen Erholung und Abwechslung, doch ihre Ausrüstung ist schlecht. Das merken Siegerl und die Leute von der Bergrettung.

Nicht nur aus Vergnügung und zur Erholung steigen die Leute damals auf die Berge, viele sind auch auf der Flucht, sie wollen in die amerikanische Zone. Einige verunglücken tödlich.

Zum Klettern verwendet Siegerl nun Filz, welcher auf leichte Schuhe geklebt wird. Doch dieser Filz nützt sich wegen des rauhen Felsens bald ab, und er ist schwer aufzutreiben. Siegerl entdeckt im Hauptquartier der Amerikaner in Spital am Pyhrn einen Filz, auf dem steht allerdings eine Schreibmaschine. Bei einer Vorsprache im Hauptquartier stiehlt Siegerl den Filz und versteckt ihn unter dem Hemd. So kann er seine Kletterschuhe erneuern.

Insgesamt hat Siegerl an 800 Bergungen teilgenommen, die meisten hat er selbst geleitet. Er erinnert sich an 49 Tote.

Die wohl traurigste Bergung war die am Dachstein zu Ostern 1954. Zehn Heilbronner Kinder und ihre drei Lehrer waren trotz Warnungen in Richtung Gjaidalm aufgestiegen. Ein Wettersturz nimmt ihnen die Sicht, sie irren herum, kommen nicht weiter und erfrieren. Man findet sie nicht. Nach ein paar Tagen wird Siegerl von der Landesleitung des oberösterreichischen Bergrettungsdienstes beauftragt, eine Gruppe aus tüchtigen Bergrettungsleuten für die Suchaktion zusammenzustellen. 700, darunter über 300 Bergrettungsmänner, sind tagelang auf der Suche. Am neunten Tag findet man die ersten Toten. Die letzten kommen erst nach sechs Wochen an das Tageslicht. Für Siegerl und die anderen Bergsteiger sind es erschütternde Tage. Sie leiden mit den Eltern der toten Kinder. Für seine Leistungen als Bergrettungsmann wird Siegerl 1958 vom österreichischen Bundespräsidenten mit der »Österreichischen Verdienstmedaille am roten Bande« belohnt.

1970 erhält Siegerl seine schönste Auszeichnung, das »Grüne Kreuz« des Alpenvereins, den höchsten Orden, den dieser zu vergeben hat. Siegerl ist der dritte Oberösterreicher mit diesem Ehrenzeichen. In der Ehrenurkunde zum »Grünen Kreuz« heißt es: »In dankbarer Anerkennung für vielfache, unter Lebensgefahr vollbrachte Leistungen im Dienste der bergsteigerischen Kameradschaft wurde Herr Siegfried Patzl das 1923 für besondere alpine Rettungstaten gestiftete Alpenvereinsehrenzeichen für Rettung aus Bergnot verliehen.«

Nicht nur Bergrettungsmann ist Siegerl, sondern er wird in den Nachkriegsjahren auch Berg- und Schiführer. Voraussetzung für die Bergführerprüfung ist, daß er mindestens zwei Jahre als Träger auf einer Hütte arbeiten muß. Seine ganze Freizeit opfert er dafür. Der alte Wirt vom Linzerhaus, der Herr Kollnberger, bestätigt ihm die Trägerdienste. Hauptberuflich ist Siegerl bereits bei der Eisenbahn. Daneben betätigt er sich jedoch weiterhin als Berg- und Schiführer mit stets gleichbleibender Faszination bis in die jüngste Zeit. Über 25 Jahre hindurch ist er für die Bergsteigerschule von Innsbruck unterwegs.

Siegerl, der heute in Pension ist und auf der Wurzeralm während der Wintermonate Feriengäste betreut – sein Sohn besitzt in Spital am Pyhrn den »Sport-Stadel« –, blickt auf ein packendes Leben als Bergrettungsmann und Bergführer zurück. Mit einigem Stolz zeigte er mir einen Brief, den ihm seine alte Lehrerin geschrieben hat. Sie hatte erfahren, daß Siegerl mit dem »Grünen Kreuz« geehrt wurde.

In dem Brief heißt es: »Lieber Herr Patzl! Aus einer heutigen Zeitungsnotiz las ich, daß Sie durch ihre großen Verdienste um die Bergrettung mit der Auszeichnung des Grünen Kreuzes geehrt wurden. Zu den vielen Gratulationen, die Ihnen zukommen, möchte auch ich nicht fehlen, Ihnen zu dieser Auszeichnung zu gratulieren. Ich habe Sie noch als begabten und aufmerksamen Schulbuben in Erinnerung. Und freue mich besonders, daß aus den Reihen meiner einstigen Schüler ein so tapferer und vorbildlicher Mensch hervorgegangen ist ... Ihre einstige Lehrerin Luise N.« Siegerl meinte dazu: »Darüber habe ich mich sehr gefreut. Diese Lehrerin haben wir gefürchtet. Den Teufel hatte man nicht mehr fürchten können. Aber, wie ich diesen Brief bekommen habe, da habe ich nicht glauben können, daß es so etwas gibt. Gefreut habe ich mich.«

Ich habe die Geschichte des alten Bergrettungsmannes hier wiedergegeben, um zu zeigen, daß es so etwas wie eine Kultur der Bergrettung gibt, die bravouröse Männer hervorgebracht hat. Sie sind es, mit denen der Landarzt in engem Kontakt steht, und sie sind es auch, die, wie wir noch sehen werden, den Arzt und die Ärztin begleiten, wenn es darum geht, in den Bergen verunglückten oder erkrankten Menschen zu helfen.

## Einsatz von Arzt und Ärztin in den Bergen

Der Arzt und die Ärztin erlebten die Einsätze der Bergrettung hautnah mit. Dem alten Landarzt kam dabei auch zugute, daß er auf eine Karriere als Militärarzt zurückgreifen konnte; die Erfahrungen während des Krieges mögen ihm geholfen haben, mit schwierigen Unfallsituationen entsprechend fertig zu werden. Jedenfalls hatten es die alten Landärzte schwerer als ihre heutigen Kollegen, die per Funk oder sonstwie auf schnellem Weg Rettungsfahrzeuge und Hubschrauber anfordern können. Im wesentlichen ist die Betreuung von Unfallopfern bei heutigen Ärzten auf die Erste Hilfe beschränkt, während die alten Landärzte sich wohl intensiver mit Verunfallten und den am Berg Verunglückten zu beschäftigen hatten. Heute wird der Verletzte, der zum Beispiel auf einer Schipiste zu Schaden kam, oft direkt in ein Spital eingeliefert. Es erscheint also nicht mehr notwendig, daß der ansässige Landarzt sich um das klagende Opfer kümmert, da sowieso der Notarzt zur Stelle ist.

Ich erinnere mich, wie um 1950 ein Linzer Schifahrer an einen Baum fuhr, schwerverletzt liegenblieb und schließlich in die Ordination des Landarztes gebracht wurde. Es dauerte Stunden, bis ein Krankenauto kam, um den Verunglückten in das Krankenhaus zu fahren. Während dieser Zeit kümmerte sich der Arzt rührend um den unglücklichen Schifahrer, dem es sehr schlecht ging. Auf dem Weg in das Krankenhaus dürfte er an einer Fettembolie, verursacht wohl durch Knochenbruch, gestorben sein.

Besonders schwierig war es für die Ärzte, wenn Verletzte oder Erkrankte in unwegsamem Gelände auf Rettung warteten.

Aber auch die Ärztin wurde oft gerufen.

Über einen ihrer Einsätze erzählte mir der frühere Bergrettungsmann Dieter Hoffmann eine spannende Geschichte:

»Es war um 1956. Ich war damals mit meinen Geschwistern in den Weihnachtsferien auf der Oberen Gammering-Alm. In der Unteren Gammering-Alm waren zur selben Zeit ein gewisser Rudi mit seinem Sohn und seiner Freundin und deren drei Kindern. Die beiden waren nicht verheiratet. Später, so glaube ich, haben die beiden, nachdem sie sich scheiden ließ, geheiratet. Oft haben wir unsere Hüttennachbarn besucht und mit ihnen gemeinsam gefeiert. Oder sie sind zu uns heraufgekommen. Einmal, es war spät am Abend, kam der Sohn des Rudi ganz aufgeregt zu unserer Hütte gelaufen und hat gesagt, ich soll schnell kommen, ich soll dem Vater helfen. Die Frau ist krank. Ich bin zum Rudi hinuntergerannt. Es war finster, es lag viel Schnee. Die Frau dürfte sich an diesem

Tag überanstrengt haben. Sie hatte einen Blutsturz. Die Frau Doktor hat später gemeint, daß sie vielleicht am Beginn einer Schwangerschaft gewesen ist. Wie ich in die Hütte gekommen bin, habe ich die Frau im Vorraum der Hütte auf einer Pritsche liegen gesehen. Die Hüttenwand neben ihr war durch Finger mit Blut verschmiert. Sie wird das in ihrer Verzweiflung gemacht haben. Ich war furchtbar erschrocken, wie noch nie. Man kann sich das nicht vorstellen. Ich bin gerannt wie um mein Leben. So geschwind ich konnte, bin ich zum Patzl-Siegerl, dem Mann vom Bergrettungsdienst, der damals als Eisenbahner bei der Eisenbahnstation Linzerhaus wohnte. Inzwischen hat der Rudi die Frau auf eine ausgehängte Stalltür gelegt und versucht, sie darauf ins Tal hinunterzuschleppen. Er ist nicht weit gekommen auf diese Weise, denn die Gräben waren zugeweht, und darin wäre er versunken. Später hat die Frau Doktor gemeint, gerade dadurch hätte der Mann der Frau das Leben gerettet, eben durch die Kälte, in der sie liegen mußte. Das hat den Kreislauf gebremst, wodurch sie weniger Blut verloren hat. Sie lag unterhalb der Hütte bei den ersten Bäumen. Ich bin also zum Patzl-Siegerl. Der hat mich weiter zum Gressenbauer, den Wildmeister, geschickt. Bei diesem war gerade ein Jagdgast von der VOEST, der einen VW-Käfer hatte. Ich war so aufgeregt, daß ich bloß gejapst habe.

Der Gressenbauer hat sehr überlegen getan. In so einem Fall, überhaupt wenn ein Jagdherr dabei war, sprach er nach der Schrift. Er meinte, ich solle mich beruhigen und darüber nachdenken, was ich überhaupt sagen will. Etwas ruhiger erzählte ich dann die Geschichte mit der kranken Frau. Der Jagdgast aus Linz hat sich sofort bereit erklärt, mit seinem Auto in den Ort zu fahren, um Bergrettungsleute zu verständigen. Es war ein Glück, daß der Eibl-Ludwig gerade mit einem Lkw, mit dem er Holz geführt hat, am Hauptplatz stand. Zufällig standen auch ein paar Bergrettungsleute herum. Denen teilte der Jagdgast mit, was passiert ist. Weil der Eibl mit dem Lkw da war, konnte man blitzartig starten. Nur den Ackja haben sich die Bergrettungsleute noch geholt und vielleicht etwas Wärmeres zum Anziehen. Gute Schuhe hatte man damals im Winter ohnehin an. Der Herr Doktor konnte nicht mit, weil er gerade einen Hexenschuß hatte. So mußte die Frau Doktor alleine mit uns auf die Gammering hinauf. Die Frau Doktor ist mit dem Rettungsauto, das sie verständigt hatte und das gleich gekommen war, zum Pflegerteich hinaufgefahren. Damals ist man mit dem Auto noch bis zum Haus des Jägers Kerschbaumer am Beginn des Weges zur Wurzeralm gefahren; dort konnte man parken. Dann sind wir, die Frau Doktor und die Bergrettungsleute, hinauf auf die Gammering.

Es war ein schwieriger Marsch, besonders für die Frau Doktor, die mit uns Bergrettungsleuten mithielt. Sie erzählte mir, sie habe ein Pervetin geschluckt, so eine Tablette, wie sie auch der Nanga-Parbat-Bezwinger Hermann Buhl im Himalaja eingenommen hat. Solche Sachen hat die Frau Doktor gerne erzählt, sie hat ja alles gesagt, was ihr so in den Sinn gekommen ist. Sie war eine sehr temperamentvolle Frau! Ein bisserl durfte sie sich wegen der Dunkelheit gefürchtet haben, meinte zumindest der Reiter-Toni. Denn er ist uns entgegengekommen. Die Frau Doktor, die vorneweg marschiert ist, hatte zwar auch eine Stirnlampe am Kopf, aber sie hat ihn nicht gleich erkannt. Sie hat gerufen: ›Wer sind Sie? Hier ist die Frau Doktor Girtler!‹ Sie war hoch beglückt, daß es der Reiter-Toni war. Wie wir auf die Gammeringalm kamen, haben wir die Frau ein Stück vor der Alm auf dem Brett, der ausgehängten Stalltür, liegend gefunden. Der Rudi war bei ihr. Die Frau Doktor hat ihr gleich eine Spritze verpaßt, in die Vene hinein. Ich kann mich erinnern, daß der Arm der Frau leblos zur Seite fiel, als die Frau Doktor ihn ausgelassen hat. Es hat ausgeschaut, als ob die Frau schon tot wäre. Wir haben sie nun im Ackja zu Tal gebracht. Mit dem Rettungsauto, das unten gewartet hat, wurde sie in das Krankenhaus in Rottenmann eingeliefert. Die Frau Doktor hatte bestimmt, daß man sie dorthin bringt. Nicht nach Kirchdorf, dorthin hätte es bei den damaligen Straßenverhältnissen länger gedauert.

Die Ärzte im Krankenhaus sollen gesagt haben, wäre die Frau

eine Viertelstunde später eingelangt, sie wäre gestorben. Der Rudi hat seine Freundin im Rettungsauto begleitet. Am nächsten Vormittag habe ich ihn wieder getroffen. Er hat berichtet, daß die Frau über dem Berg ist.

Jedenfalls, die Frau Doktor hat viel dabei geleistet. Sie war fast schneller als die Bergrettungsleute bei der Kranken. Sie ist gelaufen wie ein Schneider.«

Und die Lokalzeitung »Kremstal-Bote« brachte dazu unter der Überschrift »Ärztin und BRD im Einsatz« eine spannende Meldung:

»Am 3. Jänner 1956 wurde um ca. 19 Uhr der hiesige BRD in höchster Eile zur Hilfe gerufen. Auf der Gammering hatte eine Frau einen Blutsturz erlitten. Es handelte sich bei der Lebensrettung um Minuten. In kürzester Zeit waren die Bergrettungsmänner einsatzbereit und wurden mit einem Privatauto zum Pflegerteich gebracht. Inzwischen brachte das Rettungsauto auch die Ärztin Dr. Leopoldine Girtler in Vertretung ihres erkrankten Gatten zum Pflegerteich und machte sich diese ganz alleine in der Nacht auf den Weg zur Gammering. Auch als sie dann am Draxlanger von den BRD-Männern eingeholt wurde, hielt sie tapfer mit jenen Schritt, und so war die Rettungsmannschaft in äußerst kurzer Zeit bei der Erkrankten. Dies noch dazu bei ziemlich hohem Schnee, so daß die Helfer bis zu den Hüften darin versanken. Nachdem die Kranke behandelt und versorgt war, wurde sie mit dem Rettungsschlitten zu Tal gebracht, wo schon das Rettungsauto bereit stand und sie in das Rottenmanner Spital brachte. Nach Aussage des dortigen Arztes wäre eine halbe Stunde später jede Hilfe umsonst gewesen.

Uneingeschränktes Lob und Dank gebührt unserer Spitaler Ärztin und den BRD-Männern, die derart rasch und einsatzbereit den Dienst am Nächsten üben und alles daransetzen, um in Gefahr befindliches Menschenleben zu retten.«

Die Ärztin errang durch solche Einsätze einiges Ansehen bei den Männern der Bergrettung.

Auch sonst waren der Arzt und die Ärztin in die Rettungsaktionen eingebunden, denn der auf dem Berg Verletzte wurde im Tal dann den Ärzten vorgeführt. Meine Eltern entwickelten im Laufe der Zeit einen guten Blick für die Verletzungen oder für den körperlichen Zustand des Verunglückten. In diesem Sinn erzählte mir ein Mann der Bergrettung, dessen Tochter Opfer eines Unfalles geworden war: »Als die Ursi ein kleines Maderl war, ist sie von einem Schifahrer auf der Gammeringabfahrt niedergeführt worden und war kurz bewußtlos. Zufällig kam ein Arzt vorbei. Er hat sie angeschaut und gemeint, wir können mit ihr abfahren, da sie schon wieder lacht, aber wir sollten beim Arzt ein Kopfröntgen machen lassen. Wir sind mit ihr dann zur Frau Doktor und haben ihr das erzählt. Sie hat die Ursi untersucht und nichts gefunden. Sie hat gesagt, wir sollen die Kleine schonen und einen Tag nicht mit ihr Schi fahren. Ich habe der Frau Doktor nun deutlich gesagt, daß man doch ein Kopfröntgen von der Susi machen solle. Ich habe ihr auch gesagt, daß mir dazu ein Arzt auf der Schipiste geraten hat. Sie hat darauf geantwortet: ›Wenn diese jungen Ärzte keine Apparate, Geräte und Maschinen haben, sind sie ganz hilflos.‹ Das, was die Frau Doktor gesagt hat, hat mich beruhigt, und wir sind heimgefahren. Und die Ursi hatte auch keine Probleme nachher.«

Die Bergrettungsleute empfanden geradezu Bewunderung dafür, daß der Arzt und die Ärztin bei ihren Therapien nicht zimperlich waren. Das beweisen die folgenden Worte eines Bergrettungsmannes: »Ich bin einmal eine Rinne des Bosrucks hinuntergerutscht und zog mir dabei einen Bänderriß zu. So bin ich zum Herrn Doktor gegangen. Er hat mir den Fuß bandagiert und Schonung empfohlen. Das hat auch geholfen. So war es damals. Heute wird gleich operiert.«

Die früheren Rettungsaktionen hatten stets etwas von einem Abenteuer an sich. Die Ärztin war daher auch stolz, an solchen Rettungsmanövern teilgenommen zu haben.

Als dann in den sechziger Jahren Hubschrauber für die Bergrettung eingesetzt wurden, war es wiederum die Ärztin, die es beson-

*10: Die Ärztin bei einem Bergrettungseinsatz mit Hubschrauber, 1962*

ders genoß, in einem solchen Fluggerät auf die Gipfel gebracht zu werden. Es existiert noch ein Foto, das meine Mutter an Bord eines solchen Rettungshubschraubers zeigt, der sie hinauf zur Wurzeralm bringt, wo jemand bei einem Schiunfall verletzt worden war und auf ärztliche Behandlung wartete.

Mein Vater hielt regelmäßig Erste-Hilfe-Kurse vor den Bergrettungsmännern ab. Solche Kurse waren für die Bergrettungsleute sehr wertvoll, denn sie lernten viel vom Landarzt, vor allem in der Praxis. Dies geht zum Beispiel aus der Erzählung eines Bergrettungsmannes hervor: »In den siebziger Jahren ist ein altes Ehepaar in der Klamm tödlich abgestürzt. Wir sind am hellichten Tag zu den beiden Toten. Der Herr Doktor hat uns begleitet. Zu unserer Verwunderung hatte er eine Taschenlampe mitgenommen. Mir kam dies komisch vor. Wie wir zu den Toten kamen, war das erste, was der Herr Doktor tat, daß er den beiden mit seiner Taschenlampe wegen der Pupillenreflexe in die Augen geleuchtet hat. Leider waren keine Reflexe mehr da. Erst jetzt wußten wir, warum er die Taschenlampe bei sich hatte.«

Der alte Arzt gab Wissen weiter und hatte einen guten, sehr persönlichen Kontakt zu den Bergrettungsleuten. Bergrettungsleute und Arzt bildeten bisweilen, vor allem bei schweren Einsätzen, so etwas wie eine verschworene Schicksalsgemeinschaft.

## Scherze der Bergrettungsleute

Gerade nach dem Krieg war im Gebirge an der steirisch-oberösterreichischen Grenze einiges los, vor allem, da viele Menschen – vielleicht auf der Flucht vor den Russen – über die Kämme und Sättel hinüber in die amerikanische Zone zu gelangen suchten. Einige starben auf der Flucht, und Bergrettungsleute hatten diese Toten in das Tal zu bringen. Solche Bergungen gaben Anlaß zu finsteren Scherzen. Dazu erzählte mir ein Bergrettungsmann: »Einmal zum Beispiel haben sie unterhalb des Gipfels des Großen Pyhrgas in einer Rinne zwei verweste Leichen gefunden. Der Patzl-Siegerl, der dabei war, hat das dann später immer ungeheuer drastisch geschildert, überhaupt wenn deutsche Urlauber in einer Hütte am Tisch gesessen sind. Bei jeder Erzählung wurden die Leichen immer schiarcher [häßlicher] und haben immer mehr gestunken. Allen ist dabei ganz anders geworden. Das hat ihm gefallen.«

Rettungsaktionen hatten immer etwas mit Abenteuer zu tun, durch die die jungen Burschen des Bergrettungsdienstes Ansehen erringen konnten. Aber der Bergrettungsdienst bot auch Abwechslungen, wie etwa Fahrten mit dem Ackja, bei denen es oft lustig zuging: Einer der Helfer stand auf seinen Schiern zwischen den beiden vorderen Stangen, die er mit den Händen hielt, und einer hinten zwischen den Stangen am Ende des Ackja.

So ließen sie es rennen, und der hilflos daliegende Verletzte hatte oft furchtbare Angst dabei, was die beiden heldenhaften Fahrer bisweilen ziemlich belustigte.

Man amüsierte sich, indem man mit den auf Rettung hoffenden Opfern harmlose Scherze machte. Der Spaß hatte dabei eine entlastende Funktion. Darüber dachte ein Bergrettungsman im Gespräch mit mir nach: »Speziell, wenn es wild zugegangen ist, wurde viel geblödelt. Ein paar Goscherte [Schwadronöre] sind immer dabei. Man reagiert sich so ab. Das Häßliche wird verdrängt. Da werden wilde Sprüche von sich gegeben, und die Situationskomik, die man nicht nacherzählen kann, floriert.«

Grundsätzlich versuchte man jedoch immer, den Verunglückten zu beruhigen. Dies war eine wichtige Aufgabe der Rettungsmänner, die allerdings nicht immer ganz so einfach war. Dies geht aus dieser Schilderung eines Rettungsmannes hervor: »Wir haben gelernt, daß wir mit den Verletzten reden müssen, um sie zu beruhigen. Das habe ich auch immer getan. Später war mir das öfter peinlich, denn wenn ich den ganzen Tag Pistendienst hatte, habe ich hie und da in den Hütten jeweils ein Stamperl Schnaps getrunken. Das hat man natürlich gerochen. Mir war es also unangenehm, mit einer solchen Schnapsfahne mit den Leuten zu reden. Einmal hatte sich eine Staatsmeisterin im Kugelstoßen auf der Gammering den Fuß gebrochen. Ich habe sie mit einem Kollegen abgeholt und in den Ackja gelegt. Dabei habe ich mich sehr bemüht, daß sie meine Fahne nicht merkt.«

In den Hütten trafen sich die Bergrettungsleute regelmäßig, und als echter Männerbund verstand man es, Scherze zu machen, auch auf Kosten des weiblichen Geschlechts und des Arztes.

Über eine solche heitere Aktion erzählte mir ein alter Bergrettungsmann: »Wir waren auf der Bosruckhütte, ein paar Bergrettungsleute, und hatten eine große Gaudi. Es war um 1960. Damals war die Frau Obermoser die neue Wirtin. Außer uns waren noch Gäste aus Ansfelden in der Hütte. Auf einmal sagt von denen ein Madl: ›Mein Bruder hat Fieber. Er liegt oben am Lager.‹ Und irgendeiner vom Bergrettungsdienst, der schon etwas getrunken hatte, meinte: ›Hier ist eh der Gemeindearzt.‹ Dabei hat er auf mich gezeigt. Ich habe nun den Doktor gespielt und gefragt: ›Was hat er denn?‹ Von der Wirtin habe ich mir einen hölzernen Sanitätskoffer geholt. Mit dem bin ich die Stiegen hinauf. Liegt der Bub da im Fieber. Er hat sicher fast 40 Grad gehabt. Ich zog mir einen weißen Mantel an, den hatte ich von der Küche, und horchte den Buben ab. Das Mädl und die anderen aus Ansfelden haben das, was ich getan habe, sehr ernst genommen. Ich habe gesagt, daß ich keine Tabletten bei mir habe. Aber der Bub soll einmal ordentlich schwitzen, das wird ihm guttun. Die Leute waren recht dankbar für meinen Rat. Ich bin dann wieder unten in der Gaststube gesessen und hatte eine Mordsgaudi mit den anderen vom Bergrettungsdienst. Mit der Zeit ist es immer lustiger geworden. Jetzt ist die Schwester von dem kranken Buben draufgekommen, daß ich kein Arzt bin. Die ist nun furchtbar böse geworden und hat mir mit allem möglichen gedroht, sogar mit einer Anzeige. Für uns war das ein großes Theater, bei dem wir unsere Gaudi hatten.«

Ein gewisser Humor gehörte somit zum Leben der Bergrettungsleute, auch wenn die Umstände, mit denen sie zu tun hatten, oft genug tragisch waren. So auch im Falle eines Leopold Hödl, der laut Chronik 1963 im Alter von 17 Jahren vom Bosruck abgestürzt war.

Bergungsmannschaften – zu der auch Gendarmeriebeamte, wie Inspektor Eichinger, gehörten – waren zu der Absturzstelle aufgestiegen. Über Funk wurden die bei der Mausmayralm wartenden Rettungsleute verständigt, daß Hödl noch lebe. Darauf wurde ein Hubschrauber des Bundesheeres angefordert. Dieser landete auf der Mausmayralm, wo er den Verletzten, der inzwischen in einer Gebirgstrage in ein Kar abgeseilt und von dort zur Mausmayralm gebracht worden war, aufnahm. Wie aus dem Bericht zu schließen ist, war auch der Arzt zur Stelle, um den Schwerverletzten notdürftig zu versorgen.

Von dieser schwierigen Bergung existiert ein in der Chronik wiedergegebenes Einsatzgespräch, das per Funk geführt wurde und das von einer gehörigen Portion Gelassenheit und Heiterkeit zeugt. In diesem heißt es unter anderem: »›Abgestürzt ist einer vom Bosruck! Der Kayr und der Rudi sind schon voraus mit dem Funkgerät‹ . . . ›Ja! Auf gehts! Schau net so blöd!‹ . . . ›Lebt er?‹ ›Weiß man net! Also Leichensack auch mitnehmen. Fahren wir [mit dem Auto]!‹ . . . ›Wir fahren mit dem Doktor [!] nach!‹ ›Ja!‹ . . . ›Also wo ist der überhaupt obegflogen [hinuntergefallen]?‹ ›Schau Bertl! Vom Einstiegsturm die erste Rinn‹ . . . ›Der [Motor des Autos] läßt schon wieder nach.‹ ›Schau den Doktor [!] an, er wird dir gleich eine verpassen von hinten [wird dich von hinten mit dem Auto anfahren]‹ . . . ›Wo fährst denn du hin?‹ ›Mit'n Herrn Doktor zur Bosruckhüttn, dort hat sich einer die Hand gebrochen!‹ ›Das auch noch!‹ . . . ›Los gehen wir! Heiß is heut. Teufi! Habt ihr eh etwas zum Saufen mit!‹ ›Ja, einen Schnaps!‹ ›Mag ich nicht! Bring ein Bier nach! Hast verstanden?!‹ ›Hab mich gern! Bist vielleicht noch brandi [betrunken vom Vortag]?‹ ›Halt deine Pappn [Mund]! Wenn du kein Bier bringst, rennen wir dich hinunter!‹ . . . ›Du Bertl! Da steigen wir ein [in die Felsen]! Bis zur Latschengrenze ohne Seil! Daß ihr mir eh aufpaßt, auf die Steine [damit keine losgemacht werden]!‹ . . . ›Mein Standpunkt [für den Funk] B 3, der Kayr hat B 1 und ihr B 2!‹ ›Alles in Ordnung?‹ ›Ja! Los gehts!‹ ›Schau, wie der Bertl rennt!‹ . . . ›Der Bertl läßt fragen, warum du so blöd herauf schaust.‹ . . . ›Der Bertl läßt fragen, ob du schon ein Bier hast!‹ ›Hier B 3 – Nein! Kletzenschädel! Wart, wenn wir obi [hinunter] kommen! Ende!‹ ›Schau, der Hubschrauber setzt auf!‹ . . . ›Teufi, einen Durst habe ich!‹ . . . [nach der Bergung bei der Bosruckhütte] ›Servus Obermoser [Wirt der Hütte]! Schau net so lang! Bring a Bier!‹ ›Hab ich schon, Bertl!‹ ›Du [der Wirt] hast a Glück! Wann du dös a Minuten später bringst, brenne ich ab. Prost!‹ . . . ›Wir treffen uns alle beim Grundnerwirt!‹ ›Ja!‹ . . . ›Du Bertl, der Gatterwirt [vom Rohraucrhaus – Pyhrgasgatterl] hat angerufen, am Großen Pyhrgas ist schon wieder einer abgestürzt!‹ ›Der soll warten!‹ . . . ›Prost! Ende!‹«

Allein die Aufnahme dieses angeblichen Protokolls von Funkgesprächen zwischen den Bergrettungsleuten verweist auf den heiteren Horizont des Chronisten. Damit schuf er ein spannendes Zeugnis von einem schwierigen Einsatz, der ohne den befreienden Scherz nicht vorstellbar ist. Der Scherz verschafft hier, wie bei anderen gefährlichen Tätigkeiten auch, eine gewisse Distanz zur Schwierigkeit der Situation. Und er trägt ganz allgemein dazu bei, leichter mit dem psychischen Druck fertig zu werden, der sich aus der Gefährlichkeit der Felsarbeit und der schweren Verletzung des Abgestürzten, der schließlich im Krankenhaus starb, ergibt.

## Der Wandel

Heute sind derartige Kontakte, wie ich sie oben geschildert habe, weitgehend verschwunden, weil grundsätzlich die Besatzung des Hubschraubers den Rettungsdienst erledigt.

In den klassischen Zeiten der Bergrettung waren die Manöver der Bergrettungsmänner viel stärker in das Leben des Dorfes eingebunden, überhaupt wenn ein Bursch aus dem Dorf selbst in Bergnot geraten ist. Über ein solches Manöver erzählte mir ein Bergrettungsmann: »Es war 1959, als wir den Wolfbauer-Gustav vom Bosruck heruntergeholt haben. An einem Novembertag war er auf den Bosruck geklettert. Alles war vereist. Er wollte sich abseilen, konnte aber dann nicht mehr weiter und hat um Hilfe gerufen. Darauf wurden wir verständigt und sind mit Fackeln hinauf. Wir hatten aber keine Steigeisen mit, so mußten wir wieder umdrehen, um welche zu holen. Wir wußten nicht, wo der Bursche ist, denn einmal hörten wir seine Stimme von da, dann von einer anderen Seite. Durch den Wind hörten wir ihn verzerrt. Diese Rettungsaktion, die Gott sei Dank gut ausging, wurde von den Leuten im Dorf mitverfolgt. Alle standen am Hauptplatz und haben mit Ferngläsern auf den Berg geschaut. Sie haben bei der Bergung mitgefiebert und mitgelebt.«

Die Bergrettungsleute wurden geradezu als Helden gefeiert, wenn die Sache gut ausging. Für das Dorf waren Bergrettungen echte Sensationen, über die man im Wirtshaus sprach und die Stoff für den Dorfklatsch boten.

*11: Arzt und Ärztin, erholend vor der Bosrückhütte, 1958*

Mit dem Einsatz moderner Techniken, die es heute gottlob gibt, sind derartige Aktionen kaum mehr vorstellbar, und allmählich wird es nicht mehr notwendig, bei Unfällen in den Bergen den Landarzt oder die Landärztin einzuschalten – im Gegensatz zu den Jahren davor, als auch solche Rettungseinsätze die Beteiligung des Arztes erforderten.

Im Laufe der Jahre hat sich der Bergrettungsdienst also wesentlich geändert. Wohl verrichten Bergrettungsleute auch heute noch harte Arbeit, aber sie ist mit der ihrer Vorgänger, die noch in den vierziger Jahren mit Pferden zu den Unglücksstellen unterwegs waren, nicht mehr vergleichbar.

Auch das Leben des Landarztes und der Landärztin hatte sich geändert. Wohl blieb der enge und freundschaftliche Kontakt zu den Bergrettungsleuten erhalten, aber die Rettung in Bergnot hat sich erheblich gewandelt – zum Vorteil der Verunglückten.

# EPILOG

Ich habe in diesem Buch versucht darzustellen, wie das Leben der alten Landärzte aussah. Ich bin ihren Wegen nachgegangen und habe ihre Beziehungen zu den Menschen beschrieben. Als Beispiel für meine Betrachtungen dienten mir meine Eltern. Ich glaube, daß die beiden in ihrem Handeln für eine ganze Generation von Landärzten stehen, die mit großer Liebe an ihrem Beruf hingen.

Damals, in den sechziger Jahren, genoß der Beruf des Landarztes kein besonders hohes Ansehen unter den jungen Ärzten. Ihnen schienen offensichtlich die Mühsal der täglichen Arbeit und die Kontakte zu einfachem Volk, wie Bauern und kleinen Handwerkern, nicht besonders erstrebenswert zu sein. Mein Vater sprach oft darüber und bedauerte die Einstellung seiner jungen Kollegen, die, wie es schien, die ärztliche Praxis in der Stadt einer solchen am Land vorzogen. Heute, in einer Zeit des Ärzteüberschusses, ist ein solches Verhalten junger Ärzte nicht mehr vorstellbar, zumal der heutige Landarzt nicht mehr jenen Belastungen ausgesetzt ist wie seine Vorgänger. Noch in den sechziger Jahren bedurfte es oft großer Überredungskunst seitens Gemeindevertretern, Ärzte dazu zu bewegen, sich in ihren Dörfern niederzulassen. Man war sogar bereit, jungen Ärzten Begünstigungen, wie das Bewohnen eines repräsentativen Hauses oder die Teilnahme an einer Jagd, anzubieten. Aber dennoch fanden sich nur wenige, die Mühsal einer Landpraxis auf sich zu nehmen. Dazu fand ich im Nachlaß meines Vaters unter allerhand Papieren säuberlich ausgeschnittene Zeitungsartikel, die sich auf Überlegungen zum Ärztemangel bezogen. In einem aus dem Jahre 1966 stammenden Artikel, der mich an das Leben meiner Eltern erinnerte, hieß es unter der Überschrift »Ein Tag wie jeder andere«: »Elf Uhr nachts. Der Landarzt sitzt noch immer vor seinem Schreibtisch, einen Haufen Papier vor sich, rote, gelbe, grüne Zettel. Krankenscheine, Karteikarten und so weiter. Die Buchstaben beginnen vor seinen Augen zu verschwimmen. Das war wieder ein Tag heute. Um sechs Uhr früh war es schon losgegangen. Dringender Anruf – eine schwierige Geburt in einem abgelegenen Bauernhof. Als Landarzt ist man auch immer Geburtshelfer. Dann zwei Stunden später die ersten Patienten aus den Dörfern der Umgebung. Es waren viele, obwohl der Bauer immer erst kommt, wenn er fast schon den Kopf unter dem Arm trägt. Einer hatte sich mit der Sense in den Unterschenkel geschnitten, bei einem anderen mußte der Doktor zeigen, daß er als Zahnarzt seinen Mann steht. Ein, zwei Geschwüre, ein paar Kinder mit verdorbenem Magen, drei Blessierte von der letzten Wirtshausrauferei. Dann rasch, rasch, ein paar Bissen essen, und schon mußte man zur Visite. Der Sprengel ist groß und schlecht zu befahren. Acht Dörfer sind zu betreuen . . . Am Abend hat dann noch der Kollege vom nächsten Sprengel angerufen und um Sonntagsvertretung gebeten, da er zu einem medizinischen Kongreß muß. Und nun sitzt er hier, der Landarzt, füllt Krankenscheine aus, mischt Pülverchen für die Hausapotheke, überprüft die Eingänge an Medikamenten und gähnt. Just jetzt klingelt das Telefon. Er hebt ab: eine akut gewordene Blinddarmentzündung in einem Waldbauerngehöft . . . Wundert sich noch jemand, warum niemand Landarzt werden will?«[21]

Diese Zeilen geben gerafft einen Einblick in das Leben der früheren Landärzte, wie es in diesem Buch dargestellt werden sollte, sie verweisen auf ihre Mühen und Schwierigkeiten, aber auch auf ihre tiefgehenden menschlichen Kontakte, die allerdings auch zu einer Belastung werden konnten. Sie berichten gleichzeitig aber auch von der Attraktivität dieses Berufes, die zumindest bis in die sechziger Jahre für junge Ärzte nicht sehr hoch gewesen zu sein scheint. Übereinstimmend mit dieser Betrachtung eines geplagten Landarztes wird in einem anderen Artikel, den mein Vater ebenso sorgfältig aufgehoben hat und der auch 1966 erschienen ist, unter dem Titel »Ärztemangel wird bedrohlich«, ausgeführt: »Die medizinische Betreuung eines Großteils der Österreicher wird immer

21 Die Presse, 15. 7. 1966.

schlechter, erklärte Österreichs Ärztekammerpräsident . . . Er richtete an alle zuständigen Stellen den dringenden Appell, für dieses Problem raschest eine Lösung zu suchen, da der Ärztemangel [!] auf dem Lande ein immer bedrohlicheres Ausmaß annehme: So seien beispielsweise in einem einzigen Bundesland rund 80 Arztstellen nicht besetzt. Der Präsident nannte auch einige Maßnahmen, die zur Verbesserung der Situation unbedingt nötig seien: Eine Verbesserung der Wohnverhältnisse für die praktischen Ärzte auf dem Lande [!] . . .«[22]

Und in einer anderen Zeitung trägt ein Artikel die Überschrift: »Alle Verantwortlichen müssen dem Landarzt das Bleiben erleichtern«. Im Text wird wie in dem vorgehenden Aufsatz vor allem auf das Wohnproblem der Ärzte am Land eingegangen. Diese Artikel erschienen zu einer Zeit, in der jungen Ärzten eine Landarztpraxis noch als zu unbequem und beschwerlich erschien. Jedenfalls hatten sie damals noch große Chancen, am Lande eine Stelle als Arzt zu finden, im Gegensatz zu heute, den neunziger Jahren, da auch die Landarztstellen heiß begehrt sind, in einer Zeit, in der genügend Ärzte auf der Suche nach Stellen sind. Und schließlich scheint eine Arztstelle am Land heute durchaus attraktiv zu sein, da durch den Untergang der alten bäuerlichen Kultur und dem Wandel der dörflichen Welt auch hier die städtische Kultur mit ihren Supermärkten, ihren Tennisplätzen und ihrer Mobilität den Menschen erfaßt. Die ärztliche Arbeit am Land ist eine andere geworden, sie unterscheidet sich nicht mehr wesentlich von der des Arztes in der Stadt. Es ist möglich, daß es hie und da noch einen Landarzt gibt, der sein Leben im Stile meiner Eltern, den früheren Landärzten, einrichtet, aber er ist gewiß eine Ausnahme.

Meine Kindheit ist mit dem Leben der alten Landärzte verbunden. Meine Eltern, die in diesem Buch wieder aus dem Vergänglichen auferstehen, verdienen es, stellvertretend für alle ihre damaligen Kollegen und Kolleginnen, daß ihre Arbeit und ihr Leben

---

22 Die Presse, 18. 10. 1966.

beschrieben wird, und zwar nicht nur aus der Warte des Sohnes, sondern auch aus der des Kulturwissenschafters.

Ihr Leben war kein leichtes. Nun deckt sie schon seit ein paar Jahren der Rasen des Friedhofes in Windischgarsten, dort, von wo sie aufgebrochen sind, um ihre Ordination in Spital am Pyhrn zu betreiben, und wo auch mein Großvater begraben liegt.

Als meine Mutter vor ihrem Tode in einem Linzer Krankenhaus lag, besuchte ich sie. Sie lag ruhig in ihrem Bett und erwartete würdevoll das Sterben. Und sie starb auch in Würde. Ich verabschiedete mich von ihr mit einem Kuß auf die Wange, ging zur Türe und kehrte wieder um, um ihr etwas zu sagen, das sie freuen könnte. Ich sagte ihr, daß sie und mein Vater, der einen Monat nach ihr starb, großartige Menschen und vor allem gute Landärzte gewesen seien, die von den Menschen, die sie aufsuchten, heute noch verehrt werden. Sie könnten für viele heutige Ärzte ein schönes Vorbild sein. Meine Mutter hörte mich ruhig an. Ich sagte ihr noch, ich wolle über sie beide ein Buch schreiben, so würden sie unsterblich werden. Als ich dies sagte, lachten ihre Augen.

# VERWENDETE LITERATUR


Biographisches Lexikon der hervorragenden Ärzte aller Zeiten und Völker, Berlin – Wien, Bd. 3/1931, S. 597.

Ernst P. Boas, A Refugee Doctor of 1850, in: Journal of the History of Medicine and Allied Sciences, Vol. III, 1948.

Roland Girtler, Aschenlauge, Bergbauernleben im Wandel, Linz 1987.

Ders., Wilderer, Soziale Rebellen im Konflikt mit den Jagdherren, Linz 1987.

Ders., Heiler und Ärzte von Spital am Pyhrn, in: Hans Krawarik (Hg.), Dorf im Gebirge, Spital am Pyhrn 1190–1990, Linz 1990.

Ders., Randgruppen, Theorie der Unanständigkeit, Wien 1995.

Ders., Sommergetreide, Der Untergang der bäuerlichen Kultur, Wien 1996.

Emmerich Grillmayr, Spital am Pyhrn – Chronik und Heimatbilder, zusammengestellt von G. Kornberger (maschinenschriftl.), Bruck a. d. M. 1964.

Gottfried Hauenschild, Erinnerungen an das Warscheneck und seine Umgebung, in: Jahrbuch des österreichischen Alpen-Vereines, 2. Band, Wien, 1866.

53. Programm des Kais. Kön. Obergymnasiums der Benediktiner zu Kremsmünster für das Schuljahr 1903, Linz 1903.

Soter Kappus von Pichelstein, Interessante Wirkungen der Schutzpocken welche bey der zur Tilgung der bösartigen Blatternepidemie, zu Spital am Pyhren in Oest. ob der Enns, im Jahre 1806 vorgenommenen Vaccination beobachtet wurden, Linz 1808.

Hans Krawarik, Die weltlichen Chorherren von Spital am Pyhrn, in: Forschungen zur Geschichte Oberösterreichs 15, 1988.

Hans Krawarik (Hg.), Dorf im Gebirge, Spital am Pyhrn 1190–1990, Linz 1990.

Schröckenfux, Häuserchronik der Marktgemeinde Windischgarsten (Handschrift), Rathaus Windischgarsten, um 1900.

Erich Tischler, Stiftskirche Spital am Pyhrn, 1981.

Johannes Wittichium, New Artzney Buch und Register Aller particularischen Krankheiten und Leibes Beschwerden, Leipzig 1601.

Ferdinand Zöhrer, Oberösterr. Chronik, Linz 1984.